U0734688

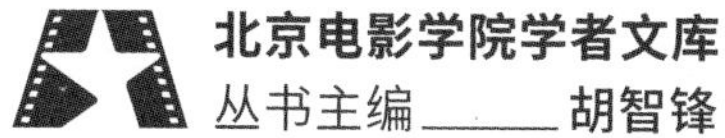

胡智锋 著

理念与路径

胡智锋自选集

Theory and Method

（2021）科技创新服务能力建设—高精尖学科建设—戏剧与影视学项目成果
北京电影学院专项科研经费资助出版

中国国际广播出版社

图书在版编目（CIP）数据

理念与路径：胡智锋自选集 / 胡智锋著. —北京：中国国际广播出版社，2022.5
（北京电影学院学者文库）
ISBN 978-7-5078-5118-2

Ⅰ.①理… Ⅱ.①胡… Ⅲ.①传播媒介－文集 Ⅳ.①G206.2-53

中国版本图书馆CIP数据核字（2022）第079495号

理念与路径——胡智锋自选集

著　　者	胡智锋
责任编辑	梁　媛
校　　对	张　娜
版式设计	邢秀娟
封面设计	易祖强　赵冰波
出版发行	中国国际广播出版社有限公司［010-89508207（传真）］
社　　址	北京市丰台区榴乡路88号石榴中心2号楼1701 邮编：100079
印　　刷	河北文盛印刷有限公司
开　　本	710×1000　1/16
字　　数	310千字
印　　张	23
版　　次	2022 年 7 月　北京第一版
印　　次	2022 年 7 月　第一次印刷
定　　价	59.00 元

版权所有　盗版必究

北京电影学院学者文库
编委会名单

编委会主任：

钱　军

总主编：

胡智锋

编委会副主任：

孙立军　张　健　俞剑红　支宏伟　扈　强

执行主编：

王海洲

编委会委员：（按照姓氏拼音排序）

敖日力格　曹　颋　陈　军　程　樯　贺红英　侯克明
黄　丹　霍廷霄　雷载兴　李剑平　李　苒　李　伟
刘　军　刘言韬　马　华　潘若简　彭　锋　乔　梁
沈　莹　宋　靖　宿志刚　童　雷　童启富　王彬霞
王　竞　王　瑞　吴冠平　吴曼芳　叶远厚　曾志刚
张宏光　张　辉　张晓慧　张晓凌　赵宁宇　钟大丰

编辑办公室：

王海洲　张晓慧　张　旭　柳宏宇　沈雅辰　李　华
高梦琼　杨　帆　莫智慧　孙里京　陈　鑫

写在前面

胡智锋

《北京电影学院学者文库》即将问世，这是以北京电影学院学者名义整体推出的第一套文库。之所以要推出这样一套文库，我想至少有三方面的考虑：一是对北京电影学院办学70多年来，在人才培养、科学研究、社会服务和文化传承创新的一个侧面的集中的反映；二是对中国电影学术发展的一个侧面的呈现；三是对打造中国特色、世界一流电影学院，乃至中国特色电影学科体系、学术体系、话语体系的一个侧面的推动。

北京电影学院创办于1950年，是党和国家创办的迄今唯一一所公办电影类高等院校。建校70多年来，学校秉承“尊师重道，薪火相传”的校训，为党和国家的电影事业培养了数以万计的高级专门人才，建立了较为完整的电影教育体系，形成了“红色风韵、专业风范、时代风采、国家风度、国际风尚”等“五风”办学特质，成为亚洲规模最大、世界知名的电影高等学府。在70多年的办学历程中，涌现出一批有思想、有学养、有情怀、有经验的知名学者，这些学者或潜心教学、倾情育人，或着力创作、佳作迭出，或显身国际、享誉中外，他们的人生阅历、发展轨迹和禀赋风格各具特色，但有一点是共通的，那就是都留下了探讨电影规则、规律的华彩文章。这些文字当中有不少在不同的历史阶段和不同的媒体平台都产生了相当的影响，但更多都以个人的方式出版与发表。在70周年校庆之际，学校在梳理70年办学历史与经验之时，深深感觉到这些散见于个人著作和媒体平台的文字如能较为集中地汇聚与呈现，将是对学校办学历史与经验很好的梳理与总结，借此机遇集中展现出来，必然会对学校事业留下具有文献典藏意义的成果，成为学校未来发展有力的学术沉淀与涵养。

北京电影学院是以培养电影类高级专门人才为主要任务的高等院校，因此，从专业设置、学科设置等方面，都体现了鲜明的电影类高校的特色。70多年的办学历史，不仅培养了电影行业所亟须的高级专门人才，也建立了中国特色的电影高等教育体系，这一体系不仅体现在具体的教学科研、社会服务、国际交流等工作中，也体现在每一位电影学者术业有专攻的各类学术文字中。将来自不同专业、学科背景的不同特质的学者较有代表性的文字集中呈现出来，不仅有助于学校学术思想的沉淀与积累，更有助于构建中国特色的电影高等教育体系。从这些代表性学者的文字的整体性呈现中，可以感受这一体系的丰富性、系统性和整体性。

习近平总书记于2016年5月17日在哲学社会科学工作座谈会上指出，要构建中国特色的哲学社会科学学科体系、学术体系、话语体系。北京电影学院有代表性的学者们在长期的专业与学术研究当中所留下的这些华彩文章，不仅是对学校自身教学、研究等经验的梳理，也可以从一个侧面为中国特色的电影学科体系、学术体系、话语体系的建构作出独特、全面而重要的贡献。

出于以上几个方面的考虑，学校决定将自己最具代表性、影响力的知名学者的代表性文字汇集起来，构成本套文库的主要内容，以此为学校自身的发展，为中国特色电影高等教育体系的建构，也为中国特色电影学科体系、学术体系、话语体系的建构，作出我们应有的贡献。

CONTENTS

目录

上篇　史论篇

下篇 实务篇

上篇

史论篇

论电视纪录美学

电视纪录片在电视荧屏上日益繁荣起来，从《丝绸之路》到《话说长江》《话说运河》，到《黄河》《唐蕃古道》，到《望长城》，还有《西藏的诱惑》《藏北人家》及上海电视台的众多得奖纪录片，都显示了中国电视纪录片的实力与气派。由此而引发的关于电视纪录片的理论探讨也渐具规模，如关于电视纪录片中的主持人问题、“真实性”问题、纪实问题、纪实与表现问题、写实与抒情等问题，都被做过一些讨论。电视纪录片的进一步发展，给电视理论界不断提出新的、更重大的课题，仅仅停留在操作层面的技巧技能型问题上显然已不能对实践产生强有力的启发作用。本文试图对电视纪录与电视纪录片从美学的角度做一较为系统、深入的探讨，希望能够唤起电视界同仁们的兴趣，并使电视纪录与电视纪录片的理论研究得到进一步的拓展。

一、电视纪录美学的性质与地位

电视的纪录，是电视对非虚构现实生活的一种有组织的再现与表现。这里面有三种性质不同的构成成分：生活原生形态的信息，经过选择和提取的再现性生活信息，经过加工、改造的表现性的生活信息。这三种信息的交错、交叉与融合，构成了电视纪录节目（含各类电视新闻报道、专题片及部分电视艺术片）。电视纪录美学的任务就是研究电视纪录节目中多种信息之间的关系，它们与现实生活原生形态之间的关系，它们在电视观众中引起的审美反应，进而对其审美价值做出评判。马克思主义经典作家告诉我们，人类对于世界的把握方式大概有科学的、艺术的、宗教的和日常生活实践的四类。从这个角度来看，电视美学可以划分为电视技术美学、电视艺术美学和电视纪录美学。这三者分别接近对应于科学的、艺术的和日常生活实践的三种把握世界的方式。它们在电视这一大众传播媒介中，既相互区别，又相互联系，更体现出相互交错、交叉、融合的特点。如果说电视技术美学的研究对象为电视技术与电视美和审美的实现之间的关系，电视艺术美学研究电视艺术对于电视美创造与电视审美的功用，那么电视纪录美学的主要研究对象不是科学的自然的世界，也不是艺术的世界，而是由人们日常生活实践所构成的社会及社会中人与人之间的关系。简而言之，是对人们“日常性”生活的一种捕捉、再现与表现，而不是艺术加工或重造的新的世界。

恰如戏剧作品和电影作品典型地体现了戏剧美学和电影美学的理想，体现电视纪录美学理想的是电视纪录片。电视纪录美学理想正是在电视纪录片的创造与接受，或电视纪录片美的创造与审美实现的过程中，得以渗透和体现的。

电视纪录片在电视节目系统中的性质与地位，也决定了电视纪录美学在电视美学系统中的性质与地位。电视纪录片是最能体现电视特性的一种样式，它融信息传播、纪录与艺术表现功能于一身。偏向于信息传播与纪录的为各类电视专题片，偏向于艺术表现的为各类电视艺术片。如果说电视新闻主要强调信息传播，电视艺术主要承担艺术表现和消遣娱乐的功能，那么电现纪录片则是无法为别的样式所取代的最“电视化”的样式和产品。正因此，电视纪录美学的研究，对于整个电视美学的研究不仅是不可或缺的，而且是有着典型意义的。

二、电视纪录的“真实”——“多重假定的真实”

“真实”即“真”，这是一个哲学的命题，它是从客观世界的运动、变化、发展之中所表现出来的客观事物自身的规律性。不管是“真实”的自然存在，还是“真实”的社会存在，都有着不以人的主观意志为转移的客观必然性。这种必然性（即其自身的客观运动规律）是它的本质所在，但它却以无限丰富多样的现象世界来体现这种本质，所以“真实”有外在真实—内在真实—哲理真实之别。

人们对于“真实”的理解与把握是一个历史性的、阶段性的过程。从终极的意义上来看，人们不可能把握与理解一个绝对的“真实”。随着人们改造自然、改造社会的实践活动的历史演进，在每一个阶段上都体现出人们对“真实”的阶段性的、相对的认识。如果说“真实”是一个永远值得人类追逐、探求的目标与境界，那么，在这追逐与探求的过程中，每一个历史阶段都留下了人们关于“真实”的不同观念。

人们对于“真实”的把握，自然不是纯粹观念性的，而是在改造世界的社会实践中，通过不同的手段与途径来逐渐“逼近”那个“真实”的目标与境界，科学、哲学、艺术……都曾经无数次地探究起这个说不完、道不尽的话题。在媒介发展史上，文字、绘画、舞蹈、戏剧、电影一次又一次以其鲜活的形象，使人类一次又一次地产生了关于“真实”的幻觉。苏联电影理论家M.图洛夫斯卡娅说过，“艺术运动永远是越来越接近真实，下一个阶段总是比前一阶段更真，更接近现实”[1]。电视的出现，电视纪录成为现实，使人类获得了迄今为止最接近生活真实的一种媒介与样式。由于电视纪录不像电影与戏剧的放映及演出一样，需要一

① 转引自：许向明.评《红叶在山那边》的纪实性艺术风格［J］.电视月刊，1984(3).

定的观赏环境与观赏态度的约束，而是与人们吃、喝、住、行等日常生活完全联结在一起，所以看起来它并不是一种我们身外的特殊的媒介传播手段与样式，它本身就是我们日常生活中最自然的一部分，成为现实生活的自然延伸，成为我们生活中难以分割的构成因素。

正因为电视纪录具有这种“高度逼真”于现实生活的特征，使它成了我们时代呈现“真实”的最高、最好的标志，以至于不少人常常把电视纪录节目所呈现的“真实”与生活原生形态的真实混淆为一体。的确，当我们从电视荧屏上看到一部与我们的日常生活几乎没有差异的电视纪录片，谁会否认其“真实”性，谁会说它是假的呢?

然而问题并不这么简单，如果我们将作为生活原生形态的“真实”与电视纪录节目的观众所接受的“真实”放到一个系统之中，就会发现，这中间实际上已经经过了“多重的假定”——从生活原生形态的“真实”出发，到达电视工作者的眼中，经过了第一次选择、淘汰与提取，这是一重“假定”；到达电视工作者的手中，经过了摄像机、编辑机、特技机……的处理加工，又是一重“假定”；通过不同类型、不同清晰度、不同传输效果的电视荧屏播放出来，还是一重“假定”；最后到达电视观众那里，由于电视观众的不同身份、教养、种族、国度、地域以及各自自身的不同生理、心理状况和所处不同观赏环境与社会历史背景，带来了各自不同的接受中的再一重“假定”。

如果说“真实”是一种目标与境界，“真实”的实现脱离不了历史、社会、时代的规范，即存在着的“真实”永远只是某一历史阶段特定的、相对的真实，那么关于“真实”的观念也只能是“假定”的，是某一历史阶段上关于“真实”的“假定”，即“假定”本身也是某一历史阶段上相对的存在。

“假定性”是艺术学中，特别是戏剧学与电影学中常用的一个概念。它指的是关于戏剧、电影等艺术形式“艺术地”“假定”生活真实，从而达到艺术真实的一种观念、思维与表现方法。

而我们这里所讲的电视纪录“多重假定的真实”中的“假定”，既包含了“艺术的”“假定”成分，又包含了“非艺术的”“假定”成分，这是由电视纪录的特殊性质所决定的。

如果说文字、绘画、舞蹈、戏剧、电影等媒介都是通过各自的物质手段，来创造一个比生活原生形态本身的“真实”更高、更集中、更美的“艺术真实”，其“假定”完全是“艺术的假定”；那么电视纪录则远不这么单纯——它既有直接取自生活原生形态的再现性生活信息，又有经过改造、加工过的表现性生活信息，因此，电视纪录的“假定”就具有了不同于纯粹“艺术假定”的新质。概括地说，如果戏剧、电影等媒介中的“艺术假定”，是为了通过“艺术的真实”来唤起观众对于生活真实的“幻觉”，那么，电视纪录的“假定”则既有唤起观众对于生活真实“幻觉”的一面，又有直接产生“生活真实感”的一面。对于生活真实的“幻觉”一旦消失，观众就会领悟到这是一种“艺术假定”的结果。“幻觉”即通过“艺术假定”的手段，来唤起观众对于生活原生形态的联想与想象，而直接产生的“生活真实感”，则使观众自然地将自己从电视屏幕上看到的，已经经过了“多重假定”的生活现象，与生活原生形态的真实合二为一，不能予以区别。

电视纪录“艺术假定”与“非艺术假定”的相互掺杂渗透，导致了电视纪录“真实”的复杂性和特殊性。

从这一视角出发，我们可以发现：通过电视纪录的“艺术假定”或“非艺术假定”所带来的电视观众对直接的“生活真实感”的追求是电视纪录美与审美的独有的特征。换言之，不管电视工作者用了怎样的手法与方式（如纪实的或表现的，艺术的或非艺术的），只要能够在电视观众中造成“生活真实感”——也就是经过了“多重假定”后呈现于电视屏幕的生活现象，与生活原生形态的真实，在观众心目中合二为一，混为一体，那就能为独特的电视纪录美的实现打下了雄厚的基础。

当然，若要在电视纪录美的创造与接受过程中，实现“生活真实感”的“多重假定”的统一——即不论是创造者的假定、创造手段的假定，还是接受者的假定都能够在“生活真实感”上达到完全认同和统一，也是相当困难的，我们只能说这几重假定可以达到一种大体上的认同和统一。

这种对于“生活真实感”的大体上的认同和统一，至少基于以下两个条件：

第一，电视纪录节目创造者与电视观众对于生活原生形态的真实取得某种默契和共识；

第二，电视纪录节目创造者与电视观众对于电视媒介语言（创造手段的假定）有着某种共同的理解和熟悉。

在电视纪录节目创造者、创造手段、电视观众这几重对于生活原生形态“真实”的“假定”中，任何一重“假定”的超前或滞后，都有可能打破对于“生活真实感”的统一和认同。在电视纪录节目发展史上，这种“多重假定”是在相互影响、相互适应、相互制约的过程中，由对“生活真实感”的共识，到发生矛盾，进而达到新的共识的。

与“生活真实感”相悖的就是“生活虚假感”（不真实），造成这种“虚假感”（不真实）的原因何在？

首先，可能是由于电视纪录节目创造者与创造手段的“假定”背离了生活原生形态真实，包括虚饰生活原生形态表象，以及没有捕捉到反映生活本质真实的原生形态表象。

其次，可能由于电视观众对于“生活真实感”的要求已经超前。而电视纪录节目创造者或电视创造手段的“假定”相对落后。关于这个问题，朱羽君先生有一段话对我们很有启发，她说：“过去和现在，人们对真实性的理解及审美要求是不可能超越当时的技术手段的制约的。20世纪60年代，我们用16毫米摄影机拍片时没有同期声，就是画面配上音乐，配上解说，没有人提出不真实的问题，因为当时根本不具备运用同期声、长镜头的技术设备，我们那么拍就符合当时的审美要求。但现在还这么拍，人们就不能接受了……”[①]这里的“真实观”不论对于电影还是电视纪录节目，道理都是一样的。

总之，电视纪录的“真实”——“多重假定的真实”是一个历史发展着的概念范畴。随着电视实践的不断向前推进，电视纪录节目创造者和创造手段，电视观众等方面都会进行新的“假定”，进而对于电视纪录的“生活真实感”也就有了新的不同的理解。

电视纪录的“真实”在电视纪录美的创造与接受过程中有着怎样的地位?

第一，电视纪录的“真实”——“多重假定的真实”，是创造与实现电视纪录美的基本前提。没有“多重假定”，无法唤起创造者（创造手段）与观众的主观能动性，没有“生活真实感”，就缺乏可信度，就无法承载更多的社会功能，也就更谈不上使人从中获取美和美感。

第二，电视纪录的“真实”——“多重假定的真实”所带来的“生活真实感”，本身就可以直接构成美与审美的因素。随着人们改造自然与改造社会的实践范围日益加大，一切神秘的东西都逐渐揭示出来，人们所把握的客观真实世界也日益人化，成为体现“人的自由”的范围。因此，作为20世纪的一种最新传播媒介，电视理应以自己的优势，为人类美的世界的构筑和审美视野的开拓作出自己的贡献。电视纪录的“生活真实感”的造成满足了人的这种审美需求，恰如有人所说的那样：“随着人类的进步，时代的发展，人们日渐摒弃虚假与造作，尽量减少外在的、直观的戏剧冲突，希望在作品中表现更多的自然性。”[②]

---

① 朱羽君.长城的呐喊［J］.北京广播学院学报，1992(2)：16-20.

② 王涤.谈谈散文化电视剧的叙述特征［J］.电视艺术，1990(5).

在今天强调电视纪录的“真实”——“多重假定的真实”，有着很大的现实意义，也有着深远的历史意义。

因为，“多重假定的真实”涵盖了两个方面的意思：其一，它的目的是为了造成直接的“生活真实感”，而非单纯的关于生活真实的“幻觉”，这就强调了电视纪录美的“客观社会性”；其二，“多重假定”的提出，又意在强调电视纪录节目的创造者（创造手段）与电视观众，在电视纪录美的创造与接受过程中的能动的、创造的主体地位，这一点尤为重要。由于电视纪录可以造成“生活真实感”的特殊美学个性，使许多电视工作者在“真实”的旗帜下很容易滑向自然主义，不敢对生活原生形态的真实作出自己的“假定”——选择、淘汰、加工与提取，不能透过生活原生形态的纷乱物象，去探究其深层的本质真实；电视观众也容易陷入一种对电视纪录所提供的客观世界的“表象”的满足，如斯特兹·特克尔所说，“现在普通人所知有关世界的事实远比艾萨克·牛顿知道得多，尽管这其中真理要远比其少”[①]。又如鲁道夫·爱因海姆所提醒过的，“我们一方面使心目中世界的形象远比过去完整和准确，而另一方面却也限制了语言和文字的活动领域，从而也限制了思想的活动领域。我们所掌握的直接经验的工具越完备，就越容易陷入一种危险的错觉，即以为看到就等于知道和理解”[②]。这些语重心长的话都告诫我们：如果我们一味地满足于“表象的真实”，停留在对生活原生形态的无假定、无选择的纪录之上，就可能成为五彩斑斓的生活表象的俘虏，被其所异化，使富于“假定”的头脑只单调地记录和承载客观生活表象，使美的创造力、审美的创造力大大削弱，使所有的道义感、责任感、崇高感、历史感都随之

① 特克尔.美国人谈美国［M］.王槐挺，徐存尧，陶朔玉，注释.北京：中国对外翻译出版公司，1995：1-2.

② 爱因海姆.电影作为艺术［M］.杨跃，译.北京：中国电影出版社，1981：160.

而湮灭，这是一个应该引起人们高度重视的问题。

三、电视纪录的“真实”三层面

人们说“真实”是电视纪录节目的生命，这话说得很好。但问题在于，当人们以一个抽象的“真实”作为标准去衡量电视纪录节目时，会发现人们所宣称的“真实”在此时彼时或在此地彼地，并不具有同样的内涵。因此，有必要对“真实”这一概念进行更为具体的界定。界定的方法，除了上述将“真实”放在历史发展的长河中，给予阶段性的阐释外，还可以从逻辑的方面，按照电视纪录节目再现与表现社会人生的深度，将真实划分为三个逻辑层面：外在真实—内在真实—哲理真实。

外在真实指的是现象的真实，事实的真实。达到这个层面的真实是对于电视纪录节目的最基本的要求。电视纪录必须严格遵循生活自身的逻辑；不能违背生活的法则，甚至为了创造者的主观需求，去粉饰或篡改生活原生形态的自然风貌。曾几何时，许多纪录片为了迎合时尚，而不惜人力物力，进行大规模的组织拍摄，壮观是壮观了，漂亮也够漂亮了，但却因为背离了生活的逻辑而为人们所摒弃。80年代中后期电视纪录片“纪实”大潮的高涨，某种意义上可以说是对过去许多年中纪录片虚饰生活、违背生活原则的不良倾向的一种反正。社会生活是丰富多彩的，电视工作者只要下功夫，深入这取之不尽、用之不竭的生活之中，就不会没有收获。生活的现象也是无穷无尽的，将电视摄像机对准这无限多样的生活现象，其说服力和感染力有时比人为的解释还要强大、强烈得多，恰如先哲所言：事实胜于雄辩。

然而仅仅停留在事实真实、现象真实的外在真实层面，还是不够的。一个好的电视纪录节目，不仅要将摄像机对准大千世界纷纭变动着的生活现象，更应将摄像机对准生活中的主人，对准一双双人的眼睛。我们常说，眼睛是心灵的窗户，电视纪录的高度“逼真”于生活，不只意味着捕捉到生活现象，更意味着要透过人们的眼睛，去捕捉那微妙传神的人的心灵、心理、意识、心态，这就是所谓内在真实。上海电视台国际部拍摄的纪录片《十五岁的中学生》《老年婚姻咨询所见闻》等都非常注意在这一真实层面上着力开掘。《十五岁的中学生》中，男孩自杀及其母亲的哭诉，孩子们瞒着父母到歌舞厅、向电视台打热线电话、准备考试、告别会演等场景中，都有细致入微的心理展示，将这一代中学生的特殊心态很好地剖析出来。《老年婚姻咨询所见闻》中，镜头直对来咨询所征婚的老年人，他们的一颦一笑，一言一行，尤其是他们竭力掩饰的神态、神情，不用多说，就已经将其复杂的内心世界曝光于观众面前。电视纪录追求内在真实，就使斑斓多姿的生活现象找到了较为稳定而可靠的心理依托。它可以使人们“去伪存真，由表及里”地透过生活表象，看取生活中更本质、内在的东西，也因此使人们劝生活达到更进一步的认识。

哲理真实是“真实”三层面中最高的一个层面。它以外在真实和内在真实为基础，进而深入到一些具有普泛社会意义、文化意义乃至具有普泛人类性价值的话题，如生存问题，生命问题，人与自然、人与社会、人与人的深层关系问题等，并对此作出有意义有价值的新的探索。上海电视台国际部的另两部纪录片《呼唤》《德兴坊》在哲理真实层面的开掘上作了有益的尝试。《呼唤》表面上看写的是癌症病人俱乐部里的一些感人故事，但它没有停留在为写事而写事，为写人而写人的层面，而是提出了发人深思的有关生命的哲理性课题：人的生命是有限的，人究竟应该怎样活着？怎样的人生才是最有意义的？由这些挣扎在死亡线上的人们来阐述这个问题，显得格外有分量。如果说孔老夫子忌谈这个令人困惑的问题，提醒人们“未知生，焉知死”，那么《呼唤》的编导则大胆涉入这个领域，他们要通过“未知死，焉知生”来探求生命的意义与价值。《德兴坊》看起来主要反映与表现上海普通市民的住房问题，但透过德兴坊弄堂里几代人相互关照，互相体谅、体贴的关系，又把东方式的人与人之间融洽、和睦的家庭、邻里生活方式自然地介绍给了观众，也把人的生存空间、生存需求、生活质量、生活理想等具有普泛社会意义、文化意义的课题提了出来，引发人们进行深刻的哲理性思考。如果这些课题是基于扎实的外在真实与内在真实的揭示基础之上的，那就不仅对于某一地区、某一阶层的人们具有启发，而且可以跨越时空的局限，具有长久的保留价值和启迪意义。

总之，作为最能体现电视特性的样式，电视纪录节目的美学追求不仅对于电视纪录节目本身，而且对于整个电视节目系统的美学追求都具有极为重要而典型的意义。而对电视纪录美学的把握，首先就是对其“真实性”的把握。笔者认为，只有从纵、横两个方向上，即历史的与逻辑的两个坐标轴的综合把握上，才能确立电视纪录节目的“真实”水平与“真实”的层次。也就是说，一方面我们应该以历史发展着的“真实”概念来判断电视纪录节目的“真实”水平，这就离不开对“多重假定”过程中每一个“假定”环节和各环节之间的关系进行准确的分析；另一方面我们应该从逻辑层面上确立电视纪录节目所达到的高度与深度。因此，以抽象的、静止的、没有层面的“真实”观念来作为标准，不仅无益而且可能妨碍电视纪录节目的发展与进步。

电视纪录美学的本质属性与特征集中体现在电视纪录片上。我们已就电视纪录美学的一般特征作了某些阐述，下面将着眼于电视纪录片，从电视纪录片的创制与传播中，就其社会功能、品格与境界、思维与表达方式作进一步的探索。

四、电视纪录片的社会功能

电视纪录片，如同其他电视产品一样，它的“美”绝非一种不带任何功利色彩的“超然”的美，而是与人类认识和改造世界的社会实践活动紧密相连的。换言之，电视纪录片的“美”不仅建立在它的“多重假定的真实”基础之上，也同样建立在它的社会功能的承担之上。社会功能从积极的意义上来看，是一种“善”，它意味着人们的社会实践活动符合了人的主观目的，即所谓实践活动的合目的性，又意味着在社会实践活动中，个别的主体与人类整体的利益、需求、目的达成了某种和谐。电视纪录片的“善”的社会功能的实现，指的就是在电视纪录片的创制和传播过程中，应该体现出人类社会实践活动的合目的性，体现出个体与整体利益、需求、目的的某种和谐，体现出对人的诸种主观能动性——创造性、智慧、才能和力量的现实肯定。

苏联学者和美国学者在研究电视（当然也包含电视纪录片）的社会功能方面，给我们提供了值得参考的两种不同思路。由于社会制度的差异、意识形态的差异，使人们改造自然、改造社会的实践活动之目的也有着较大的差异，同时，对于从电视（含电视纪录片）的视角表现这种目的性功能之研究，也便有了较大差异。

苏联学者、美学家鲍列夫在其名著《美学》一书中，引用了作家斯特鲁加茨基兄弟的一段话来表达他对电视（含电视纪录片）功能的看法：“电视机很有可能成为新的特洛伊木马，它能钻进一般人的大脑和心灵，从内部瓦解他，将他变为市侩和卑劣的小人，变成强盗和杀人犯。电视将成为麻醉剂，这一合乎逻辑的趋向把人变成自己的奴隶……但如果电视始终发挥自己的长处，它也能成为人的伟大导师。”[①]对电视功能正反两方面的认识，使鲍列夫在本书的结语中，着眼于个人与人类整体的和谐，将美学（自然包括电视纪录美学）的“最高宗旨和含义”看作是“人道主义”的“审美教育”。书中指出：“审美教育的最佳成果应当是造就一

① 鲍列夫.美学［M］.冯申，高叔眉，译.上海：上海译文出版社，1988：453.

个完整而和谐，具有自身价值和社会价值，具有能动创造性的人。他具有高度的、富有个性的审美修养，这使他能够按照人道精神进行生活，使他的活动能够坚定，富有目的性、选择性、有效性、求实性，有益于整个人类（重点号笔者加）……”[①]鲍列夫认为，使个人的“自身价值与社会价值”都得到实现，对于美学——审美教育来讲，不仅是必要的，而且是可能的。他进一步指出：“一个人与人类的和谐从根本上说是可能的……一个人的发展，他的不断完善需要社会来实现，并要为众人服务，而一个社会的发展则必须通过个人来实现，并以个人的幸福为目的。历史的意义和本质就存在于个人和人类的这种辩证关系之中。个人的全面发展，个人与社会、与人类的和谐统一是艺术的最高人道主义使命。”[②]

虽然这两段文字谈的是电视，谈的是一般美学，但在原理上同样适用于电视纪录片和电视纪录美学。可以看出，苏联学者对于电视美功能的研究，是从考察个体与社会、人类整体之间的和谐入手的。

美国学者则更倾向于从对个人深层心理需要的考察中来研究电视美的功能（这在原理上同样适用于电视纪录片功能）。

E.卡茨等人曾列出了五种由大众交流媒介（当然包括电视）来满足的基本需要：

（1）认识的需要：需要信息、知识和理解。

（2）感情的需要：需要情感体验和审美经验，爱情和友谊，渴望着美的东西。

（3）人格的综合需要：需要自信、稳定、地位、安心。

（4）社会性的综合需要：需要加强与家人、朋友和其他人的联系。

---

① 鲍列夫.美学［M］.冯申，高叔眉，译.上海：上海译文出版社，1988：562.

② 鲍列夫.美学［M］.冯申，高叔眉，译.上海：上海译文出版社，1988：566-567.

5.紧张—放松的需要：需要逃避和消遣。

M.德弗勒和S.鲍尔-罗基齐则指出了三种需要类型：

（1）需要理解一个人的社会世界。

（2）需要在这个世界中有意义地和有效果地行动。

（3）需要有一个从日常麻烦和紧张中逃避的幻想。[①]

从上述文字中，我们可以看出，不管苏联学者与美国学者对于电视功能、美学功能（进而推演到电视纪录片、电视美的功能）有着怎样不同的观点和不同的倾向，但有一点是共通的——即着眼于社会（而非纯粹自然、纯粹艺术），着眼于个人与社会、个人与人类整体之间的关系来展开论述。

电视纪录片作为体现电视特性的一种重要样式，自然也应是体现电视与电视美的社会功能的一种重要样式。我们知道，美的主要形态为自然美、社会美、艺术美，自然美是一种没有经过人们虚构的自然的美；社会美则是体现在人们社会生活中或社会实践中的一种美；艺术美是经过了人们虚构或加工、提炼、改造了的美；由于电视主要是通过自己的媒介手段来转述现实、再现现实，表现或再现人们的社会实践活动和社会生活，所以它所传达出来的主要是一种社会美，即主要承担了传播和纪录人们的社会实践与社会生活的功能。电视纪录片所传达出来的美，当然也应是一种以承担传播和纪录人们社会实践与社会生活功能为主的社会美。具体说来，电视纪录片的这种传播社会美的功能，与其他电视产品样式相比，又有哪些显著的特色呢？

首先，"说真话"应该是其追求的主要目标。"说真话"，说起来简单，真正能够做到却是不容易的。人们生活的社会，是一个由种种传统、种种文化、种种人所组成的无比复杂的存在，受着这些有巨大差异的传

① 转引自：费斯克，哈特利.电视功能论［J］.任生名，译.电视艺术，1990（5）.

统、文化与人的规范与约束，人们认识真理、表达真理就不仅仅需要卓识，更需要勇气和胆略，才能在电视纪录片中言人所不曾言、不敢言的“真话”，才能使观众从中去伪存真，通过直面真实的生存状态，而感受和获得生活的力量。《德兴坊》中的王凤珍老人，不肯搬出德兴坊这个破旧的弄堂；《老年婚姻咨询所见闻》中的陆根楠吐露她的不快、不悦乃至不平，因为是说了真话，而比多少段拐弯抹角的议论还要震撼人心。

认识与发现社会问题，是电视纪录片所应承担的又一重大社会功能。一部成功的电视纪录片，可以抓取富于强烈时代色彩、有重要现实意义的社会生活现象，并从中取出发人深思的社会问题。北京电视台的系列片《同心曲》、中央电视台的《广东行》，都是这方面有代表性的作品。有一些优秀的电视纪录片，还因准确而深刻地再现与表现时代生活，而为历史留下了不少传之久远、耐人寻味的珍贵资料。

给人以感染、陶冶、教育与启迪，是电视纪录片不能推卸的另一重要社会功能。我们上面已论述了电视的一般社会功能。对于电视纪录片这种以生活原生形态为纪录对象的电视产品样式，如何既客观、自然，又对社会、对人有积极社会意义，是一个令人深思的问题。记得苏联电影大师斯坦尼斯拉夫·罗斯托茨基在中国讲演时，曾对电视纪录片做过评论。他认为一方面要讲真话，包括揭露社会弊端，但又不能把生活描摹得一团漆黑，让人沮丧，看不到光明。一味说好或一味说不好都是不可取的。一部电视纪录片想立得住，就必须要把握好这个辩证关系，把握好这个分寸，这样才能使人、使社会在一种健康、公正、良好的氛围影响下，不断地发展、进步。电视纪录片固然不能粉饰生活，制造虚假的太平气象，但也不能在“真实”的旗帜下，放弃它对社会的责任。当代中国电视纪录片尤其应该注意在捕捉新生活的同时，灌注一种道德感、崇高感、责任感，使人们在新的压力与动力面前，保持旺盛的激情、智慧与创造力。

五、电视纪录片的品格与境界

电视纪录片所传达出的美，是一种社会美，这只是一种一般的、笼统的说法，这并不意味着所有电视纪录片都处在同一美学水准之上。然而依据什么标准来划分电视纪录片的美学品格与境界呢？笔者认为，可以根据电视纪录片洞察社会、洞察人的深度，将其划分为“描述”生活、“发现”生活、“创造”生活三种品格与境界。

第一种：“描述”生活。追随着生活原生形态表象，严格地遵循生活的逻辑，客观地、自然地再现生活本身的各种存在。大量的电视纪录片都以这一层面的要求为准则。在这一层面上电视纪录片必须按照生活发生、发展的“已然律”来进行拍摄、制作，而不能超越这种“已然律”，更不能虚构、加工生活。这一层面上的电视纪录片一般关注事实的本身、事件本身，而难于进行更深入的社会或人的剖析、透视。

第二种：“发现”生活。在“描述”生活的基础之上，根据对生活的深入体验与观察，有预见地去“假定”，进而捕捉到有意义、有价值的生活情景。在这一层面上，电视纪录片既要做到客观、自然地“描述”，又要主动地参与生活的发展，在不违背生活逻辑的前提下，“发现”人所可见，又未必可见，既在情理之中，又在意料之外的生活现象。这个层面上的电视纪录片往往具有突发性、偶然性的特点，给人以不同凡响、耳目一新乃至振聋发聩之感。著名的《望长城》中“寻找王向荣”那一段戏，就是遵循着生活发展的“可然律”而跟踪拍取的。当摄制组来到王向荣家，通过王母的声音，王母与主持人及王母与儿子之间关系等的表现，将王母的个性有力地显示了出来。摄制组同志们意识到按照王母的为人处世的方式及其性格的可能性，她是会遥送主持人出村的，所以当摄制组一行人走了很久以后，还在等待老人的出现，当他们回头遥望小山坡，果然王母不出所料地出现在山头，于是“王母遥送主持人”就把整段戏推向了高潮。这并没有进行过多的艺术构思，可如果当时停机，漏掉了这个细节，效果就逊色多了。这种看似突发性、偶然性的生活场景，是电视纪录片对于生活“可然性”的一种新鲜的“发现”。一部电视纪录片，有了这样的“发现”，会使其品格与境界进入一个新的较高的层次。

第三种：“创造生活”。如果一部电视纪录片不仅仅捕捉与“发现”有意义、有价值且颇为传奇的生活细节，而且能够将这些珍珠般的细节贯穿在一起，那就可能升华为一种别样的生活，别样的世界。这种生活、这种世界既是现实的客观存在，又自然地融进了创造者们的较为完整的情感体验与哲理思考，因此，它传达出来的不仅仅是生活本身的存在，还蕴含了更丰富、更具魅力的生活理想、生活意味、生活情调、生活境界。它可能只着眼于某一局部、某一方面的生活内容，但若达到了这个层面，甚至可以跨越地域与时间的限制，产生广泛而长久的影响。《藏北人家》只是记录了一个普通藏族人家的几个日常生活的片段、场景，但它所表现出的人与命运的抗争和人的顽强的生命力却是那样动人心魄，连听不懂汉语的外国人看了都禁不住啧啧赞叹。《德兴坊》中王凤珍老人的生活态度及邻居们之间的关系，《呼唤》中癌症病人俱乐部里人与人的特殊组合及他们面对死亡的选择，都不是某一个社会问题可以概括得出的，因为它向人们呈示的是超越局部、超越个别细节的整体的、意蕴深邃的新的生活世界。

六、电视纪录片的思维与表达方式

电视纪录片在思维上也同样典型地体现着电视的特性，这就是“交流”方式的多重丰富性。电视纪录片的“交流”，按照思维品格的高低，可以划分为单向交流、双向交流、立体网络交流三种思维形式。

所谓单向交流，又分两类：观众处于被动地位、创造者处于居高临下控制地位的是一类；创造者被动地依附对象（拍摄对象）的是又一类。前者创造者们可以挥洒自如地表达自己对所捕捉的生活现象的评价、意愿，但不容易调动观众或被拍摄对象的积极参与，走向极端的就是一厢情愿地组织拍摄，甚至导致严重的扭曲、篡改生活的问题。后者的长处是不剪断生活的自然流程，严格遵循“纪录”的真实性原则，但过于依赖被拍摄对象，有时会出现“自然主义”的倾向。创造者对于生活的认识、发现与开掘的作用不能得以发挥，同样难以取得较好的效果。《老年婚姻咨询所见闻》中陆根楠公园约会一段，编导跟踪拍摄，尽管看起来很真实，但由于过于被动地依附于拍摄对象，对观众的“引导”不够，使人看了觉得有些不合情理，不容易接受。

单向交流的思维形式，往往是个体性劳动中的习惯性思维形式，而创制电视纪录片则是一种多工种、多部门、多方面的集团性劳动方式，在这一过程中，创造者、拍摄对象与观众往往处于一个共同完成的合作地位上，单向、单方面的交流一般说来是不可取的。

双向交流是电视纪录片中普遍采用的一种思维形式，它要求创造者与拍摄对象、创造者与观众处于一个相互适应、相互影响、相互推进的互动地位，共同完成一部电视纪录片的创制与传播。按这种交流方式，创造者、拍摄对象与观众都不是被动的，而是相互推动的。创造者的一个构思或提问很可能为拍摄对象所否定或补充、修正，观众也会主动地参与。如《十五岁的中学生》中自杀男孩的母亲对着镜头哭诉一段，就不可能是创造者预先构思好、交代好的，完全由拍摄对象自由发挥，编导与家长展开着极其自然而顺畅的双向交流，效果就相当好。而另外一段家长等候在孩子考场外，编导就没有及时展开与这些家长的“双向交流”，给人的印象就不够深，表现力也不足。

立体网络交流是建立在双向交流基础上的一种更积极有力、更富境界的思维方式。由于创造者、拍摄对象、观众都处于极为主动而且相互推进的合作地位，在许多场合下三者往往是难分彼此，你中有我，我中有你，水乳交融，浑然一体。《呼唤》编导宋继昌同志在拍摄该片时，就曾发生过这样的事：片中主人公之一姜念椿想自杀，但他有此念头时首先打电话给宋继昌。而另一主人公刘利群住院时已近癌症晚期，摄制组同志一去，他们之间似乎有了感应，刘立即振奋起来。生活中心心相印的情感交流，使《呼唤》显示出行云流水般的流畅与自如，而绝少刻意之感。在创造者、拍摄对象、观众的“交流”中有什么样的思维形式，就有什么样的表达方式，正是从这个意义上来说，表达方式是不可能绝对的、单一的，而应是相互融合的。在一部优秀的电视纪录片中，再现与表现、写实与抒情、感性与理性、纪录与艺术等都应是极为自然地统一在一起的。

［本文原载于《北京广播学院学报》1993 年第 1—2 期，《新华文摘》1994 年第 1 期全文转载］

影视文化三论

影视文化即电影电视文化，是20世纪人类科技发展的新的成果。影视文化由于建立在这样一个前提背景之上，而拥有了许多迥异于传统文化形态、品种的特殊性、复杂性与丰富性。本文将就影视文化的界定、影视文化的构成、影视文化的几个基本关系等作一理论上的探讨。

一、影视文化界定

“影视文化”这一概念的界定，包括两个方面的内涵与外延的界定，即作为一种客观存在形态的“影视”和作为一种影响人类生活的“影视文化”的界定。

（一）电影、电视与影视

什么是电影，什么是电视，什么是影视，是进入“影视文化”界定的首要问题。

关于“电影”的界定，有一些不同的表述，但对其基本的客观存在形态的认识应是一致的。《电影艺术辞典》中关于电影是这样表述的：“根据‘视觉暂留’原理，运用照相（以及录音）手段，把外界事物的影像（以及声音）摄录在胶片上，通过放映（以及还音），在银幕上造成活动影像（以及声音），以表现一定内容的技术。电影是科学技术经过长时间的发展达到一定阶段的产物。”[①]这一表述对目前电影的基本的客观存在形态作了较为准确的把握，同时也对“电影”存在形态的历史沿革进行了详尽的阐释，如“视觉暂留”现象及理论的发现、照相术的研究、胶卷的发明、“活动电影视镜”的发明、彩色电影与有声电影的创造等。

关于“电视”的界定，也并非易事。尽管从客观存在形态看，电视未必比电影更复杂，但构成电视的元素、要素同样是丰富的。《中国广播电视百科全书》对“电视”作了这样的表述：“使用电子技术手段传输图像和声音的现代化传播媒介。它通过光电变换系统使图像（含屏幕文字）、声音和色彩即时重现在覆盖范围内的接收机荧屏上。”这一表述进一步扫描了电视传播的全过程：“一、电视台运用电视摄像管和话筒摄取景物图像及伴音，然后按一定的构思和顺序加以编辑组合，制作成各类电视节目；二、把电视节目的视频信号用电子扫描方式进行光电分解，即由发送端的摄像管把节目的图像、声音和色彩转变为脉冲信号，再通过电缆和天线发送出去；三、由接收端的显像管把接收到的电脉冲信号转换为光影图像、声音和色彩，在荧屏上还原为完整的节目。”[②]这一表述也注意到了电视吸收各种传统艺术样式、其他媒体样式的因素而呈现出的“综合性”特征。

关于“影视”的界定，可以在上述关于电影、电视界定基础上进行。从客观存在形态上看，为什么将“影视”放在一起进行表述？这自然是因为电影、电视的相近性、共性的存在，而它们最集中、最突出、最直观的相近性或共性便是“有声有画的活动影像”。尽管电影、电视的技术特征、艺术特征、传播特征各不相同，但在“有声有画的活动影像”这一形态特征上是一致的。这是“影视”并提的重要基础。尽管电影、电

① 许南明，富澜，崔君衍. 电影艺术辞典［M］. 北京：中国电影出版社，1986.

② 杜鹃. 中国广播电视百科全书［M］. 北京：中国广播电视出版社，1995.

视各有其特定的规定性，但广义的“影视”概念将包括电影、电视生产与传播的全部。

（二）“影视文化”的三个系统

狭义地看，“影视”指电影、电视交叉的共性部分；广义地看，“影视”包括电影、电视生产与传播的全部。而“影视文化”同样可以从三个系统中见出其特质和地位。

1. 从大众传播系统来看

电影、电视自诞生起，就以其广泛的覆盖性而与传统印刷媒体发生了歧变。传统印刷媒体不论是传播渠道、方式，还是接受渠道、方式，抑或传播机制，都带有浓烈的个人化、个性化特色，而伴随现代科技成长起来的电影、电视，则以其科技优势而迅速在大众传播系统中成为重要角色。从印刷媒体到电子传媒，大众传播系统内部各媒体在此消彼长中成长（见图1）。

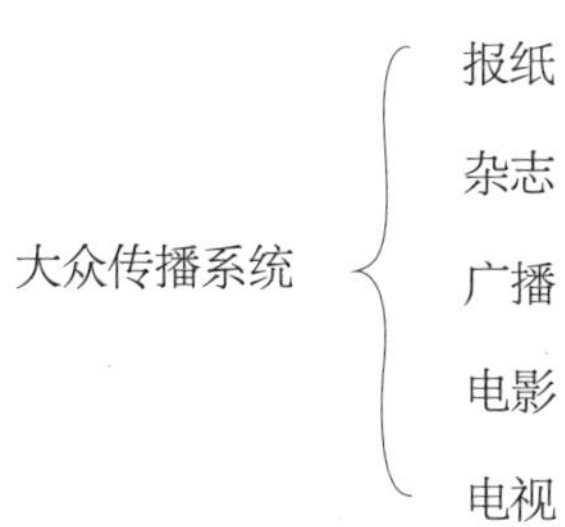

图1　大众传播系统分类

电影、电视无论是与传播印刷媒体相比，还是与广播比，都在传播范围、传播能力上占有许多优势。报纸、杂志的文字传播需一定的知识基础，广播单一的声音传播难免丢失很多重要的可感知信息，而电影、电视的声像合一、声画结合，使其获得了相对“全息性”的传播能力，可以覆盖更大的传播范围。

2. 从艺术系统来看

人类迄今为止所创造的主要艺术形式由文字形态、非文字形态、综合形态三类组成，它们合成了人类的艺术系统（见图2）。

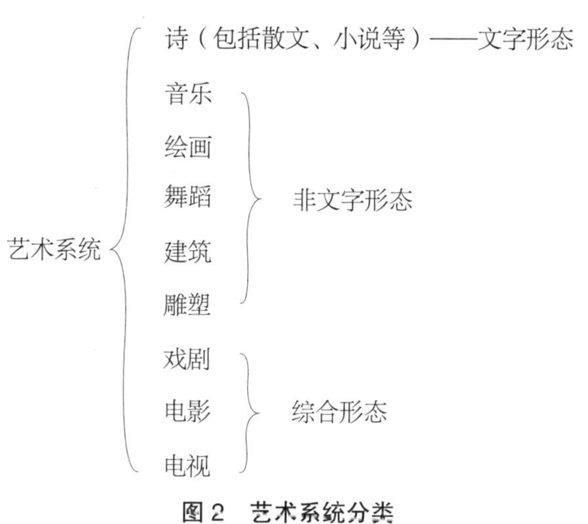

图2　艺术系统分类

不论是文字形态的艺术品种，还是非文字形态的艺术品种，乃至综合形态的戏剧，它们都经历了数千年的历史积淀，在人类文化史上写下了重要的篇章。电影与电视尽管在艺术系统中资历最浅，但却以其巨大的包容力吸纳了以往人类艺术创造的许多因子。作为其基本元素，并创造性地整合为新的艺术品种——将文字与非文字、时间与空间、视觉与听觉有机地组合在一起，借助其强大的传播优势，创造出20世纪艺术的新的成果与成就极大地影响着人类的社会生活。

3. 从娱乐休闲系统来看

娱乐休闲是人类生活中不可或缺的内容。娱乐休闲在各民族不同历史时期都有各不相同的方式与表现。仅从现代人们普遍流行的一些娱乐休闲方式的比较中，就可看出电影、电视的特质与地位（见图3）。

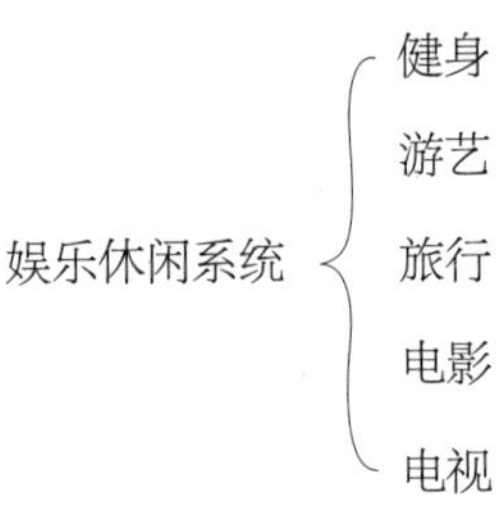

图 3　娱乐休闲系统分类

健身作为一种娱乐休闲方式，包括了滑冰、攀岩、器械训练、球类活动等；游艺则包括了棋、牌、跳舞、书画等；旅行则包括了观光旅游、购物等。电影、电视作为人们的一种娱乐休闲方式，不论是从资金投入，还是从消费便捷程度上，都是最日常、最方便的一种。而且由于电影、电视信息量大，或想象力强、艺术魅力强，人们在娱乐休闲中还可以充分得到信息服务或艺术享受。

（三）电影、电视文化的共性与差异

从上面的分析中，我们可以对“影视文化”作一简要的概括和界定。所谓“影视文化”，是人类借助现代科技手段所创造的电影电视文化样式。具体来说，“影视文化”是人类重要的传播样式，也是人类重要的艺术样式和娱乐休闲样式。狭义地讲，“影视文化”指的是电影、电视共同的“有声有画的活动影像”，即影视艺术及其对社会生活的影响；广义地讲，“影视文化”泛指以电影、电视方式所进行的全部文化创造。

这里需要指出的是，以上文字主要着眼于“影视”的共性、共同点来展开论述。事实上，电影、电视之间的差异也是显而易见的。从主体形态来看，电影主要以故事片形态存在着，而电视则主要以纪录性信息为主体形态；电影倾力于艺术“作品”的创造，电视则倾力于“生活信息流”的传达；从美学原则来看，电影主要处理的是虚构性的艺术信息（着力于艺术表现），电视则主要处理的是非虚构性的生活原生态信息（着力于“生活真实感”的实现）；电影更多追求艺术的独创性与经典价值，电视则更多追求现实生活信息流的独特发掘与实际价值；从文化取向来看，除主流文化的主导地位在电影、电视两个部门同样重要外，电影似乎更多倾向于精英文化的价值取向，而电视则似乎更多倾向于大众文化的价值取向。此外，在电影、电视的传播过程中，技术的、艺术的、传播者的、传播方式的、生产方式的、受众的、传播环境的、接受环境的意义、地位、价值、角色、特征等都有不少差异。简单说来，“影视文化”尽管拥有传播系统、艺术系统、娱乐休闲系统的诸多共性、共同性、接近性，但二者也同样拥有不少差异和不同，相比较而言，对于电影来说，或许艺术是第一位的、传播是第二位的；而于电视来说，或许传播是第一位的、艺术是第二位的。因此，电影文化与电影艺术更为亲近，而电视文化与电视传播密不可分。

小结

作为电影文化、电视文化整体上的共性与差异如上所述。而作为整体的“影视文化”，可以从狭义、广义两种视角上被进一步界定。也就是说，狭义的“影视文化”，应当是体现为“影视艺术”，即以相对完整、相对独立的电影、电视艺术作品为主体的影视存在形态，包括电影故事片、电视剧及艺术性的电影纪录片、艺术性的电视“屏幕作品”（如艺术性的电视文学作品、电视艺术片及艺术性的电视纪录片）。而广义的“影视文化”，应当是体现为电影、电视全部的存在形态。尽管电影、电视之间有诸多差异和不同，但二者的共性应当是被更多关注并研究的。一方面，在传播系统、艺术系统、娱乐休闲系统中二者意义、价值、地位相当接近；另一方面，可以通过物质的（包括技术与形态的）、体制的（包括生产与传播的）、观念的（包括各种价值理念的）不同层面的比较与分析，寻找出它们相对共性的那些存在。

二、影视文化（广义的）的构成

从广义上看，影视文化是由物质的（包括技术与形态的）、体制的（包括生产与传播的）、观众的（包括各种价值理念的）三个层面构成。

（一）物质层面

影视文化在物质层面体现为技术上与形态上的可以直接为人可感、可见的物态化存在。这一层面的影视文化变动速度很快，由于电影、电视技术的不断革新和改进，而使电影、电视的形态和传播方式不断处于变化之中。

电影的技术发展经过了较长时间的积累。在17世纪，牛顿首先发现了反映在人的视网膜上的形象不会立即消失这一重要现象。1824年，英国的彼得·马克·罗格特在伦敦公布了他的"视觉暂留"理论。所谓"视觉暂留"，即人的眼睛在观看运动的物象或形象时，每个物象、形象都在消失后继续滞留于视网膜上约不到1秒钟的时间。人眼的这种视觉特征，使在人的视网膜上组合出运动的形象有了可能。此时，法国的约瑟夫·尼埃浦斯开始了他的照相术研究。他在1822年拍出了第一张原始的照片，曝光时间长达14小时。此后，法国舞台美工师达盖尔与尼埃浦斯合作，利用当时已经发明的碘剂感光法，借助于水银蒸发，终于把特定的形象固定了下来，这种完整的照相术和洗印方法首次成功于1839年。被称为"达盖尔照相法"的照相技术开始迅速发展起来。1851年湿性珂珞酊的发明使一张底版可以印出多张照片，1888年美国的乔治·伊斯曼发明了胶卷，并于1894年与发明家爱迪生合作制成了首部"活动电影视镜"。"活动电影视镜"已经初步具备了电影拍摄、洗印、放映三个基本元素，但它是把15.24米（50英尺）的凿孔胶片放映在一个大箱子里，一次只能供一个人观看。到1895年，法国的卢米埃尔兄弟制造出能将影像放映在白色幕布上的电影机，至此，成熟的电影宣告诞生。

电影初创时期是以无声和黑白的形态出现的。欧洲电影以记录现实生活场景为主，美国电影则以游艺表演的展示为主。在电影初创的第一个十年里，有人已开始对无声电影添加声音元素的探索，许多影院里出现了乐队、乐师同步现场为无声电影配音乐音响的情形。在美国贝尔电话公司发明的“维他风”系统，即大型唱片录音结合机械连接装置，造成音画同步的基础上，德国托比斯公司很快推出了光学录音还音系统。20年代末有声电影宣告诞生。在苏联电影大师爱森斯坦及克莱尔手中，还尝试探索出了音画关系的不同形式（如音画对位、画外音等），至此声音真正成为电影的一个重要艺术元素。

与有声电影的发展历程相似，彩色电影在其原始阶段也采用人工操作方式。在无声电影时期，许多故事片采用在某一场景或段落的胶片上涂上某种颜色，以加强效果的尝试，有的还在胶片上逐格添涂色彩。1913年拍摄的意大利影片《庞贝尔日记》中，维苏威火山爆发的场景就涂成了红色、橘色的火焰和深蓝色的天空，1925年拍摄的苏联影片《战舰波将金号》中，起义后的战舰上升起了红色旗帜。自20年代开始这种“加色法”为“减色法”所替代，1926年拍摄的美国影片《宾虚传》中出现的一些彩色场面即采用此法。到1935年，三色的彩色系统宣告成功，第一部真正的彩色影片《名利场》正式问世。而彩色在电影中的广泛使用则延后至五六十年代。

电影诞生100多年来，从黑白、无声到有声、彩色，又从小银幕到立体电影、宽银幕电影，不断进行着技术革新与改造，也使得电影的形态不断发生变化，电影艺术的元素不断丰富，电影的形式、品种不断拓展扩大。近十年来，现代高新技术进入电影，使电影形态进一步发生变革、创新。如三维动画、电脑特技、现代录音技术等的加入，使电影构成的元素、电影的时空观念、电视的声画、视听表现力、冲击力和感染力不断加强。

如果说电影建立在现代照相技术、洗印技术（化学工业）等技术基础之上，那么电视则是在现代无线电电子技术基础上诞生的。电视技术的发展过程，涉及电视节目的制作、播控、转播、发射、传送等多个环节。

电视的出现首先得益于电磁感应现象的发现。电视源起于电报、电话等有线电子传播媒介的发明。而无线电的发明、通信技术的发明使得电子媒介摆脱了有形的电线，无线电子传播成为可能。

无线电电子传送首先在声音的传送上试验成功，这便是广播的诞生。此后，英国工程师发现了硒的光电效应，德国、苏联、美国等国的科学家各自发明了电视发射和接收的控制系统，并利用图像分解原理和扫描原理，解决了图像传送的信道问题。在此基础上，20世纪20年代，机械电视首先在英国和美国出现。随着电视摄像机的发明和接收机的问世，美国科学家发明的全电子电视取代了机械电视，标志着真正的现代电视的问世。至20世纪30年代，英国广播公司定期演播，英国、德国、美国、苏联的电视也相继诞生。

电视形态的每一次变革都伴随着电视新技术的改进。从制作手段的技术改进来看，大的发展段落是从模拟化阶段逐步走入数字化阶段。在模拟化阶段，声音与图像的清晰度、逼真方式也经常因技术的变革而变革。从声音的发展看，手摇式唱机、电唱机、钢丝式录音机、磁带录音机、激光唱盘（CD）等手段和方式的渐次递进，使电视的声音越来越清晰而逼真。从图像的发展看，从黑白电视、彩色电视到高清晰度电视的渐次递进，从分体的摄录设备到一体化的摄录设备（如ENG），使电视图像还原生活的水平也越来越趋于清晰和逼真。进入数字化时代，凭借电脑特技与多媒体制作，电视声像的表现力、感染力日益增强，而且电视节目制作也日趋简化与方便，电视节目制作能力也因此大大增强，电视节目的形态、品种、类型也因此而更加丰富多彩。

从传送和接收来看，从无线微波传送，到有线电缆或光导纤维的传送，再到卫星传送，覆盖面日益扩大，电视信号日益清晰，电视频道日益丰富，容量日益加大，这都使电视的生产和传播能力的大大增强成为可能。

影视文化的发展是以物质层面技术的发展为基础、前提与动力的。影视技术的进步，带来了其形态的变化与丰富，也改变了人们对于影视的接受、理解与参与的方式和习惯，更改变了人们的影视思维与观念。

（二）制度层面

制度层面或者说体制方面的建设与发展在影视文化构成中处于至为关键的中介地位。影视文化制度层面的内容既有宏观的社会制度背景，也有具体的生产制度和管理制度。

1. 社会制度

影视文化的宏观社会制度背景，对影视文化发展而言是最大的制约。如一般说来，资本主义社会制度背景下的影视业，往往以追求商业利益的最大化为首要目标。而社会主义社会制度背景下的影视业，则往往将社会效益放在首位考虑，以较好的社会效益的实现为首要目标。资本主义社会制度背景下的影视产品，其商品色彩往往极浓，而社会主义社会制度背景下的影视产品，则宣传教育色彩普遍较为浓烈。

2. 生产制度

影视生产是影视文化的主体构成部分。为有效地进行影视生产而形成的一系列协调各方面关系的组织机构，是影视生产制度的具体体现。影视生产制度在总体上与其社会制度相吻合，同时又有自己的特点和特质。在资本主义社会制度中，影视生产基本上按照资本主义市场规则，以制片公司、媒体公司的组织机构形式为主体运行运作的。在社会主义社会制度背景下，影视生产一般按照计划经济的规则，以全民所有制的制片厂、电视台的组织机构形式为主体运行运作的。但是一种生产制度的建立并不是易事，要改造体制面临各种实际困难。尤其是对于长期生存于社会主义计划经济体制中的中国影视业来说，面临着向社会主义市场经济体制转轨的形势，传统计划体制下的一系列复杂问题不可能一下子解决。有人提出“制度创新”“体制创新”，就是在这样的意义上进行表述的。

的确，在影视生产进入数字化生存的时代，在影视生产面临着集所有传统媒体于一身并产生着巨大能量的网络传播的时代，传统的单一的、狭小的、小而全的生产制度，传统的媒体间各自为政的局面，传统的条块分割的局面，都将面临着巨大的冲击。1999年美国传统的最有号召力的娱乐业集团——华纳公司与美国最时尚、最现代的传媒集团——美国在线的合并，震动了全球。这种“强强联合”，本身就是将影视及相关媒体的生产制度赋予更充实、更宏大的内涵。中国的影视业还面临着另一个挑战，就是加入WTO（World Trade Organization，世界贸易组织）后，中国影视业可能遭遇到国外传媒业、影视业的冲击。这些都为加速中国影视的生产制度的改革提供了时代性的机遇。

3. 管理制度

影视生产的管理制度应视为其社会制度背景下生产制度的具体化，指的是影视生产与传播过程中对于各个环节（尤其是人、财、物几个方面）的管理制度。资本主义影视生产中的管理基本依照资本运营的规则，以利益、利润最大化为指针，通过影视生产的成本核算来实施其人、财、物等的管理。社会主义影视生产中的管理，与社会主义影视生产制度基本一致，体现为行政方式（或手段）与市场方式（或手段）的双轨并行。从中国影视管理体制来看，对人事、资金、产品的运作使用，一方面以行政方式为主导（如干部任用、资金投入、产品把关审查等），另一方面也在宏观行政管理中融入市场方式（如人员聘用、资金多渠道来源、产品进入市场竞争——对“票房价值”与“收视率”的高度重视等）。

影视生产的宏观管理与微观管理，都离不开特定法律法规的保障。影视生产本身既是可以产生巨大社会效益的公益性事业，又是可以赚取巨额利润的文化产业，如何使影视生产既能保证其自身利益的获得，又能为社会提供有益的精神食粮，如果没有针对影视生产的特定的法律法规的制约，单靠行政手段和市场手段去调节，还是力度不够的。因此为影视生产制定相应的法律法规，并在此基础上形成一系列管理条例才会更有效地作用于影视生产，进而从制度上保障影视文化的健康发展。

（三）观念层面

影视文化观念层面体现为影视的价值取向与价值理念，而这价值取向与价值理念，渗透在影视生产与传播的各个环节、各个方面。

影视的观念，就是人们对于影视的理性的认识、理解与把握，是人们的一般社会文化观念在影视中的体现，也是人们对影视实际生产与传播过程中的各种价值取向、价值理念的理性的认识、理解与把握。

从人们的一般社会文化中的价值理念与影视的价值理念的比较中，我们可以见出，有时影视的价值理念超前于人们的一般社会文化观念，这时影视可能充当社会文化变革的先锋的角色；有时影视的价值理念滞后于人们的一般社会文化观念，这时影视可能就充当了社会文化发展中的保守的角色。

从影视观念自身的变革来看，除了大的社会生活环境变革的冲击与影响，以及大的社会文化观念的冲击与影响，其自身也必然会进行着观念的沿革与嬗变。尽管与物质层面的变革相比，观念层面的变革要艰难、缓慢得多，但物质层面与制度层面的变革，终究要极大地刺激、影响着观念层面的变革。而影视一旦在观念层面发生剧变，势必极大地反作用于影视的物质层面与制度层面，使其相应发生剧变。

这里仅从影视的文化角色定位和其功能的定位上来看影视文化观念层面的一些情形。

影视的文化角色定位，包括主流文化、精英文化、大众文化及边缘文化几种情形。影视文化角色定位于主流文化，意味着影视生产与传播将围绕主流意识形态的需要，体现主流意识形态的意志（中国影视“喉舌”“二为”“主旋律”等概念典型、生动地表述了其主流文化的角色定位）。影视文化角色定位于精英文化，意味着影视生产与传播将围绕影视生产与传播主体个性化乃至个人化创作与思考的需要，更多体现影视生产与传播主体个性化乃至个人化的意志（所谓“创造性”“独特性”“经典性”等）。影视文化角色定位于大众文化，意味着影视生产与传播将围绕大众普遍的、当下的情感心理诉求，满足其普遍的、当下的情感心理需要（如所谓“通俗性”“流行性”“好看”“时尚性”等）。影视文化角色定位于边缘文化，意味着影视生产与传播将围绕非主流、非大众也可能非精英的那些影视生产与传播主体的极端个人化的理念，有时可能是影视生产与传播主体借助影视手段、方式对于人类生存境况的感性表达，有时可能是影视生产与传播主体对于影视自身手段、方式的可能性的开掘与探求（如所谓“实验性”“先锋性”等）。

由于主流文化、精英文化、大众文化、边缘文化自身价值理念的差异，而使得影视文化角色的定位，对于影视观念的呈现、体现起着直接的制约作用。

当然我们也要看到，这几种影视文化角色定位的情形，揭示的是极端典型的状态，而事实上，在具体的影视生产与传播过程中，这几种观念经常会纠结在一起，我们只能约略地判断其主导观念的倾向，而不能简单地将其判定为“非此即彼”的单一价值取向，不然，怎样解释影视生产与传播中经常出现的“雅俗共赏”的情形呢?

而在影视功能的定位上，情形可能会更为复杂。影视的功能内容包括娱乐消遣的、宣传教育的、信息传播的、审美的、认识的等几个方面。影视功能定位于娱乐消遣，意味着影视生产与传播将围绕着大众普遍的、当下的轻松愉悦的感官享受，而努力去适应、迎合乃至超附加媚俗。尽管娱乐消遣本身也有层次高低之分，但上述特质应当不可或缺。娱乐消遣往往排斥深度的、个性化的体验与思考，同时由于其容易满足大众普遍的、当下的某些情感心理需求乃至感官刺激需求，而赢得较高“票房价值”或“收视率”，从而获得较大的经济利益。需要指出的是，这并不意味着只要追求“娱乐消遣”功能，就能达到这一目标（最好的经济效益），真正的有较高经济效益同时又实现“娱乐消遣”功能的影视产品，也往往需要一定的思想容量特别是智慧含量。“通俗”并不等于“庸俗”乃至“低俗”。影视功能定位于宣传教育，意味着影视生产与传播将围绕着当下主流意识形态以及当下人们普遍认同并普遍需要的某种或某些理念来予以传达，在这里，尤为重要的是当下的政治理念和道德理念。任何一个民族、国家和地区，都必然会对影视生产与传播进行程度不同、方式不同的政治理念、道德理念的制约。各国影视生产与传播的审查、监督机制尽管有差异，但也有许多共同点。我们这里所说的走向极致的“宣传教育”影视产品，往往体现出概念大于形象、抽象大于具象的特点，有些未必认真投入生产与传播（或不认同这种理念而敷衍了事）的此类影视产品，有可能得到主流文化或一部分接受者的认同，实现了一定的社会效益，但由于此类影视产品“说教味”太浓，而常常达不到其预想的效果。当然，真正好的“宣传教育”影视产品，应“寓教于乐”，才能达到令人满意的社会效益。虽然大多数此类产品社会效益转好，经济效益较差，但优秀产品理应实现社会效益、经济效益双丰收（或“双赢”）。影视功能定位于审美，意味着影视生产与传播，将围绕当下人们普遍的审美趣味与审美取向，满足当下人们普遍的审美需求。但审美取向、审美趣味、审美需求往往既有共同性，又有个别性，既有可以理性地表述的，也有“不可理喻”“莫名其妙”的。影视产品的审美功能的实现，常常不易单独地抽取出来，因为它总是与特定环境中人们的思想、心理、情感的总体需要的特征联结在一起。影视功能定位于信息传播或认识，是比较理性的一种选择。作为大众传播媒介，影视的生产与传播当然离不开其信息传播和认识的功能，但这种比较理性的功能选择能独立实现吗？实际上与审美功能的实现相似（只不过“审美”更为感性），影视生产与传播在信息传播和认识功能的实现上，也往往不能单独地抽取出来，而需一定的外在“包装”和内在内容的展现。（如依托于一个感人的故事或一个真实的事件。）

不论怎样，影视文化观念层面的情状，对于影视文化的发展起着极大的制约作用。

三、影视文化（狭义的）几个基本关系

由于广义的影视文化构成成分复杂，电影与电视之间既有交叉、共同点，又有各不相同的领域和范围，所以当我们对影视文化的几个基本关系进行表述的时候，应当就狭义的“影视文化”，即电影与电视共同、交叉的那一部分，也就是“影视艺术”的领域来予以展开。

在“影视艺术”这一领域，存在着社会历史—影视艺术本体—受众三个方面的关系，即这三者之间相互影响、相互制约、相互促进、相互推动的多重关系。

（一）“社会历史”与“影视艺术本体”之关系

在影视艺术本体与社会历史的关系上，体现为社会历史境况对影视

艺术本体创造的制约，以及影视艺术本体对社会历史所承担的功能。

1.制约

社会历史境况的不同，对影视艺术本体创造带来了许多的制约。这种制约体现在以下三个层面。

第一，物质层面的制约。社会历史经济发展的境况、物质财富积累的境况、科学技术水平的境况，都对影视艺术本体创造带来了直接的制约。如果社会整体的物质财富充裕，就有更多的余力投入影视艺术本体创造，就可能保证影视艺术的生产力大大增强。科学技术的发展水平，对影视艺术本体创造制约更大。没有科学技术的不断进步，就没有影视继续探索新形态、新形式、新样式的物质基础。事实上，电影从无声到有声，从黑白到彩色，每一次大的飞跃都依仗科学技术水平的提高。电视的生产制作与传输传送，从模拟到数字化，从原始直播到录播再到现代直播，从微波传送到卫星传送，每一次飞跃也都依仗科学技术水平的提高。如果物质层面达不到一定水平，影视艺术的生产和传播依然受到很大制约。这个道理显而易见。

第二，制度层面的制约。不论是大的社会制度，还是具体的生产和管理制度，都对影视艺术本体创造予以相当大的制约。在一种“唯利是图”的制度背景下，纵使影视艺术本体有多少创新的探索，也是很难有继续生存发展的空间的；在一种以社会效益为最大目标追求的制度背景下，纵使影视艺术本体有多么刺激、好看，有潜在票房价值或收视率，但假若导向上不符合要求，依然不会使其随意进入市场的。在以市场手段为主要特征的生产、管理制度背景下，影视艺术本体再有突破的艺术理念，也要遵循市场规则；在以行政手段为主要特征的生产、管理制度背景下，影视艺术本体的运作，难免行政的干预和制约。

第三，观念层面的制约。特定社会境况中特定的价值观念、思维方式及特定的信仰、道德、宗教、习俗等影视艺术本体创造制约最大。如道德观念对于影视艺术本体的制约是极为鲜明的。在意大利影片《天堂电影院》中，我看到牧师作为电影审查官，专门负责掐掉影片中男女欢爱接吻的部分，因为这是当时那里的道德观念所不能接受的。不同国家、不同时代的道德观念，对影视艺术本体创造给予的道德宽容度也是不同的，之所以有电影电视审查制度、电影电视分级制度，都体现了道德观念对影视艺术本体创造的制约。

需要指出的是，来自物质层面、制度层面、观念层面的社会历史境况，对于影视艺术本体创造的制约，并不见得完全是单向的、同步的。也就是说，物质发达的国家和地区，影视艺术生产与传播未必就一定发达。正如马克思所说的历史上常常出现的“艺术生产与物质生产的不平衡”那样。比如印度是个发展中的较为贫穷的国家，但其影视艺术本体创造能力，尤其是电影生产与传播能力却极强，是世界上有影响的电影大国，而沙特阿拉伯的情形则恰恰相反。

2.功能

与二者之间“制约”关系相对应的是影视艺术本体对社会历史所承担的功能。影视艺术本体在技术层面、形态层面、语言层面上各国、各民族、各地区并无太多差异，但在对社会历史所承担的功能方面，却往往大相径庭。我们所说的影视“民族化”，很重要的一个因素是“功能”的特殊性和差异性。

有人说，影视艺术无国界，是纯艺术，不应承担什么社会历史功能，这只是看到了影视艺术最表象的技艺层面。事实上，没有任何影视艺术本体可以脱离对社会历史功能的承担。不论是立足于主流文化，还是立足于精英文化、大众文化，不论是追求宣传教育，还是追求消遣娱乐，或是审美、认识与信息传播，影视艺术本体创造都在特定社会历史境况制约下，自觉或不自觉地承担着某些功能。因为社会历史发展进程中所形成的人们对于艺术功能的理念，并不会因艺术生产类型、形式、方式、品种的变化而变化。具体的功能性内容、内涵可以在变，但其功能模式则往往很难变动。尽管在社会历史发展过程中，“载道教化”的内容不断在变化，但其功能模式却被继承下来，并影响着中国现代影视剧创作、生产与传播。

3.“超前”与“滞后”

在社会历史与影视艺术本体之间，还存在着“超前”与“滞后”的关系。当社会历史境况发生较大变化，出现“超前”于影视艺术本体创造情形之时，影视艺术本体则处于相对“滞后”状态，便需要加大改革力度，以适应社会历史境况的变化。如在20世纪30年代初民族危亡的紧急关头，中国社会上下抗日救国的浪潮一浪高过一浪，而此时中国电影的许多从业者（特别是经营电影的资本家们）还沉湎于“神怪”“武打”“宴请”“家庭恩怨”的电影生产观念，而一批爱国进步的文化人、电影人则纷纷站出来，用电影喊出了抗战救亡的最强音。再如在70年代末中国进入改革开放的新时代，而电影本体观念却相对滞后，于是便有人提出解放思想，使“电影语言现代化”的改革思想。而当影视艺术本体创造出现“超前”于社会历史发展境况，而人们普遍的价值观念、思维方式、审美心理等还不能习惯、接受时，社会历史境况就相对“滞后”于影视艺术的本体创造。

（二）影视艺术本体自身的几个关系

影视艺术本体，是由影视艺术作品、影视艺术家（生产者与传播者）、影视艺术现象（由作品和人延伸出的现象）构成。影视艺术自身因此而出现了几个关系：影视艺术本体与艺术文化传统及异域文化（尤其是异域影视文化）的关系（现象），影视艺术本体创造中外在表象符号与内在艺术精神关系（作品），影视艺术本体创造中个性化创造与集体无意识“模式”的关系（人）。

1.影视艺术本体与艺术文化传统及异域文化（尤其是异域影视文化）的关系

我们判断某个或某种影视艺术本体创造现象的价值，必须有一种方法或视角，从中找寻一种标准。我认为从与艺术文化传统（本民族的）的关系（历史的、纵向的）以及从与异域文化（尤其是异域影视文化）（比较的、横向）的对照、分析中，应当能找寻到较为合适的标准，进而确立其价值（见图4）。

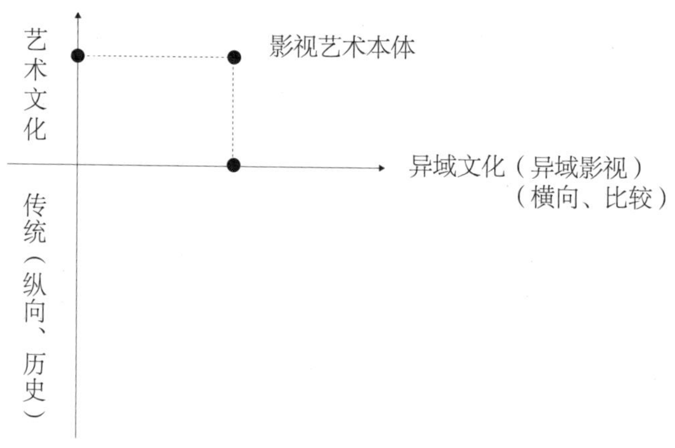

图4　影视艺术本体与艺术文化传统及异域文化的关系

由于影视艺术本体创造离不开其民族艺术文化传统的土壤，离不开艺术文化传统的历史积淀，所以我们从历史、纵向的方法与视角，可以进行分析、对照，看出哪些方面是继承的、守成的，哪些方面是发展的、创新的，继承与守成中有哪些发展、创新，发展与创新中又有哪些继承与守成，进而确立影视艺术本体（现象）的价值。对于有争议的人、作品或现象，不妨采用此种方法与视角进行分析、判断。

由于影视艺术诞生于20世纪现代科技的背景下，因此不同民族影视艺术在技术、语言表层基础是一致的，为什么会出现不同民族影视艺术的巨大差异呢？这涉及很多问题，但同属影视艺术，便有了可比性的前提。在影视艺术本体创造与异域文化（异域影视）的横向比较中，可以看出哪些是共性的，哪些是个性的；哪些是世界性的，哪些是民族性的；哪些是先进的，哪些是落后的；哪些是借鉴、摹仿的，哪些是全新创造的……，在这横向的对照、对比中，可以较为准确地找到某一现象的特定价值。

而将这纵向、历史的对照与横向、比较的对照结合起来，即将影视艺术创造置放于艺术文化传统和异域文化（异域影视）关系的坐标轴中，便可以准确、清晰地判断影视艺术本体创造的地位、意义和价值了（找到其准确的坐标点）。

2.外在表象符号与内在艺术精神的关系

影视艺术最直观的形态是影视艺术作品的视听综合的影像形态，而这影像则是由一系列可以直接作用于人们感知系统——尤其是视觉、听觉的表象符号构成的。这些表象符号有人物、景物、场景，有人声、自然声、音乐与音效声等，经过艺术的、技术的处理，这些表象符号连缀为一个较为完整的整体，表达影视艺术家对于世界和生活的理解、情感与情绪。尽管这些表象符号的素材大多来自人类生活原生态，而且在电影银幕、电视屏幕上栩栩如生，宛如自然真实的生活，但由于影视艺术家运用了各种影视技术与艺术的手法，将其进行了或夸张、或改造、或变形、或加工的处理，进行了不同方式的组合、组接与编辑、剪辑，进行了不同角度、不同景别、不同深度、不同方位的处理，而使银幕、屏幕上的生活时空与自然生活原生形态发生了较大差异，成为银幕、屏幕的艺术时空、艺术世界。

我们可以看到，影视艺术在其历史发展进程中形成了一整套自己独特的艺术表达方式、艺术语言方式，如蒙太奇、长镜头的镜头组接方式，推、拉、摇、移、俯、仰的拍摄技法，形成了特写、近景、中景、全景的景别深度以及关于视与听、声与画的多种组合方式、剪辑方式等，这使得电影银幕、电视屏幕对于人类生活和人类精神理念的表达能力大大增强，并使人类学会用影像思维方式感知、认识和理解世界。所以，影视艺术表象符号系统一方面极大地拓展了人类艺术的表达视野和表达能力，一方面也为人类之间的沟通与交流提供了有声影像的基础。

但表象符号的一致性、共同性、接近性，并不能解决影视文化、影视艺术的差异存在。不同时代、不同民族、不同国家和地区之间影视文化、影视艺术交流与沟通经常会出现很多障碍，其原因何在呢？

我认为症结隐藏在影视艺术表象符号背后的艺术精神的差异上。所谓影视艺术精神，指的是影视艺术家特定的价值观念、思维方式、心理内涵等在影视艺术作品中的反映和表现。由于影视艺术家在价值观念、思维方式、心理内涵以及对世界、对生活的感知、认识、理解和把握的不同和差异，而使其赋予影视表象符号以不同的内涵和意念。

这里又有两种情形：一种是表象符号本身的特殊性；二是同一表象符号被赋予不同的内涵和意念。前者比较容易理解，像斯皮尔伯格《侏罗纪公园》中的恐龙等怪诞的、独特的、通过现代电子技术合成的表象符号，这种表象符号，本身就具有相当的特殊性，其背后的艺术精神可以单独地予以分析、开掘。后者问题就比较复杂，它涉及时代、民族、国家（和地区）的不同文化及影视艺术家的不同艺术精神的差异。

时代的差异。比如同样是青松、大海、日出、暴风雨等景物景观，在中国五六十年代电影中这些景物景观作为电影的表象符号，便具有了英雄主义的精神理念与内涵，这些表象符号往往与崇高、牺牲、献身、无私无畏、英勇不屈、奋斗不息等联系在一起。在中国六七十年代电影中，这些表象符号的政治意义大大增强，不能想象“日出”与阶级敌人在一起，因为敌人一定会与“黑暗”为伍；连音乐、音效都被赋予了鲜明、清晰的角色特征（或“敌”或“我”，或正面或反面）。而这种情形在此后的年代里就没有了那么强烈的性质区别，更多被还原了其自然特征。

民族的差异。对于同样一种表现对象的表象符号，不同民族往往会以不同的艺术精神去处理。如战争片中牺牲的场面（如倒在战火中的战士），不同民族往往会赋予其不同的艺术精神。俄罗斯民族的深厚而博大的人道主义精神，常常将对生命消逝的无限惋惜与感喟渗透其间（如影片《这里的黎明静悄悄》中5名女战士之死，美丽而动人）；美国民族的自由精神，常常将对个体生命的摧残、对个体自由的摧残的愤慨与反抗渗透其间（如影片《生于七月四日》中男主角朗尼倒在越战战场上）；而中国民族热爱和平、反对侵略的浓烈民族主义精神和对敌、对我爱憎分明的伦理态度，常常将牺牲升华为一种为崇高目标而献身的英雄主义品格，升华为鼓舞革命斗志的高尚情操（如影片《英雄儿女》中王成之死）。

国家（与地区）的差异。影视艺术表象符号中，最直观的莫过于银幕、屏幕上的人（尤其是电影演员、电视剧演员和电视节目主持人）。不同国家和地区在这些表象符号中，体现出各自的个性、色彩和特性。如中国电影银幕上时而含蓄收敛、时而夸张过火的整体表演风格，欧洲电影银幕上深沉、质朴的整体表演风格，美国电影银幕上开放而热烈的整体表演风格等，都典型地体现了各自不同的艺术精神。中国不同地区的影视艺术，也有着鲜明的地区差异。如同是表现母子深情、亲情的影视片，大陆更多注入社会内涵，台湾则更多注入"悲情"内涵。同是表现宫廷故事的历史类影视片，内地更多注重历史真实，香港则更多注重"演义""搞笑"等。

3. 个性化创造与无意识的"模式"之关系

个性化创造是影视艺术本体创造的基础。成功的、有魅力的影视艺术作品离不开影视艺术家独具个性的艺术创造。而这"个性化创造"源于影视艺术家独立的艺术精神，他们独到的对于世界和人类生活的情感体验、情感感受及理性的思考、认识、理解与把握，在此基础上锻造出独具个性的影视艺术符号，并赋予这些表象符号以独具个性的艺术精神。

集体无意识的“模式”源于一个民族、一个国家、一个群体等在长期历史积淀中形成的价值观念、思维方式、文化——心理结构、习惯、习俗。具体到影视艺术中，体现在两个方面：一是影视艺术本体自身生产创作形成的集体无意识的“模式”；一是社会文化传统中历史积淀形成的集体无意识的“模式”。

个性化创造表面看来与集体无意识的“模式”应当水火不容，但事实上二者之间存在着许多关联。一方面，如果没有个性化创造的基础，一味按已有的大家习以为常的某种“模式”去简单复制的话，影视艺术作品的生命力将不会长久，只有呈现出独特的个性化创造，才有可能获得其持久魅力。另一方面，个性化创造也并不意味着孤芳自赏、打破所有的既定“游戏规则”，天马行空地编造，并不意味着摆脱所有为公众普遍习惯和认同的集体无意识的“模式”。

所以我个人比较倾向于这样一种思路：在尊重、熟悉、把握了影视艺术诸多集体无意识的“模式”基础上来进行个性化的创造。从这个意义上看，也可以理解为“戴着镣铐跳舞”“从有法之法进入无法之法”。

这就需要对集体无意识的“模式”作进一步的分析。所谓“模式”，也可以视为一种规则、一种套路。

从社会文化的历史积淀中形成的集体无意识的“模式”，对影视艺术的题材内容、主题意向、叙事结构和视点等都产生着极大的影响，并在不同民族、不同时代、不同地域形成了不同的“模式”特点。

从大的人类性话语看，几乎各个国家和地区的影视创作都离不开“生”与“死”、“爱”与“恨”、“善”与“恶”、战争与和平、欲望与道德、理想与现实、成功与失败这类题材，并在这些二元对立的矛盾冲突中，表达各自的感受、体验、认识与理解（体现为各不相同的主题意向）。从小的具体的话语看，英雄落难、生离死别、一见钟情、梦想成真、除暴安良、惩恶扬善等也往往是各个国家和地区影视制作中经常面对的题材内容与主题意向。

这样一些“模式”之所以广泛地、经常地出现于世界影视艺术创作中，在于它们可以满足人们对于这样一些话语的共同关注与期待。

对于这样一些共同的话语，共同的题材内容乃至主题意向，不同民族、不同时代、不同地域的不同处理与表现，主要在叙事结构与视点的差异上，如民族的差异。欧洲文化求真的传统使其在价值观念与思维方式上讲求严谨、周密的理性，在影视叙事结构与视点选择上也往往是这样，“理性”（哲理的、思辨的）色彩浓郁。美国文化中自由主义的传统，使其格外关注个体生命的种种欲望与需求，因而美国影视作品大都选择个人主义的叙事结构与视点（在这个意义上，也许“西部电影”中的“牛仔”模式体现最为典型）。俄罗斯文化中人道主义的传统，使其对作为群体生存的人类整体命运格外关注，即使在个体生命的艺术表现中，也渗透着对于整体人类生命的人道主义关怀。中国文化中的伦理主义传统，使中国影视创作往往习惯于选择伦理的叙事结构与视点，不论是婚姻家庭类，还是政治、历史类，抑或社会生活类，常常是归结到伦理的结构与视点上（“谢晋模式”讨论中的一个重要问题就是这一问题）。

从影视艺术本体自身来看，影视艺术生产创作历史进程中，也日益积淀着许多集体无意识的“模式”，这集中体现在不同层面、不同角度的各种“类型片”的生产创作之中。

从大的类型来看，对应着主流文化、精英文化、大众文化的主要“类型”分别为“政治电影”、“艺术电影”与“商业电影”。这几类电影在叙事方式、叙事策略与生产创作目标上，各有自己的一套规则。

从题材内容来看，影视的“类型”十分丰富，如爱情片、战争片、科幻片、灾难片、惊险片、历史片、传记片等。其中每一种“类型片”

都拥有许多著名的作品，这些作品的情节故事不同，但其叙事方式与策略上基本相同。

从小的范围来看，由于特定地区社会文化差异与影视艺术传统的差异，也形成了一些富于地域色彩的影视“类型”作品。如七八十年代中国台湾的“文艺片”、在中国香港长久不衰的“功夫片”（李小龙、成龙等因此成为国际巨星）、在印度具有旺盛生命力的歌舞片等。这些“类型”同样也形成了自己的一套“模式”。

不论是社会文化和历史积淀，还是影视生产创作自身的历史积淀，集体无意识的“模式”的形成、存在与发展乃至繁荣，绝不是偶然的，一定有其存在的社会依据。从这个意义上看，“存在的就是合理的”。所以重要的不是去简单地蔑视、无视乃至去摧毁某些或某种“模式”，而应正确地、辩证地去看取“模式”。我认为，影视艺术生产创作中出现的各类、各种“模式”，是其本体成熟的一种标志，能够称其为“模式”而被广泛仿效并推广，证明它是有生命力的。有时一种“模式”也在曲折变化中拓展、丰富着并不断获得新的生命力（如“弃妇”模式从中国古典诗词曲赋中走出，在中国影视艺术创作中不断推出经典力作，像《神女》《一江春水向东流》《祝福》直至电视连续剧《渴望》）。如果某种“模式”被证明已经没有必要存在的话，它也会自然而然地被淘汰出去。

“模式”如同某种艺术形式，既然没有无规则约束的艺术形式，也就不存在无规则约束的“模式”。重要的不是“模式”存在与否，而是如何正确而辩证地看待它。

记得有一位学者说过，不要怕重复说起别人已经说过的话，因为只要是经过你心灵浸染过的，就应当是属于你自己的、独一无二的存在。个性化的创造并不意味着非要做出“前无古人，后无来者”的绝活，而应在继承、借鉴、学习这些成形、成熟“模式”的基础上进行新的探索和开拓。

（三）影视艺术本体与受众的关系

在影视艺术本体与受众之间，存在着二者相互“适应”与相互“引导”之关系。

对于受众的重视，在影视艺术实践中已经有了不少体现。不论是为了影视艺术生产与传播的需要（需要受众叫好欢迎，以达到较好的传播效果），还是为了影视产业继续发展的需要（电影受众参与程度直接影响“票房价值”，电视受众参与程度直接影响“收视率”进而影响其广告收入），都应当高度重视受众的存在。影视艺术的理论探索对于受众的研究也日益重视。影视艺术理论对于受众的研究，受到影视艺术生产与传播实践的直接刺激，也吸收了美学（接受美学）、社会学、传播学、调查统计学等的思路与方法，逐渐改变了传统把受众视为一个被动的、消极的接受群体的看法，而把受众视为能动的、积极的、对影视艺术生产与传播有巨大推动作用的丰富多彩、充满活力的群体。同时，这个群体又因知识素养、文化水平、社会阶层、年龄、职业、居住环境、生存状态等的不同，而对影视艺术产生了不同的态度和选择。

所以，“适应”与“引导”都应是双向的。也就是说，“适应”意味着影视艺术本体创造对受众的适应和受众对影视艺术本体创造的适应；“引导”意味着影视艺术本体创造对受众的引导和受众对影视艺术本体创造的引导。而“适应”与“引导”的内容则涉及二者的价值取向、审美趣味、语言、手法等。

实际上，社会历史境况和影视艺术的集体无意识的“模式”往往具体通过受众得以反映、体现。在广泛的调查分析基础上，对于受众价值取向、思维方式、文化—心理结构、审美趣味等的判断，是影视艺术本体创造成功有效进行的重要基础。

因此，当影视艺术本体创造提出新的价值理念、尝试新的美学风格、叙事方式、语言方式和方法手段的时候，有可能会出现大多数受众的不习惯、不认同，此时，影视艺术本体创造扮演着“引导”者的角色，而需要受众逐渐来“适应”。如果这“引导”和“适应”与以往二者的习惯、认同距离不太遥远、比较适度，那么经过一段时间的磨合，受众会逐渐习惯和认同的。如果这二者距离太远，那么就要有被受众冷落的心理准备。许多“先锋”“实验”影视创作始终不能与受众建立起习惯、认同的关系，结果就难以在受众那里扎根。

而当受众在特定社会历史境况中，其价值观念、思维方式、文化—心理结构、审美趣味等发生巨大变化时，他们也会对影视艺术本体创造提出他们自己的要求和期待，此时受众扮演着“引导”者的角色，要求影视艺术本体创造“适应”他们的这些要求。如果影视艺术本体创造还固守以往的旧的理念、方式、方法、手段，那就会被受众所冷落乃至抛弃。

影视艺术本体创造的价值终究要在广大受众那里接受检验，被广大受众予以判断。所以研究受众，有针对性地为特定受众量身定做产品，是影视艺术本体创造成功的一个重要因素。

影视艺术本体与受众的这种双重“适应”与“引导”关系，并不意味着单方面地去“迎合”和满足，受众的需要和期待与影视艺术本体的责任都是同样重要的存在。在我们以往的影视艺术本体创造中，经常出现或极端“适应”或极端“引导”的教训。一说“适应”，就迎合受众，甚至迎合受众中某些未必健康的恶俗、低俗趣味，走向极端“媚俗”。一说“引导”，就板起脸来，不管受众愿不愿意接受，生硬地训导、灌输给他们，走向极端“教化”。这都不是正确的态度。

当然，受众与影视艺术本体创造的复杂多样，注定了“适应”与“引导”是一个永无止境的探索过程，二者总是从相对平衡走向打破平衡，再探索走向新的平衡。正是因为有了这不停顿、不间断的运动，才使影视艺术本体不断走向进步，也使受众对影视艺术本体的鉴赏判断能力和水平不断得到提高，进而推动影视艺术、影视文化不断前进。

［本文原载于《现代传播（中国传媒大学学报）》2000 年第 5—6 期］

参考文献

［1］杨伟光 . 中国电视论纲［M］. 北京：北京出版社，1998.

［2］陈晓云，陈育新 . 作为文化的影像：中国当代电影文化阐释［M］. 北京：中国广播电视出版社，1999.

［3］克拉考尔 . 电影的本性：物质现实的复原［M］. 邵牧君，译 . 北京：中国电影出版社，1981.

［4］朱羽君，王纪言，钟大年 . 中国应用电视学［M］. 北京：北京师范大学出版社，1993.

电视传播艺术：一个学术命题的新的整合

——“中国电视传播艺术研究”之一

电视传播艺术，存在于电视生产与传播的全过程中。它既是一个学术名词，又是一个实践活动领域；既指向电视传媒，又联结着更为广阔的社会生活空间；既是中国的，也是世界的。经过40余年的历史积累，中国电视传播艺术收获了丰富而宝贵的经验，但面对“信息时代”各种媒体的竞争角逐，面对加入世贸后的日益“全球化”“国际化”的生存环境，面对“知识经济”时代中国社会政治、经济、文化格局的新的变化，如何从技术、社会、思维各个层面上，如何从微观、中观、宏观各个视角上来制定、设计出科学、有效而又符合中国国情的战略、策略与战术，是摆在中国电视理论和电视实践从业者面前十分艰巨而又十分重要的任务。“电视传播艺术”理论与实践的深入探索，将是完成上述任务的重要保证。

本文将从不同的方面，力图对“电视传播艺术”这一学术命题进行新的理论梳理与整合。

一、问题的提出

“电视传播艺术”作为一个学术命题，它所依托的理论与实践根据何在？换言之，我们之所以提出“电视传播艺术”这一学术命题，在理论和实践方面的依据是什么？这是我们探讨“电视传播艺术”的前提。正如许多学者所言，提出问题在某种意义上比解决问题也许还要重要。那么，就让我们在展开“电视传播艺术”这一学术命题的全面论述之前，去到电视实践和电视理论的世界中做一番巡礼扫描，去看一看那里事实上存在着怎样的“问题”，需要我们提出，并需要我们去寻求“电视传播艺术”的解释与解决。

（一）电视实践：两种传播内容的对立统一

一个明显的事实摆在所有电视观众的面前，那就是：电视荧屏上存在着两种截然不同性质的传播内容——“非虚构”的与“虚构”的。所谓“非虚构”的传播内容，通俗浅白地讲，就是电视荧屏上那些“真”的内容，是现实生活世界中真实发生的事件、事情、情形的记录与再现。而所谓“虚构”的传播内容，通俗浅白地讲，就是电视荧屏上那些“假”的内容，是现实生活世界中并未发生，而是人为编造出来的故事、情节与情形的创作与表现。

这两种性质完全不同的传播内容——“非虚构”的、“真”的与“虚构”的、“假”的，也带来了生产这两种内容的电视从业者完全不同的电视实践状态或电视工作状态。“非虚构”的、“真”的传播内容的生产，需要到现实生活世界中即时地、及时地、迅疾地去捕捉并记录、再现；而“虚构”的、“假”的传播内容的生产，则需要从现实生活世界中跳出来，用充满情感的想象，重新构筑出另一个“世界”，这需要创作激情、灵感、想象力，是人为编造的“表现”。

两种性质迥然不同的传播内容、两种不同的电视实践或电视工作状态，相互对立、对峙，但却又有机地被统一在一种电视媒体、一种电视生存环境与生存空间之中，组成统一的“信息传播链”，呈现于同一的电视荧屏上。这就给我们提出了以下一系列问题：

（1）从传播内容自身来看，除了典型的“非虚构”和“虚构”类内容外，是否还存在着中间形态的传播内容，即同时包含着“非虚构”与“虚构”元素的传播内容？

（2）从传播方式来看，“非虚构”与“虚构”这两种完全不同的传播内容，是遵循着各自的规则在运行，还是遵循着一种统一的规则在运行？

（3）如果有一种共同的规则及思路、方式、方法能将这两种不同的传播内容和谐地编排在电视传媒之中，并构成统一的“信息传播链”，那么这种规则及思路、方式、方法应如何表述？

从电视具体实践来看，除典型的“非虚构”和“虚构”类内容外，的确存在着大量的中间状态的传播内容，如果说电视新闻是典型的“非虚构”类传播内容，电视剧和其他电视艺术作品是典型的“虚构”类传播内容，那么介于二者之间的，即同时包含着“非虚构”与“虚构”元素的传播内容，如电视纪录片、电视专题节目、电视综艺节目、电视谈话节目、电视娱乐节目等大量节目，都应属于中间状态的传播内容。而“非虚构”类内容的“虚构”元素的渗透，和“虚构”类内容的“非虚构”元素的渗透，也日益成为一种现实存在。

正因此，一方面我们可以看到：“非虚构”类内容与“虚构”类内容各自有其遵循的一般规则，如素材和题材来源，传播者的生产和创作特征，产品的形态、构成特征，产品的传播形式及特征，电视观众在接受过程中的心理感受特征等都是完全不同的；另一方面，毕竟又是在同一种电视传媒，同一种电视生存环境、生存空间，同一个电视荧屏时空中被传播着，必然会形成二者共同遵循的规则及思路、方式、方法等，这不仅是由于传播内容的相互交融，也是由于电视这一传媒自身，历史形成的传播规则、思路、方式、方法在逻辑上的、现实中的统一性、一致性所致。

至此，我们有理由确认这样一个事实：在电视具体实践中，存在着“非虚构”和“虚构”两类完全不同性质的传播内容，但这两种性质不同的传播内容却又生存在同一种电视传媒之中，在同一种电视生存环境、生存空间，同一个电视荧屏时空中被和谐地编排在一起并被传播着，因此二者必然有着交叉、共融的区间领地，有着共同遵循的规则、思路、方式与方法。如果将典型的“非虚构”的内容归并于“传播”部类，将典型的“虚构”的内容归并于“艺术”部类，那么二者交叉、共融的区间领地，共同遵循的规则、思路、方式与方法则可以被统一表述为“电视传播艺术”。换言之，“电视传播艺术”在电视具体实践中，对应着将“传播”与“艺术”打通的那些内容，对应着使“传播”与“艺术”和谐统一在电视传媒中的那些共同被遵循着的规则、思路、方式与方法。

（二）电视理论：两种研究思路的对立统一

与电视实践中事实上存在两种不同性质传播内容相对应，电视理论事实上也存在着两种不同的研究思路。与“非虚构”类传播内容相对应的是电视新闻和电视传播学，与“虚构类”传播内容相对应的是电视艺术学。

电视新闻学以“非虚构”的电视新闻为主要研究对象，所谓“电视新闻”，目前比较一致的界定为：“以现代电子技术为传播手段，以声音、画面为传播符号，对新近或正在发生、发现的事实的报道。”[①]

电视传播学则相对宽泛，有人将电视传播学界定为“研究电视传播活动及其规律的科学”[②]，而电视传播则是“电视从业者使用电子媒介广

① 朱羽君，王纪言，钟大年.中国应用电视学［M］.北京：北京师范大学出版社，1993：152.

② 石长顺.电视传播学［M］.武汉：华中理工大学出版社，2000：3-4.

泛、迅速和连续地传播信息的活动"[①]。

电视艺术学则是以"虚构"的"电视艺术"为主要研究对象，所谓"电视艺术"，比较集中地被界定为"以电子技术为传播手段，以声画造型为传播方式，运用艺术的审美思维把握和表现客观世界，通过塑造鲜明的屏幕形象，达到以情感人为目的的屏幕艺术形态"[②]。

从上述界定可以看出：电视新闻学对应着"非虚构"的"电视新闻"，电视艺术对应着"虚构"的"电视艺术"。电视传播学虽然没有明确指涉，但从其基本内容与倾向来看，其所说的"传播信息的活动"中的"信息"基本还是指的是"非虚构"的新闻类传播内容。于是，两种不同的电视研究思路便清晰地呈现了出来。

电视新闻学、电视传播学的主要研究对象既然是"非虚构"的传播内容，那么其基本研究思路必然从"事实"为起点，以"真实性、时效性、客观性"等为标准追求。

电视艺术学的主要研究对象既然是"虚构"的传播内容，那么其基本研究思路必然是从"创作"为起点，以"创造性、独特性、情感性"等为标准追求。

不同的研究起点，不同的标准追求，造就了完全不同的研究模式、研究方法和研究规则。而且表面看起来似乎完全难以沟通。

但这两种表面对立的研究思路，毕竟又面对同一种传媒，从上述界定中我们看到对于"现代电视传媒手段的运用"是其基本前提。这样，以下一系列问题又被提了出来：

（1）电视新闻学、电视传播学与电视艺术学之间是否存在着中间、交叉地带的研究对象？

（2）电视新闻学、电视传播学与电视艺术学有无共同的研究规则及

① 石长顺.电视传播学［M］.武汉：华中理工大学出版社，2000：3-4.

② 高鑫.电视艺术学［M］.北京：北京师范大学出版社，1998：12.

思路、方式、方法？

（3）如果存在着中间、交叉地带的研究对象，存在着共同的研究规则及思路、方式、方法，那么这种研究应当如何表述？

我们可以看到，在电视新闻学、电视传播学与电视艺术学之间，的确存在着一个巨大的中间、交叉地带。如在电视新闻学中，有电视新闻的采集、选择、编辑、编排的技巧、技艺，报道的艺术化处理等；电视传播学中有传播符号的采用、传播模式的运用、传播的主体控制、传播的议程设置等；电视艺术学中则有电视声画语言的运用、电视艺术创作的角度、结构、方式等。

简单地梳理一下，我们可以发现至少有以下几个部分是两种不同研究之间交叉、中间的研究对象。其一，技术、技巧、技艺层面：不论是电视新闻、电视传播抑或电视艺术，都要研究如何运用、采用电视独特的视听、声画符号或语言去完成一个电视产品；其二，传播主体层面：不论是电视新闻、传播的“报道者”，还是电视艺术的“创作者”，都要研究传播主体与产品、媒体、社会之关系，包括传播主体的视点、角度、角色及情感态度、思想立场等对产品成果、媒体形象及观众可能产生怎样的影响；其三，传播效果层面：不论是“非虚构”类内容，还是“虚构”类内容，都要面临借助怎样的传播时机、采用何种传播方式、突出何种传播内容，进而达到怎样的预期效果这类命题。因此，两种不同的研究在以上几个部分应当是有相当交叉、融合、一致的研究对象的。

有了中间、交叉的研究对象，是否应当进而形成关于这一共同研究对象统一的研究规则及思路、方式、方法呢？我认为一方面两种研究各有其相对独立、不同的研究规则，但并不妨碍在这一中间、交叉地带，采取相对统一的研究规则及思路、方式、方法。

如果说从电视实践方面来看，“非虚构”类内容——电视传播、“虚构”类内容——电视艺术之间，存在着中间、交叉的地带领域——电视传播艺术的话，那么从电视理论方面来看，在电视新闻学、电视传播学和电视艺术学两种不同的研究之间，存在着的中间、交叉地带领域的研究，则可以被表述为“电视传播艺术学”。

（三）电视传播艺术研究——建立在“电视媒介现实”基础之上的中介研究

构架一个完整的“电视传播艺术学”学科框架并非易事，本文只就电视传播艺术研究做一些力所能及的工作。从上面已经表述的事实，可以做出这样的判断：电视传播艺术研究是与电视实践方面事实上存在着的两种传播内容的对立统一、与电视理论方面事实上存在着的两种研究思路的对立统一紧密相连的。

如果再进一步进行概念的简化，或进行进一步简化的概括，电视传播艺术研究的实践基础和理论研究的性质应当如何表述呢?

电视传播艺术研究既然包括了“非虚构”与“虚构”两类不同的传播内容，那么可以将这两类不同的传播内容概括在一起的，便是电视屏幕上所呈现出来的电视的“媒介现实”。

所谓“媒介现实”，正如有学者所言，“是指媒介正日益扩大而不是缩小我们的见闻……媒介带给我们的是经过它转述的世界，而不是现实本身”[①]。英国与美国的传播学者们经过各自的实证研究，提出了“社会现实建构理论”[②]，中国台湾学者王石番认为，“客观现实反映到媒介上，变成了‘媒介现实’，媒介有意无意地建构了一种与现实差距很大的‘社会现实’，并形成……‘一场戏剧性暴力事件’的舆论”[③]。美国学者戴安

---

① 胡正荣.传播学总论［M］.北京：北京广播学院出版社，1997：254.

② 陈力丹.舆论学：舆论导向研究［M］.北京：中国广播电视出版社，1999：79.

③ 陈力丹.舆论学：舆论导向研究［M］.北京：中国广播电视出版社，1999：79.

娜·克兰在对功能主义的关于媒体的观点进行批评之后，援引马克思主义的理论观点，提出："媒体不再被看作不偏不倚的传送信息和思想的工具，现在许多争论涉及到媒体在向公众传播新闻和娱乐活动的过程中，是如何转变和阐释现实的。"[①]

以上观点角度各异，但有一点是共通的，那就是：媒介制造的现实不等于现实生活中原生形态的真实，而是制造了一种"媒介现实"，而这种"媒介现实"在信息时代却往往担当起比真实、自然状态中的"现实"更具影响力的责任与角色。

本人于1991—1992年间也曾在电视美学的研究中，为电视屏幕真实、生活原生态真实（现实生活本身）、艺术真实之间的错综复杂关系所困扰，后来以"多重假定的真实"[②]和"生活真实感"[③]（介于生活真实与艺术真实之间）来予以表述。实际上这两个概念的表述与电视的"媒介现实"也是相通的。

而电视屏幕上被编排在连续不断的"信息链"中的传播内容，不管它们是"非虚构"的，还是"虚构"的，抑或介于二者之间的，它们共同构筑起来的，则是电视的"媒介现实"。至于这种"媒介现实"与现实生活的真实，或与艺术创造的"艺术真实"之间呈现何种关系，作何种评价则是另外的问题了。

为什么不用电视"传播内容"而用电视"媒介现实"来表述电视传播艺术的实践基础呢？的确，直观地看，"传播内容"可以包括"非虚构"类、"虚构"类，甚至介于二者之间的全部传播内容，但由于"传播内容"本身的相对"静态"，很难将"动态"的电视传播、电视艺术的多

① 克兰.文化生产：媒体与都市艺术［M］.赵国新，译.南京：译林出版社，2001：14-15.

② 胡智锋.电视美的探寻［M］.武汉：华中理工大学出版社，1998：15-18.

③ 胡智锋.电视美的探寻［M］.武汉：华中理工大学出版社，1998：15-18.

层次、多方面的内涵包容进来，而电视“媒介现实”则可以视为电视传播内容的“动态”化体现，而且可以将电视传播、电视艺术更为丰富的层次、方面包容进来，所以我们还是以电视的“媒介现实”来作为电视传播艺术研究的实践基础。

从理论研究的性质来看，电视传播艺术研究是一种“中介”性的研究，是介于电视新闻学、电视传播学与电视艺术学之间的中介性学术研究。“中介”性的研究，既有现实社会生活中丰富多彩的存在作为事实、实践的依据，恰如列宁所说，“要真正认识事物，就必须把握它的一切方面、一切联系和一切‘中介’”[①]，同时“中介”性研究也是一种普遍的理论研究的思维方法、方式，恰如恩格斯所说，“一切都在中间环节融合，通过中介过渡到对方”[②]。

在马克思主义经典作家的著作和中外大量著名学术著作中，我们都可以发现，“中介”性研究具有不可替代的重要意义与价值。

电视从初创至今才只有几十年时间，对于实践的研究也还远说不上深入。不论是电视的实践基础，还是电视的理论研究，都存在着大量的中间地带——中介性环节、领域，电视传播艺术研究的开展，只是这种“中介”性研究的一个组成部分，当然，也是电视“中介性”研究中相当重要的一个组成部分。

至于电视传播艺术研究可以包容多少“中介”性元素、环节、领域，本文将在后面的论述中逐渐展开。

二、电视传播艺术的界定与构成

电视传播艺术从表面来看，只是电视媒体内部“传播”与“艺术”

① 列宁语，转引自：劳承万.审美中介论［M］.上海：上海文艺出版社，1986：序8.

② 恩格斯语，转引自：劳承万.审美中介论［M］.上海：上海文艺出版社，1986：15.

两大部类中间地带领域的一种文字表述，但从更为广阔的视野中，我们可以发现："传播艺术"并非只限于电视媒体，也不仅限于传播领域或艺术领域，而且有着更为丰厚的人类活动与实践依据。当然，电视传播艺术自身有其独特的质的规定性，有自己独特的内涵、外延和构成，同时也与相近、相关的领域有着密切的联系。

（一）"传播"、"艺术"与"传播艺术"

"传播艺术"从字面上看，是由"传播"和"艺术"构成的。"传播"在中外学者那里有着丰富的解释，例如，从语言与符号的角度，将传播视为"用言语交流思想"的行为（J.B.霍本，1954年），或"运用符号——词语、画片、数字、图表等传递信息、思想、感情、技术等"行为与过程（贝雷尔森、塞纳，1964年）；从传、受关系角度来看，传播被解释为"传受信息的行为"（张国良，1995年），"表现为传播者、传播渠道、受众之间的一系列传播关系"（沙莲香，1990年），"是我们了解别人并进而使自己被别人了解的过程"（M.P.安德森，1959年）；从传播的存在形态或状态来看，传播被解释为"是信息在时间或空间中的移动和变化"（戴元光、邵培仁、龚炜，1988年），"是信息的双向流通过程"（李彬，1993年）；从传播的效应角度来看，传播被解释为"是努力想同谁确立'共同'的东西，即我们努力想'共享'的信息、思想或态度"（W.施拉姆，1949年），"是变独有为共有的过程"（A.戈德，1959年），"旨在从特定人物（或一群人）引出特定的反应"（D.伯格，1960年），"传者向受者传递信息旨在改变后者的行为"（G.米勒，1966年）。

因此，将传播视为"信息的流动过程"[①]是可以为人们所普遍认同的。

而中外学者关于"艺术"的解释更是浩如烟海。这里，只择取一些

① 胡正荣.传播学总论［M］.北京：北京广播学院出版社，1997：60-63.

有代表性的解释。中国古代一般将“艺术”视为超越自然、改造自然的技艺、才能的表现，如“六艺”之说（孔子），有时甚至是虚幻的、超自然的术数技艺（《晋书·艺术传序》[①]）。西方古典艺术学研究，大体沿着“唯物主义”和“唯心主义”两条路线展开。唯物主义从亚里士多德的“摹仿说”（艺术是对自然的“摹仿”）[②]，直到马克思主义经典作家的历史唯物主义、辩证唯物主义的阐释，如通过劳动、实践，而创造出来的“对象性的、现实的、活生生的存在的独特方式”[③]等论述。唯心主义从柏拉图的“影子”说、“灵感”说[④]，到康德的“想象力的自由游戏”[⑤]说，尤其是黑格尔的“美是理性的感性显现”所引出的对艺术的判断——“艺术的内容就是理念，艺术的形式就是诉诸感官的形象”[⑥]等论述。随着现代艺术的日益丰富，人们对“艺术”的理解和阐释，也更为多样。如克罗齐关于“艺术即直觉”[⑦]的表述；科林伍德关于艺术是“想象与情感的表现”[⑧]的论述；克莱尔·贝尔关于艺术是“有意味的形式”[⑨]的观点；弗

① 辞海［M］.上海：上海辞书出版社，1980：550.

② 参见亚里士多德的《诗学》，转引自：伍蠡甫.西方文论选：上［M］.上海：上海译文出版社，1979：51.

③ 马克思的《1844年经济学哲学手稿》，参见：四川省社会科学院文学研究所.马克思主义文艺论著选［M］.成都：四川人民出版社，1983：9.

④ 参见亚里士多德的《伊安篇》《理想国》，转引自：伍蠡甫.西方文论选：上［M］.上海：上海译文出版社，1979：406.

⑤ 康德的《判断力批判》，参见：伍蠡甫.西方文论选：上［M］.上海：上海译文出版社，1979：406.

⑥ 黑格尔著的《美学》，参见：伍蠡甫.西方文论选：上［M］.上海：上海译文出版社，1979：289-291.

⑦ 克罗齐的《美学原理》，参见：蒋孔阳.二十世纪西方美学名著选：上［M］.上海：复旦大学出版社，1987：52.

⑧ 科林伍德.艺术原理［M］.王至元，陈华中，译.北京：中国社会科学出版社，1985.

⑨ 参见克莱尔·贝尔的《艺术》，转引自：蒋孔阳.二十世纪西方美学名著选：上［M］.上海：复旦大学出版社，1987：153.

洛伊德关于艺术是人的"本能冲动"的"转移"与"升华"①等论述；恩斯特·卡西尔关于艺术是"关于事物形式的直觉""一种符号表示"②的论述；苏珊·朗格关于"艺术是表现人类情感的符号形式的创造"③的论述。由于人们艺术活动、艺术实践不断推出新的内容与形式，因而关于"艺术"的认识也不断有新的表述。但无论有多少不同，以下一些元素是应当成为人们普遍共识的，这就是：主观性的、虚构的、情感性的、想象加工的、创造性的技艺、形式。这便是"艺术"的一些基本特质。

尽管"传播"指向着人类的信息流动、信息交流活动，"艺术"指向着人类的情感性、想象性、创造性的活动，但若将二者的特质进行组合，便可以产生一种新的交叉、中介地带领域——"传播艺术"。于是，我们便可以将"传播艺术"理解为对"传播"进行"艺术"的处理，或是"艺术"地进行"传播"。如果说"传播"（communication）主要指向"真"的"非虚构"的世界，而"艺术"（art）主要指向"假"的"虚构"的世界，那么"传播艺术"（art of communication）则是可以同时指向"真"的与"假"的、"非虚构"的与"虚构"的所共同构筑的世界。再进一步讲，人类一切生活领域的"传播"行为的"艺术化"处理，或"艺术"地实施"传播"都可以称为"传播艺术"。

（二）"传播艺术"是一种普遍存在

"传播"与"艺术"都是人类基本的一种行为、活动与实践。从狭义

① 弗洛伊德的《移位与升华》，参见：霍尔，等.弗洛伊德心理学与西方文学［M］.包华富，陈昭全，杨莘燊，编译.湖南：湖南文艺出版社，1986：76-81.

② 恩斯特·卡西尔的《艺术》，参见：蒋孔阳.二十世纪西方美学名著选：下［M］.上海：复旦大学出版社，1987：7.

③ 朗格.艺术问题［M］.滕守尧，朱疆源，译.北京：中国社会科学出版社，1983；朗格.情感与形式［M］.刘大基，傅志强，周发祥，译.北京：中国社会科学出版社，1986.

上来理解，“传播”也许更多指向传播媒介的“传播”，而“艺术”也许更多指向艺术工作者的“艺术”，但从广义上来理解，则人类的每一个分子都无时无刻不在进行着“传播”的和“艺术”的活动，因此，“传播艺术”便有了非常广阔的生存空间，也就是说，人类的每一个活动领域都普遍有“传播艺术”的存在。

在政治领域，“传播艺术”可能体现为“政治艺术”或“领导艺术”。早在古希腊时代，苏格拉底和柏拉图就已经把政治视为一种艺术了。苏格拉底即提出执政者不应靠世袭或选举，也不能靠暴力和欺骗，而应由掌握“政治艺术”的人管理国家[①]。柏拉图继承了苏格拉底的思想，进而提出“哲学王”掌握国家的理想（《理想国》），又提出政治是一种“科学”，也是一种“艺术”的思想（《政治家篇》）[②]。此后，霍布斯、哈林顿、布克哈特、马基雅维利等都论述过“政治艺术”[③]问题。列宁在谈到造就无产阶级政治家问题时，也指出“政治是一种科学，也是一种艺术”[④]。在中国传统历史文化积淀中，“政治艺术”的财富也是相当丰厚的。在先秦诸子百家的学说中，对于“德政”“仁政”“法政”等的论述，充满了政治艺术的智慧。而在彪炳千古的《史记》《资治通鉴》等著作中，也记录了关于“政治艺术”的许多深刻而生动的经验与故事。当然，这其中难免夹杂着封建主义的糟粕，如对于“权谋”“权术”等的描述等（后世将其中一些整理为“厚黑学”之类）。

在军事领域，“传播艺术”便体现为“指挥的艺术”“用兵的艺术”等。一部人类历史，也是战争与和平交互前行的历史。军事领域中的战争、战役与战斗，对应着战略、策略、战术等几个层面。中外军事

① 高民政.政治艺术论纲［J］.政治学研究，2000（1）：1-12.
② 高民政.政治艺术论纲［J］.政治学研究，2000（1）：1-12.
③ 高民政.政治艺术论纲［J］.政治学研究，2000（1）：1-12.
④ 高民政.政治艺术论纲［J］.政治学研究，2000（1）：1-12.

史上积累起汗牛充栋的兵法、兵略、兵志，其中蕴含了多少“智慧的艺术”“用兵的艺术”，而被人们广泛运用于各个领域的字眼，如“战争”“战斗”“战役”“战略”“战术”等，无不来自军事领域。可见，“传播艺术”在军事领域所能找寻的资源极其丰富，而“传播艺术”在军事领域当中的体现也常常是异常生动的。中华文明史上留下了不少享誉世界的军事指挥艺术的经典之作，一部《孙子兵法》，经历了2000多年的沧桑，其精神思想至今依然闪烁着智慧之光。

在外交领域，“传播艺术”则可能体现为“谈判的艺术”等。在中外国家、地区的外交往来中，也留下了很多“化干戈为玉帛”“起死回生”的佳话故事。这当中，如何运用高超的智慧与技艺，使濒临危局的国家、地区关系出现转机，以赢得和平，给人民带来安宁和幸福，是需要很深的研究的。中国历史上千古相传的“外交艺术”“谈判艺术”的杰出案例至今仍是经典。从先秦时代的“纵横家”们或纵或横地穿行于各国进行游说的故事，到后来诸葛亮“舌战群儒”及后来与藩国进行“和亲”等术略，精彩纷呈。新中国成立以来，毛泽东、周恩来等运筹帷幄，团结第三世界亚非拉国家，使“黑人兄弟”们将我们“抬进联合国”，并通过“乒乓外交”的精心筹划，打破了封锁在中、美两国之间长达四分之一世纪的“坚冰”，从而改变了世界战略格局。改革开放以来，我们坚持“独立自主”的和平外交方略，造就了许多中国与世界各个国家“双赢”的外交成果。所有这一切，都是“外交艺术”和“谈判艺术”的成功。

在教育领域，同样存在着“教育艺术”。具体像“教学的艺术”“育人的艺术”等。一个优秀的教师，应当成为“教学艺术家”，这需要调动许多资源，吸引学生的兴趣，“寓教于乐”，以达到最佳的教学效果。培养人才，也应“因材施教”，针对不同的受教育对象，采取灵活、多样的方式、方法，开掘受教育者的潜力与优势，抑制其存在的弱点、缺点，扬长避短，使之成为有用于社会的人才。而如何发挥教育的整体优势，建设名校、名专业、名学科、名师队伍，这需要教育管理者懂得并施行“教育管理艺术”，这方面同样在中外教育史上积累了丰富的经验、宝贵的思想。

在经济领域，“传播艺术”则可能体现为“营销的艺术”“推销的艺术”“广告的艺术”等。如何使企业、公司的产品有效推向市场，并获得较高回报，赚取足够的利润；如何借助广告塑造自己的产品的良好形象，赢得市场的青睐，这些都是千千万万生产者、商家感兴趣并努力探索的命题。尤其是在商品经济比较发达、市场培育比较充分的发达国家和地区，这一方面有着较为成熟的思路、观念、方式与方法。

在科学领域，要使科学的思想、科学的观念为人所接受、理解并认同，同样需要“科学传播的艺术”。从人们熟悉、熟知的事物对象切入，将深刻的甚至深奥的科学思想、科学观念“深入浅出”而又生动晓畅地传达给社会，这需要相当的“科学传播艺术”水平。

甚至在日常生活中，“传播艺术”也处处体现为“生活的艺术”（林语堂语），诸如与人相处的艺术、交友的艺术、恋爱的艺术、婚姻家庭的艺术，再如家居的艺术、烹饪的艺术等，不一而足。

事实上，“传播艺术”就是通过特定的思路、方式、方法、手段，有效而成功地实施传播主体的某种意图的过程。表面看来，“传播艺术”体现为一些技艺、计谋、手段，而深层次上都蕴含着思想、智慧与哲理。因此，“传播艺术”并不仅仅局限于文化、传媒等领域，而且体现在人类社会生活的各个方面、各个领域。

（三）电视传播艺术的界定

电视本身融“非虚构”与“虚构”、“真”与“假”于一体，或融“新闻”与“艺术”、“信息”与“娱乐”为一体的独特性质，使得我们在对“电视传播艺术”进行界定之时，首先要同时考察电视所依托的两个系统——大众传媒系统与艺术系统。

从大众传媒系统来看，报纸、杂志、广播、电影、电视等媒体各自都有其不同的传播方式、手段，也都各有其不同的传媒优势、局限，因而也都各自有其独特的传播艺术特征。

从大众传媒系统各种传媒“传播艺术”的共性来看，都有传媒主体按照既定目标对特定传播内容作“艺术化”处理使之达到最佳传播效果的共性。而各传媒“传播艺术”的不同或个性特征，则主要来自传媒自身方式、手段等的差异（见图5）。

大众传媒系统的传播艺术
- 报纸的传播艺术
- 杂志的传播艺术
- 广播的传播艺术
- 电影的传播艺术
- 电视的传播艺术

图5　大众传媒系统的传播艺术分类

从艺术系统来看，文字形态的艺术（如诗、散文、小说等文学类艺术样式）、非文字形态的艺术（包括音乐等时间艺术，美术、雕塑、建筑等空间艺术，舞蹈等时空艺术）及综合形态艺术（戏剧、电影、电视等融文字与非文字、时间与空间于一体的综合艺术样式），也是各有其不同的生产方式、传播方式与手段，也各有其不同的艺术样式的优势与局限，因而也都有其各自独特的传播特征。

尽管艺术的生产本身即充满“艺术性”，但艺术的传播也同样需要讲究“传播艺术”。从艺术系统“传播艺术”的共性来看，除了艺术产品本身是“创造”的以外，同样都要有艺术生产与传播主体，按照既定目标，对特定艺术生产内容进行处理，使之达到最佳传播效果的共性。而各艺术样式“传播艺术”的不同或个性特征，则主要来自艺术样式自身方式、手段等的差异（见图6）。

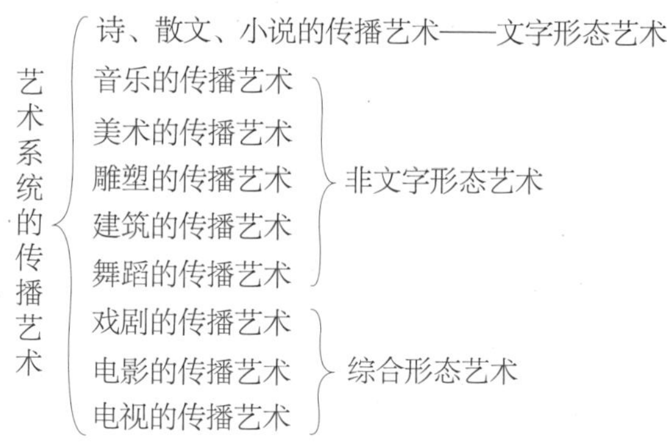

图6　艺术系统的传播艺术分类

从图5、图6中不难看出，同时归属大众传播系统和艺术系统的只有电影与电视，因此，电影、电视的传播艺术相比较而言，要比其他传媒形式或艺术样式更为综合、更为丰富，同时也更为复杂。

当然，电影、电视尽管同时归属大众传媒系统和艺术系统，但由于技术、艺术、存在方式与形态、受众的关系、观赏环境等的差异，二者也有明显的不同，粗略简单地来讲，“对于电影来说，也许艺术是第一位的，传播是第二位的；而对于电视来说，或许传播是第一位的，艺术是第二位的。”①

那么，电视这样一种大众传媒和艺术样式，其传播艺术的特征何在，也就是说，到底该如何界定“电视传播艺术”呢？

我认为，所谓“电视传播艺术”，就是电视传播主体（包括个人、组织、机构），为达到预期目标，借助特定的思路、方式、方法和手段，对电视生产和传播各环节所进行的创造性处理。电视传播艺术贯穿于电视生产、传播的全过程，体现在技术、管理、观念各个层面。电视传播艺术的水平主要受到电视传播主体的深刻影响。电视传播艺术既

①　胡智锋.影视文化论稿［M］.北京：北京广播学院出版社，2001：53.

有一般的共同的规律、规则，也因民族、时代、群体、地域、个体的差异，呈现出一定的民族性、时代性、群体性、地域性和个性特征。

从电视传播艺术的内涵来看，主要涉及以下几个关键因素：

1. 传播主体

电视生产和传播的主要施行者。包括具体的电视从业者，如电视节目制作者、管理者、策划者等电视生产、传播各环节具体的从业人员。还包括相关的电视组织、机构，如电视栏目、电视制作部门、管理部门、电视媒体等。尽管电视传播效果最终要受到政府、市场、社会、观众的检验，但毕竟电视生产与传播首先还要依靠电视传播主体的选择、决策和具体实施行为。

2. 预期目标

电视生产与传播不是一个盲目的行为，而需要确立明确的预期目标。这预期目标包括了宏观、中观、微观多个层面。宏观目标往往是方向性、总体性的目标；中观目标则体现为社会性、阶段性的目标；微观目标则体现为具体的、实务性的目标。小到一个电视节目，人到一个电视媒体，都不能不确立这样的预期目标。

3. 特定思路、方式、方法、手段

思路、方式、方法、手段是“传播艺术”不可或缺的因素，而“特定”则指的是电视自身的，符合电视规律、规则的，能体现电视这种传媒形式和艺术样式独立特征的。这是有别于他种传媒、他种艺术样式的“电视化”的思路、方式、方法、手段。

4. 生产与传播各环节

电视实践所体现的具体的实务工作，便是电视生产与传播的各个具体环节。既有电视节目制作的各个工种，又有电视媒体运行管理的各个部门，也有电视开发推广的各个机构、组织。电视的生产与传播是一个整体的概念，并非仅仅是呈现在电视荧屏上的内容形象，因此电视生产与传播各个环节都应在“电视传播艺术”视野之中。

5. 创造性处理

“电视传播艺术”之所以可以称为“艺术”，至为重要的一点在于“创造性处理”。所谓“创造性处理”，意味着电视生产与传播的具体环节上，有新颖的、别致的、富于创意的、与众不同的处理方式与办法。这是“特定思路、方式、方法、手段”在不同电视生产、传播环节上的具体、生动的表现。

正因上述因素，“电视传播艺术”并不仅仅等于表象的电视节目创作与制作，而且贯穿、体现于电视生产、传播的全过程。“电视传播艺术”也不仅仅是节目制作上的技艺的体现，还包括了管理、观念等层面的水平和质量。而这水平和质量首先取决于电视传播主体的水平和质量。

不同的电视传播主体由于借助相同或相似的传媒手段、艺术方式，因而在许多方面遵循着共同的生产、传播规律和规则。当然，也必须看到不同电视传播主体不同的生存环境，由于有客观上的民族、时代、群体、地域乃至个体的差异，电视传播艺术呈现出不同的风貌、形象、特征便可以理解了。

而从外延构成来看，电视传播艺术体现在电视生产和传播流程、环节中，便形成了宣传引导艺术、策划艺术、创作制作艺术、编排播出艺术、管理艺术、营销推广艺术等不同的组成部分。

（四）电视传播艺术的构成

电视传播艺术在电视生产与传播的全过程中，所体现出的宣传引导艺术、策划艺术、创作制作艺术、编排播出艺术、管理艺术、营销推广艺术各个组成部分，既有共性，又有各自的特征和特质。

1. 宣传引导艺术

电视的传播内容，不论是“非虚构”类内容，还是“虚构”类内容，都不可能不受到传播主体的思想意图、倾向性的影响。按照某种明确的思想意图、倾向性，对传播内容进行组织、设计，使之体现出某种鲜明的“导向”，这是“宣传”“引导”，而将这种“导向”处理得更具形象性及说服力、感染力等，使人们心悦诚服、充满愉悦地接受，这便形成了“宣传引导艺术”。马克思主义政党及社会主义国家政府，历来高度重视“宣传”的力量，把“宣传”视为“团结人民、教育人民、打击敌人、消灭敌人”（毛泽东语）的“战线”与“有力武器”。中国共产党在长期的革命建设历史中，积累了极为丰富的“宣传”与“引导”经验，尤其是在“宣传引导艺术”方面形成了许多优良传统。仅就电视而言，中国电视“宣传引导艺术”上所收获的经验和成就，使中国电视形成了自己卓然独立的鲜明形象和本土特征。而西方同样高度重视“宣传引导”的力量与作用，宗教价值观的传播，与传教士们历尽若干世纪、跨越若干国家、地区的推行、宣传是分不开的，即使在今天，欧美发达国家依然将自己价值观的宣传、推行、传播当作极为重要的工作不遗余力地进行着。在“非虚构”类内容的宣传上，西方传媒通过“议程设置”[①]的实施来达到他们预期的宣传目标。在“虚构”类内容的宣传上，则采取接受

① 郭镇之曾对大众传媒“议程设置”作过理论上的较为详尽的梳理。从1922年李普曼在其经典著作《公众意见》（*Public Opinion*）中“新闻媒介影响‘我们头脑中的图像’”的思想，到“有限效果模式”观点的质疑，到1958年诺顿·朗（Norton Long）对“议程设置”论点的提出：“从某种意义上说，报纸是设置编辑部议程的最主要动议者。在决定多数人将要讨论哪些问题、多数人将如何看待报道的事实和多数人将采取怎样的方式对待这些问题上，它扮演重要的角色。”1963年，伯纳德·科恩（Bernard Cohen）对“议程设置”做出了极具影响的表述：“在多数时间，报界在告诉它的读者该怎样想时可能并不成功；但它在告诉它的读者该想些什么时，却是惊人的成功。”而1967年，麦克斯威尔·麦考姆斯（Maxwell McCombs）和唐纳德·肖（Donnald Shaw）经过多年实证研究和分析，正式系统推出了“议程设置”（agenda-setting）理论。以上均参见：郭镇之.北美传播研究［M］.北京：北京广播学院出版社，1997：239-242.

者较为熟悉的本土内容进行重新编造，以渗透并推广其价值观的模式[①]。“宣传引导艺术”既指向主流意识形态的内容，也指向电视传媒中的各种传播内容。中国电视“宣传引导艺术”水平在近10年间取得了很大提高，也形成了这一方面新的思想、观点和见解，值得认真地去整理、研究、总结。

2.策划艺术

“策划”在社会生活各个领域也是一种普遍存在的活动、行为。有人将“策划”界定为“以‘目标’为起点，以‘信息’为基础、素材，围绕‘创意’这个核心，展开的思维活动与实践活动”。[②]还有人把“策划”活动分为“创意过程”、“论证过程”、“操作过程”和“检验过程”四个部分。[③]那么什么是“电视策划”呢？我曾经作过这样的表述：“电视策划就是对于电视的一种行为，借助特定的电视媒体信息、素材，为实现电视行为的某种目的、目标而提供的创意、思路、方法和对策。”[④]电视策划由此看来是一种创造性活动，是科学性和艺术性相结合的创造性活动。所谓“策划艺术”，既有其科学的、客观的、理性的判断，也有其艺术的、主观的、感性的判断。“策划艺术”，既涉及电视产品——电视节目、栏目等的策划，也涉及电视媒体经营、开发的策划。“策划艺术”可以针对某一个电视人（如电视节目主持人），也可以针对某一个活动（围绕电视媒体展开的特色媒体活动）。此外，“策划艺术”还可以延伸到电视媒体之外，将电视媒体与广泛的社会生活领域联系、结合起来。如社会生

① 如迪士尼的动画片《花木兰》借用中国本土观众熟悉的故事内容，按照他们的价值取向和运作模式，重新编写制作后再推广到中国来。参见：汪文斌，胡正荣.世界电视前沿：I[M].北京：华艺出版社，2001：11.

② 陈放.策划学[M].北京：中国商业出版社，1998：9.

③ 雷鸣雏.顶尖策划：中国企业著名策划全案[M].北京：企业管理出版社，2000.

④ 胡智锋.电视策划论纲[J].南方电视学刊，2001(1)：9-11.

活各领域的人物，如何借助媒体来塑造自己的形象，像政治领导人、社会活动家、文艺体育明星、学者等如何在电视媒体塑造自己的形象，这也都在“策划艺术”的工作范围之内。再如电视媒体如何干预、影响社会生活，也是“策划艺术”所需关注的事情。像通过电视来直播各种公益性活动事件（募捐、慈善救济等活动），通过电视来曝光各种社会负面问题（环境保护、产品质量“打假”等）。不管是哪一方面的策划，电视策划艺术的核心问题都在于对所策划对象“定位”的确认上。所谓“定位”（positioning），即对所策划对象切入点、立足点、关键点等基本问题的确认。准确的定位可以使被策划对象产生相对来说最大的、最佳的效果与效益。

3. 创作制作艺术

电视“创作制作艺术”是电视传播艺术中最直观的一大部类，它涉及电视传播内容生产与传播的各个创作与制作工种和环节。从“虚构”类传播内容来看，包括了电视剧和其他各类电视艺术节目的创作与制作。以电视剧为例，包括编剧、导演、摄影摄像、表演、美工、录音、化妆、服装、道具、照明等各个工种环节。每一个工种环节都有自己的“艺术语言”，都有自己的一套专业化、职业化的标准要求。而其他各类电视艺术节目则可能涉及撰稿、导演、摄影摄像、编辑、录音、美工等工种环节，同样也存在着各个工种环节的“艺术语言”和专业、职业化的标准要求。从“非虚构”类传播内容的创作、制作来看，包括了以新闻类节目为主体的各类电视节目。这涉及素材的选择、采集，对象的拍摄以及采访、录音、剪接、编辑等各个工种、环节，同样有各个工种、环节的“艺术语言”和专业化、职业化的标准要求。笼统地说，电视传播内容的创作、制作所采用的“艺术语言”，都可以归结为电视的“视听语言”系统，而各工种、环节的专业化、职业化的标准要求，都可以归结为对电视“视听语言”的创造性运用。

在电视“创作制作艺术”中，有三个整体性的问题需要特别注意：

第一是题材、素材的选择。对于“虚构”类传播内容而言，“题材”的选择往往是最基本、最重要的问题。如何选择“题材”，选择什么样的题材，对于“虚构”类传播内容的生存与成功具有非同寻常的意义。之所以一年一度的全国“电视剧题材规划会议”得到业内外人士高度重视，这其中除了主流意识形态的决定性影响外，从电视剧创作、制作艺术本身的需要来看，也是不可或缺的。对于“非虚构”类传播内容而言，“素材”的选择同样非常关键，选择什么样的素材，从哪里选择、获取素材，如何选择素材，这对竞争异常激烈的“非虚构”类内容的创作、制作部门来说，也是不得不面对的大问题。素材选择得好，往往可以获得“事半功倍”的效果，而素材选择得不好，则可能陷入“事倍功半”的局面。

第二是“主体视点”[①]的选择与确立。当电视节目资源还是“稀缺资源”的时候，这一问题并不太突出，但当电视节目资源成为“过剩资源”的时候，这一问题便显得极为突出。同样的题材、素材，众多创作者、制作者在同时进行创作、制作，那么市场和观众到底接受、认同哪一家媒体、哪一个生产制作机构、哪一些创作者、制作者呢？而这种接受、认同的原因何在？我认为，“主体观点”的选择与确立是一个关键因素。即电视节目创作者、制作者对于传播内容鲜明、独特的主体观点、视角等的渗透和体现。

第三是叙事策略的选择与确立。电视节目创作、制作个性化、风格化的显现，常常在于“叙事策略”的个性化、风格化的选择与确立。在西方电视节目的创作、制作流程中，“叙事策略”得到充分的重视。如关

① 胡智锋.中国电视观念论［M］.北京：北京师范大学出版社，2000：195-198.

于各种类型节目叙事“模式”“套路”[①]等的研究，对于“模型”的“构架”[②]，一方面是为了“建构自己的阐释”[③]，以形成主体的个性、风格，另一方面也是为了“防止叙事结构枯燥乏味”[④]，以吸引观众的注意和兴趣。

4.编排播出艺术

电视创作、制作艺术与电视编排播出艺术形成了十分密切的一对关系。如果说电视创作、制作艺术是素材的话，那么电视编排、播出则意味着对它进行重新的“创作、制作”乃至“构架”。表面上来看，电视创作、制作的成果——电视节目已经是成形的、完成的产品，但在电视的“信息链”中，在什么“时段”播出、选择什么“时机”播出，将各类电视节目进行怎样的组织、编织、设计、安排，这其中面临丰富复杂的各种问题。尤其是在电视媒体资源、频道资源、节目资源日益丰富的今天，电视业的竞争，迫使各个电视机构、组织必须研究“电视编排播出艺术”，尤其是“时段”的编排、“时机”的选择与确立，往往成为各媒体竞争的焦点。要在构建“媒介现实”上先声夺人，必须拥有自己独特的“议程设置”体系和整体“构架”（tramed）体系，拥有自己独特的编排播出特色。中国电视编排播出艺术近几年有了长足进步，许多新的经验有待总结、梳理。

5.管理艺术

电视管理涉及电视的节目管理、技术管理、资金管理、人事队伍管理、经营管理、设施设备管理、后勤管理等众多领域部门，是一个十分

---

① 克兰.文化生产：媒体与都市艺术［M］.赵国新，译.南京：译林出版社，2001：82-86.

② 克兰.文化生产：媒体与都市艺术［M］.赵国新，译.南京：译林出版社，2001：82-86.

③ 克兰.文化生产：媒体与都市艺术［M］.赵国新，译.南京：译林出版社，2001：82-86.

④ 克兰.文化生产：媒体与都市艺术［M］.赵国新，译.南京：译林出版社，2001：82-86.

庞杂的大系统。由于电视集技术与艺术于一体、集宣传与事业于一体、集事业与产业于一体的多种功能属性，使得电视管理既需讲究科学，也需讲究艺术。恰如有学者所说："科学管理的要素为人员、金钱、方法、机器、物料、市场及士气，即所谓7M（Men，Money，Method，Machine，Material，Market，Morale）……管理除了科学面外，还有一层难以传习的艺术面，可将之归纳成'决策智慧'、'应变能力'以及'人性因素'等三部分"①，"管理艺术是创造性的追求，它一方面要研究人类行为与工作之间所产生的相互影响，探求影响工作动机、工作情绪和生产力之主要因素，期使管理人性化。另一方面，它必须有效促使经营理念之成形，便于协调各部门的活动朝向共同目标，提供决策制定的参考架构与一致的规范，提升决策品质和应变能力。"②电视管理艺术与其他媒介管理艺术有相通的一面，也有独特的部分。中国电视"管理艺术"的提出更多体现为一种呼吁，而这一方面的系统的研究和实践的归纳、总结还有待于开掘。

6.营销推广艺术

电视首先是一种重要的宣传工具，具有强烈的意识形态特质和属性。随着市场经济的拓展，电视作为产业的特质和属性也清晰地显现出来。当电视进入市场，其产业性特质、属性呈现出多个层次和方面。有学者将大众传媒的行为（从产业经营意义来分）分为两种"信息行为"和"利益行为"③。所谓"信息行为"，指的是不以实际利益为目标的信息加工、采集、传递行为。所谓"利益行为"，指的是以实际经济利益为目标

---

① 蔡念中，张宏源，庄克仁.传播媒介经营与管理［M］.台北：亚太图书出版社，1996：7.

② 蔡念中，张宏源，庄克仁.传播媒介经营与管理［M］.台北：亚太图书出版社，1996：7.

③ 黄升民，丁俊杰.媒介经营与产业化研究［M］.北京：北京广播学院出版社，1997：33.

的行为[①]。而“利益行为”又分为“单纯利益行为”和“信息利益行为”[②]。“单纯利益行为”指的是仅以经济利益为目标的行为，而“信息利益行为”则指的是通过信息获取经济利益的行为[③]。前者指通过信息以外的渠道获取利益的行为，如房地产开发、旅游开发等行为。后者则体现为出售节日时段、广告经营、节目发行出售等。无论是哪一种行为，有一点是可以确认的：电视媒体在市场上可以通过“信息利益行为”或“单纯利益行为”获得经济利益。而要获得较高利益回报，以更好地壮大电视媒体声威，提高电视媒体的影响力和整体实力，如何有效地、有力地进行营销推广，便是电视“营销推广艺术”所要研究的内容了。这里包括电视广告的营销推广、电视节目的营销推广、电视相关产品（如VCD、图书、音像制品等）的营销推广等。

电视的“营销推广艺术”，与一般的物质性产品的营销推广既有相通的一面，又有不同的一面。相通的一面，都是市场性行为；不同的一面，电视毕竟是一种生产精神产品的特殊“文化产业”，因此，文化附加值是相当高的，不能简单地将电视营销推广视为一种普通商品的营销推广。这里，至少有三个问题值得格外注意。

——充分利用电视自身的媒介资源，进行“自我推广”。电视本身就是一个进行推广的很好的平台，有着充足的媒介资源。依靠自身优势的媒体资源——时间，进行科学的也是艺术的编排组合来吸引观众的“注意”，以提高收视率，这是提高电视自身时段价值潜力的重要因素。在此基础上，通过组织、策划相关媒体活动，干预生活，同样可以吸引更多

① 黄升民，丁俊杰.媒介经营与产业化研究［M］.北京：北京广播学院出版社，1997：33.

② 黄升民，丁俊杰.媒介经营与产业化研究［M］.北京：北京广播学院出版社，1997：33.

③ 黄升民，丁俊杰.媒介经营与产业化研究［M］.北京：北京广播学院出版社，1997：33.

观众的“注意”，达到同样的效果。此外，加大自身节目的宣传力度，如对各种版式的“导视”类节目的重视、开发等，也可能达到同样效果。最近几年，中国电视屏幕形象的一大改观，便是各电视频道内“导视”系统的日益发达、强化，在各个时段上反复推出精彩、简洁、个性化、风格化的“导视”，有力地推广了自己的节目，增加了“可视性”，吸引了更多观众“注意”，提高了收视率，提高了特定时段的广告价值。这不能不说是“营销推广艺术”的成功体现。

——注意处理“有形资产”和“无形资产”、“短期利益”和“长远利益”的关系。电视的一系列物化形态的存在，如机器、设备、人力成本、场地、房屋等尤其是电视产品（节目），都是“有形资产”，价值是可以计算的，但作为一种特殊的“精神产品”“文化产品”，其精神、文化的附加值却是难以计算的，如名家大师的代表性作品，代表国家电视文化水准的电视产品等，很难准确计算，尤其是电视媒体的地位、声望、信誉、形象、影响力、号召力等“无形资产”，更是难以估价。与此相关的便是“短期利益”与“长远利益”之关系。“短期利益”是按眼前、当下的实际利益考虑的，它更多看重的是对“有形资产”的处理。“长远利益”则是从“可持续发展”的长远目标考虑的，它更多看重的是对“无形资产”的处理。因此，在进行电视营销推广时，既要充分考虑可计算的“有形资产”，以获取“短期利益”，也要充分考虑不可估价的“无形资产”，以获取“长远利益”。有的电视媒体在市场竞争的角逐中忽略了自己的“无形资产”和“长远利益”的考虑，为赚取“近期利益”不惜损害电视媒体形象，做出一些与电视媒体的性质、地位不相符合的事情，结果再想挽回局面就相当困难了。

——注意引入“成本核算”理念和系统。电视进行“营销推广”，并不意味着“漫天要价”。一个时段的广告到底值多少钱？一个电视节目到底值多少钱？要想给出合理的定价，必先搞清楚其基本成本。“成本核算”是现代西方电视传媒普遍采取的一种经费运作理念与系统，即对电视生产与传播活动中各种人力、物力、财力基本成本的预算、计划与监督、审核系统。电视的营销、推广离不开“成本核算”作为前提。以往我们不在市场中角逐、竞争时，不考虑“成本”问题，这容易导致电视生产与传播的极大浪费。实行“成本核算”，既是为了有效地防止浪费，也是为了“以较低成本获得较大回报”的营销推广的需要。当然“成本核算”也不能仅仅视为一种经济的管理行为，同样需要将“精神文化产品的特殊性”进行综合考虑。以电视制作、播出关系的调整为例，哪些节目可以进行社会、民间制作，靠购买比自己制作更为便宜、合适？哪些节目不能放弃制作权，必须要自己来进行把关？哪些产品需花更大成本购入，以便更好地拉动广告？哪些不能随便进入流通市场？这些都需进行周密的调研后作出决断。

［本文原载于《现代传播（中国传媒大学学报）》2002 年第 5—6 期］

何谓传媒艺术

在人类艺术发展的长河中，我们最为熟悉的是如下的一种艺术族群：人类将自己的情感、思想和想象，与特定的材质和形式相结合，表现出基于现实又超越现实的特殊世界，造就了音乐、舞蹈、文学、建筑、雕塑、绘画、戏剧等蔚为壮观的艺术族群。这一族群曾长期而稳定地构成了人类艺术世界的全部内容。

然而，随着人类科技的发展、大众传播的勃兴、大众文化与现代性的塑成，人类艺术发展的长河终究出现了分流。分流的起点是19世纪上半叶摄影的诞生。这一分流从微小到磅礴，逐渐形成了另一庞大的艺术族群，这便是由摄影艺术、电影艺术、广播电视艺术、新媒体艺术组成的艺术集合。虽然这些艺术形式在创作、作品和接受方面具有艺术的共性，同样基于特定的材质与形式，运用人类的情感、思想和想象，表现基于现实又超越现实的特殊世界，但它们更拥有着与先前的艺术族群具有鲜明区分的三大特征：科技性、媒介性和大众参与性。作为当前最能融科技与人文于一体的艺术形式与品类，传媒艺术深刻地建构和影响了人类艺术的格局和走向，成为当前人类最重要的审美对象和审美经验来源。

今天，面对上述既相通又有显著差异的艺术族群，以及由这两大艺术族群造就的完全不同的艺术景观，从艺术史和艺术学的意义上，应该如何进行命名与认知呢？如果我们可以将历史最为悠久的那一艺术族群命名为“传统艺术”的话，那么，与此相对应的另一艺术族群，或许以“传媒艺术”命名最为恰当。

一、传媒艺术的概念

1.对传媒艺术的界定

在广义上，古往今来，艺术创作、作品与接受这一艺术活动过程都需要借助一定的广义上的传媒方得以达成，如此所有的艺术都可称为“传媒艺术”，这一广义概念不在本文的探讨范围之内。在狭义上，传媒艺术指自摄影术诞生以来，借助工业革命之后的科技进步、大众传媒发展和现代社会环境变化，在艺术创作、传播与接受中具有鲜明的科技性、媒介性和大众参与性的艺术形式与品类。[①]传媒艺术主要包括摄影艺术、电影艺术、广播电视艺术、新媒体艺术[②]等艺术形式，同时也包括一些经

① 此“传媒艺术”概念中所含的摄影术的诞生、工业革命的完成，以及“便士报”的出现这一大众传播史上具有标志性意义的事件，几乎发生在同一时期：（1）我们一般将1839年银版摄影法的公之于众视为摄影术诞生的标志（同年英国人赫歇尔将此种银版摄影技术命名为photography，即“摄影术”）；（2）19世纪中期工业革命完成；（3）“便士报”时代以19世纪30年代《纽约太阳报》带头兴起为开端，这一时期成为大众传播真正走向“大众”的标志时代；（4）甚至，作为对现代社会环境的状况、氛围、气质与反思的重要表达，在西方语境中“现代性”这一杂音异符混合体也“出现在19世纪”（引自：瓦岱.文学与现代性［M］.田庆生，译.北京：北京大学出版社，2001：10；彭文祥.中国现代性的影像书写［M］.北京：中国传媒大学出版社，2009：26.）。似乎不仅是艺术，整个人类世界多方位的改变都在19世纪最初的几十年里爆发着，这也为传媒艺术的命名和认知提供了一个大变革的背景。

② 此处“新媒体艺术”有两个指向，一是指部分二战之后兴起的新媒体（新媒介）艺术，二是指20世纪后期发展起来的数字新媒体艺术。这两个指向在部分部位有重叠。

现代传媒改造了的传统艺术形式。

工业革命所带来的科技进步，成为传媒艺术诞生与发展的基础；大众传媒的勃兴所带来的人类传播方式变革，成为造就传媒艺术独特品性的关键；现代社会环境的变化所带来的人们生活方式变革，成为传媒艺术释放其能量与价值的土壤。它们共同为传媒艺术的诞生和发展构成坚实的推力和宏阔的背景。

2.传媒艺术的三大基本特征：科技性、媒介性、大众参与性

与传统艺术相比较，传媒艺术最突出的特征在于其科技性、媒介性和大众参与性[①]。这三大基本特征是从19世纪摄影艺术的诞生开始逐渐显现的。正是因为这三大基本特征的日渐凸显，从而使得传媒艺术构筑起自己迥异于传统艺术的独特而别致的景观。

（1）传媒艺术的科技性。

传媒艺术的科技性，主要指现代科技在传媒艺术的生产创作和传播中所发挥的深刻作用。具体说来，指的是现代科技在介质、材料、手段、方法和传播方式等方面的深度介入，对传媒艺术本体形态和价值实现等所产生的不可替代的影响。

传媒艺术科技性的发展轨迹，从材料与介质来看，走过了从原子到比特的历程；从手段和方法来看，走过了从机械、电子到数字的历程；从传播方式来看，则走过了从点对点、点对面到点面互动的历程。不可想象，没有光学技术和感光材料的进步，会有摄影和早期电影的完形；没有电子技术和电子设备的进步，会有广播电视艺术的完形；没有数字技术和计算机设备的进步，会有各类数字媒体艺术的完形。

① 此三性将时间与传媒艺术切近，但科技性、媒介性、大众参与性尚不成熟的各种“印刷+艺术”的形式（包括“文学+印刷”的简单捏合）排除在外，如报纸尚处小众时代时刊载的版画，麦克卢汉曾言“印刷术不过是抄书艺术的附加物”。[引自：麦克卢汉.理解媒介（增订评注本）[M].何道宽，译.北京：译林出版社，2011：200.]

（2）传媒艺术的媒介性。

传媒艺术的媒介性，主要指大众传媒在传媒艺术的生产创作和传播中所发挥的深刻作用。具体来说，指的是大众传媒的信息传播和社会动员等方面的功能特征在传媒艺术中的突出显现。

传媒艺术媒介性的发展轨迹，从信息传播的角度来看，经历了从传奇性到日常性的历程；从社会动员的角度看，则经历了从思想批判主导到现实干预主导的历程。由于传媒艺术与大众传媒互相依附，从而导致大众传媒强大的信息传播和社会动员等能力与特质，也自然地赋予了传媒艺术，使传媒艺术在信息传播和社会动员方面，不论是规模还是强度，都是传统艺术所无法比拟的。

（3）传媒艺术的大众参与性。

传媒艺术的大众参与性[①]，指的是与传统艺术相比，艺术接受者的角色、地位和作用所发生的根本性变化，所体现出的更加积极、主动、庞大而深入的参与特征。

传媒艺术大众参与性的发展轨迹，从受众角色的角度来看，经历了从被动伴随者到积极介入者的历程；从受众地位的角度来看，经历了从无足轻重到不可替代的历程；从受众作用的角度来看，经历了一般性影响到决定性影响的历程。由于这些变化，使得传媒艺术的接受者参与和传统艺术的接受者参与相比，产生了巨大的审美差异。如果说传统艺术更多体现出精英经典、独特个性、中心化、无利害、静观默照等审美效应的话，那么传媒艺术则更多体现出大众化、类型化、去中心化、消费性、娱乐狂欢等审美效应。

---

① 传媒艺术的大众参与性特征使其成为大众文化研究与思考的重要来源；不过，此处作为传媒艺术特征的“大众”的概念，主要强调参与规模与状态等问题，与严格意义上西方大众文化所指的“大众”有差别。

3.为何是“传媒”艺术

在探讨传媒艺术的命名时，我们发现“一般艺术”“科技”“传媒”“大众”等字眼与传媒艺术密切相关。我们之所以使用“传媒艺术”命名，而不采用上述其他字眼是出于以下原因：（1）与“一般艺术”相比，“传媒艺术”的表述更强调这个新兴艺术族群的特殊性。“传媒艺术”中“艺术”是本质，“传媒”是特质，正是这个特质体现了这一新兴艺术族群的时代性、现代性和当代性。固然，“一般艺术”可以涵盖“传媒艺术”，但如果将“传媒艺术”中“传媒”拿掉，那么这一艺术族群的独特性就被忽略而无法显现，这显然不利于对其特殊规律的认知与探究。（2）与“科技艺术”相比，“传媒艺术”的表述更强调内容与形式相结合、物的层面和精神层面相结合的全面性。“科技”更多指涉物的层面，更指涉达成艺术形式的手段、条件和方法，而“传媒”则既指涉物的层面和形式维度，更指涉内容维度和精神维度。显然，相对而言“科技”只强调了传媒艺术的某个层面，而用“传媒”来表述则更为全面。（3）与“大众艺术”相比，“传媒艺术”的表述更多指向具体的艺术形态与本体层面；“大众艺术”更多指向艺术的审美风格与取向层面，如大众性、世俗性、消费性等审美风格与取向，以及体现这些审美风格与取向的各种艺术形式，这不仅涉及传媒艺术，也涉及传统艺术。

此外，虽然中文中“媒介”、“媒体”和“传媒”都对应英文的media一词，并可与mass组成mass media（大众传媒）；但就其中文的意义和指涵而言，三个词是有差异的。“媒介”一词的形式、材质和介质的意义更重，而“媒体”一词更多地含有物化载体、技术手段或媒体机构/平台的意义；这两个词的整体性、综合性、宏观性、抽象性不及“传媒”，而且“传媒”一词还带有更强的传播意味，它更贴近、也更能概括这一新兴艺术族群的性质与特征。

二、传媒艺术与相关概念的关系辨析

在各种艺术概念的表达中，有不少概念与传媒艺术的关联度极高。为进一步厘清传媒艺术的内涵，我们需要将传媒艺术和这些相关概念进行异同比较，这包括传媒艺术与现代艺术、视觉艺术、艺术传播、传播艺术的关系辨析。

1. 传媒艺术与现代艺术

传媒艺术与现代艺术的相同之处主要在于：（1）现代艺术和传媒艺术在诞生的时间节点上是接近的，都是19世纪以来的产物①；（2）现代艺术和传媒艺术在某些气质上是接近的，都体现出比较强烈的现代感、时代感和当下性；（3）一些艺术形式同时属于现代艺术和传媒艺术的范畴。

但二者的区别是更为深刻和广泛的，分别在如下四个方面有重要的不同（见表1）。

表1 传媒艺术与现代艺术的区别

传媒艺术	现代艺术
1. 主要指涉具体艺术形式[Ⅰ] 2. 主要指涉艺术分类[Ⅲ] 3. 与传统艺术相对应 4. 指涉艺术创作、传播、接受的全过程	1. 主要指涉抽象艺术观念[Ⅱ] 2. 主要指涉艺术分期 3. 与古典艺术相对应[Ⅳ] 4. 主要指涉艺术创作[Ⅴ]

注：[Ⅰ] 如摄影艺术、电影艺术、广播电视艺术、新媒体艺术等艺术形式。

[Ⅱ] 现代艺术通过乖张的表现，最终指向的是纯粹的、对立的、独立的、个人化的、内心化的、凌厉的、奇异的、极端的、创作者主观意图至上的意义。在现代艺术里，无论是艺术的创作者还是接受者，似乎都不再过于局限于关注具体的艺术形式和品类本身，而是更多关注艺术观念：关注艺术的解放与重塑，关注一种关于现代/后现代主义与现代性的讨论和展示，等等。“美国抽象表现艺术家帕洛克曾经说过，现代艺术不过就是从当代的角度，表现出我们所生

① 摄影的诞生是印象派绘画出现的重要原因，传媒艺术的诞生是现代艺术诞生的因子之一。

存的时代。事实上，这就是艺术的根本实践。”[①]而当现代艺术像这样逐步深入地走向乖张抽象的表现之时，传媒艺术中的摄影、电影、电视艺术从整体上却依然坚持对现实性的追求，“现实再现”也是传媒艺术领域恒久讨论的话题，这或许也是现代艺术和传媒艺术区别的一个注脚。

[Ⅲ]传媒艺术无疑也有艺术史分期的意义，但这种分期的意义是以其对艺术形式与品类的分类为基础的。

[Ⅳ]“古典”：时间意义的“古代”+价值评判意义的“典范”。从时间意义上讲，今天我们谈论的艺术应该包括两样东西：古典的艺术和古典艺术以后出现的一种反传统现象，即随之产生的，并成为艺术主流的现代艺术。[②]

[Ⅴ]“谁都知道，现代艺术最突出的特征便是将艺术家的主体性强调到无以复加的地步”，“有意识地追求新的自我发现和自我表现”，甚至画家说，“重要的不是画你所看见的，而是画你所感觉的”；音乐家说，“作曲家力图达到的唯一的，最大的目标就是表现他自己”；以至于“谁在乎你听不听”。现代艺术总有一个“与之对立的大众”(奥尔特加)，艺术家们“声称忠于自我”(欧文·豪)。[③]当然，当现代艺术从现代主义走向后现代主义阶段，这一情况也有变化。

总之，传媒艺术与现代艺术这两个概念，从表面来看相似度很高，甚至容易产生混淆，但通过上面的辨析，我们可以明显看到二者较大的深层差异。

2. 传媒艺术与视觉艺术

传媒艺术是当下视觉艺术的最主要组成部分，也是最有影响力、最具活力的部分；而视觉艺术的悠长历史，也为传媒艺术的创作与研究积累了大量的实践经验与理论思考。二者有明显的共同之处：(1)从艺术形式角度而言，摄影、电影、电视和诸多新媒体艺术本身就都同时属于传媒艺术和视觉艺术。[④](2)从艺术创作的规律和手段来看，传媒艺术

① 邱志勇.美学的转向：从体现的哲学观论新媒体艺术之“新”[J].艺术学报，2007(10).

② 朱青生.实验的艺术与实践的艺术[J].美苑，2000(4)：11-12.

③ 徐子方.艺术史三段论：原始、古典和现代[J].艺术百家，2008(3)：57-61；蔡良玉，梁茂春.世界艺术史·音乐卷[M].北京：东方出版社，2003：238；陈旭光.试论现代艺术和后现代艺术的理论挑战[J].浙江社会科学，2003(6)：8.

④ 当然在具体研究时也有必要将视觉艺术与视听综合艺术作以区分，更为精确地说，传媒艺术的多数艺术形式属于视听综合艺术。

和视觉艺术都是视觉导向的艺术，两种艺术的艺术主体与客体之间的视觉关系是相近的，因此二者往往遵循相似的视觉语言传达规律；仿佛与虚拟也成为传媒艺术和视觉艺术建构“真实”的共有手段。（3）从艺术对人类的影响来看，传媒艺术和视觉艺术都与视觉文化紧密相连，视觉如今成为一种人类“新的宗教”“新的哲学”，左右着人类对事物的认知、判断、选择与行动；这种视觉的观照世界的方式同哲学的认识论是内在一致的。

传媒艺术与视觉艺术在历史、艺术形式和艺术元素等方面存在着基本区别：（1）视觉艺术是人类最为古老的艺术之一，观看是人类最为古老和常见的行为，视觉艺术的存在要比传媒艺术时间长得多。（2）传媒艺术和视觉艺术虽然都指涉典型的艺术形式，但它们所包含的艺术形式并不相同，比如美术、雕塑、建筑等传统艺术形式都可算作视觉艺术。（3）与视觉艺术不同，传媒艺术不仅有视觉元素，还有听觉元素，甚至触觉元素在未来也会普及起来，传媒艺术属兼容性极高的综合性艺术。

3.传媒艺术与艺术传播

传媒艺术和艺术传播的共同点主要体现在二者的相互依存性。一方面，艺术传播离不开传媒艺术。传媒艺术是当前艺术传播中最主要和最具活力的艺术形式，传媒艺术的传播体现着当前艺术传播的成熟实践。另一方面，传媒艺术也离不开艺术传播。人类艺术史沉淀的艺术传播的理念、方式、成效与规律把握，为传媒艺术的传播提供了厚实的基础，也是传媒艺术百余年来快速发展的重要保证。在不同的角度上，我们既可以说传媒艺术是艺术传播的一部分，也可以说艺术传播是传媒艺术的一部分。

不过，艺术传播毕竟有其独特的概念指涉、研究侧重、分类边界，与传媒艺术有很大的区别。（1）从二者的概念来看区别。艺术传播是艺术信息在时间与空间维度的发出、传递、接受、反馈等一系列传播行为和状态。相对而言，艺术传播的概念重心落在“传播”，更多地聚焦传播的方式、过程和效果；而传媒艺术的概念重心落在“艺术”，聚焦艺术的分类和一系列相关艺术本体问题。（2）从艺术分类来看，艺术传播同时包含传统艺术和传媒艺术的传播行为和状态，而传媒艺术较少涉及传统艺术的具体问题。

4.传媒艺术与传播艺术

传媒艺术与传播艺术的共同点体现在二者的相互依赖，传媒艺术需要传播艺术以促进其创作、传播、接受目标的达成；而传播艺术也需要传媒艺术作为其重要的主体，以在时间维度和领域维度上对传播艺术进行拓展。而且“艺术”的“传播艺术”，由于二者范畴相近，所以可探讨的空间更大，复杂与深入程度也更甚。

但是，虽然传“播”艺术与传“媒”艺术只是一字之差，其区别却比共同点更为明显和本质，这一点从下面对传播艺术的分析中便显见。

传播艺术，主体较为广泛，并不专指艺术主体，更多的是有方法论层面的意义，是特定传播行为的方法，是内在智慧与外在技法的结合，是为了达到目的所实施的创造性处理。也即传播艺术就是通过特定的思路、方式、方法、手段，有效而成功地实施传播主体的某种意图的过程。表面看来，传播艺术体现为一些技艺、计谋、手段，而深层次上都蕴含着思想、智慧与哲理。因此，传播艺术并不仅仅局限于文化、传媒等领域，而且体现在人类社会生活的各个方面、各个领域。这些都与本文传媒艺术的概念所指有本质不同。

人类活动无时无刻不在艺术地处理诸多问题，例如为了保证政治合法、安定、凝聚而诉诸“政治传播艺术”，为了保证军事领域中战略、策略、战术的有效得当而诉诸“军事传播艺术”，为了保证各类事业、问题有效进展或解决而诉诸“领导传播艺术”，为了保证宣传的内容能够深刻而亲和地脉脉浸润受众而诉诸“宣传传播艺术”，为了保证商品能够成功地推向市场、取得利益回报而诉诸“营销传播艺术”，为了保证有声语言传播有效地达成传播目标而诉诸“口语传播艺术”，等等。而且，“传播艺术”的体现远不止上述方面，而是从政治到生活，从高端到低端，从物质到精神，从个人到集体，不一而足。

传播艺术在中华文明下体现得更为充分。由于较之于西方文明，中华文明的理性思考往往让位于感性体悟，如混沌一体的思维方式对抗着西方因果点状式的思维方式；同时，在与思维方式相关联的行事方式中，中国人多选择“持两端用之中”，而非极端的行为追求。这种思维与行为取向，给中国式的事务处理方式留有较为充分的余地和空间，突出表现便是处理事务的方式多是“艺术”化的，甚至直接被称为“艺术”，如管理艺术、外交艺术、烹饪艺术、生活艺术。如果“艺术的”处事手段与方法运用得当，其所得到的良好结果，必然也是一种对现实的提升。[①]

结语

面对传媒艺术这一新兴而庞大的艺术族群，以及由这一艺术族群创造的艺术景观，我们可以深切地感受到传媒艺术对于人类艺术格局、艺术学研究格局，乃至人类社会生活的许多方面产生的巨大影响。

我们看到，正是由于传媒艺术从19世纪以来逐渐加速发展，使这一新兴艺术族群在艺术家族中所扮演的角色、产生的影响、发挥的作用日益重要，继而使长期由传统艺术主宰的人类艺术格局发生深刻变化：传媒艺术在整个艺术家族的份额和比重越来越大，在日常意义上事实上已远超传统艺术。

我们看到，正是由于传媒艺术对于人类艺术格局的改变，进而使得

① 胡智锋，刘俊.传媒领导者媒介素养提升论要［J］.新闻记者，2013(11)：60-67.

传媒艺术研究在整个艺术学研究中的价值、地位、作用和影响显得格外重要。我们迫切地需要从传统的艺术认知理念和方式中解放出来，用全新的思维与方式重新观察、解读与表述这一新兴艺术族群，不仅予以新的命名，而且对其特质、构成、功能、价值等进行全面思考，从而为艺术学的研究贡献全新的思想与理念。对传媒艺术的研究将使艺术理论与研究获得极大的丰富、增容与拓展。

同时，我们看到，传媒艺术如今正极大地改变着人类的日常生活，甚至成为体现国家文化软实力的重要载体和组成部分，也是体现国家国际竞争力的重要内容。所以，对传媒艺术的研究不仅具有艺术领域的意义，更具多方面的意义。期待我们对传媒艺术的命名、理论探索与学科构建，能够为人类对这一新兴艺术族群，乃至对整个艺术世界和人类世界认识的拓展与提升，产生积极的推动作用。

［本文与刘俊合作，原载于《现代传播（中国传媒大学学报）》2014 年第 1 期，《新华文摘》2014 年第 11 期论点摘编］

中国广播电视学科体系建设必须处理的三个关系

广播电视是20世纪以来人类最伟大的发明之一，对人类社会生活的影响之大远远超出想象。伴随着广播电视的诞生与壮大，对其研究也渐次展开。在广播已有80多年历史、电视已有70多年历史的今天，特别是伴随着广播电视研究的深入，中国广播电视学科体系建设也逐步提上了议事日程。从世界范围来看，广播电视学术研究与新闻学、传播学、艺术学、社会学、文化学、教育学等关系密切，形成了若干交叉分支学科，更多的是将广播电视与其他媒体整合在一起进行研究；从国内来看，中国的广播电视的研究除了与世界范围内的研究基本同步以外，也逐渐形成了独立的研究系统。在这一研究系统基础之上的有中国特色的广播电视学科体系建设，尤其成为业界和学界所关注和推动的重要领域。中国广播电视学科体系建设是什么？为什么要进行这一学科体系建设的研究？这些问题尽管存在着很多争论和探讨，但其重要性是不言而喻的，在此无须赘言。本文拟就中国广播电视学科体系建设中的三个关系谈谈自己的几点看法。

一、中国广播电视学科体系建设与中国广播电视实践与实务之间的关系

中国广播电视学科体系建设有其自身的独立性，应当与其他成熟的学科一样拥有自己明确而具内在规定性的研究对象、研究范围、研究方法和研究路径，也应当拥有相对清晰的概念、范畴、逻辑关系等。但由于中国广播电视传媒发展过于迅速，至今依然处于激烈的变动与变化之中，仅仅就事论事谈学科体系建设势必会走向闭门造车的状态，最终的结果是脱离实际，远离中国广播电视实践与实务，无法获得业界和学界的认同。中国广播电视学科体系建设有其相对特殊性，它必须面对剧烈变动的中国广播电视实践与实务，并对中国广播电视实践与实务的发展有足够的阐释力和驾驭能力。因此，紧密跟踪中国广播电视前沿发展脉络，在梳理中国广播电视实践发展的历史进程中，探求其内在发展的规律和规则就成了这门学科体系建设非常重要的特点。尤其是对中国广播电视而言，特殊的国情、特殊的广播电视媒介生态、特殊的广播电视媒介格局构成，都使得欧美的新闻学、传播学的一般套路无法直接套用到对实践与实务的直接阐释之中。只有紧密跟随实践与实务进程，对中国广播电视本土实践经验进行创造性地描述、梳理、提炼、概括，才有可能使我们的广播电视学科体系建设不至于与本土的实践与实务离得过远，也只有在深入解读本土广播电视实践与实务经验的基础上，才有可能锻造出具有中国特色的广播电视学科体系。

二、中国广播电视学科体系建设与高等院校教育之间的关系

中国广播电视学科体系建设尽管得到政府相关部门、媒体及科研机

构的充分参与，但主体部分还是在高校，更多的与相关高校的专业教育有关。高等院校的本科、硕士、博士几个层次的教育都与广播电视学科体系建设密不可分，因此，中国广播电视学科体系建设与高等院校教育的实践也应当紧密结合，应当在中国广播电视传媒教育实践基础上逐渐厘清学科关系。目前，中国广播电视传媒教育主要在高等院校展开，而中国高等院校的广播电视传媒教育在近十年间获得了超乎寻常的发展，已经成为高等教育学科专业中发展速度最快，也是最引人注目的新的增长点之一。这种发展一方面显示了广播电视事业发展的需求，高等教育和广播电视事业发展的紧密互动，也带来了高等教育的新的活力；但另一方面，与传统学科数千年、上百年、几十年的积淀不同，广播电视学科体系本身的复杂性和不成熟已经成为广播电视高等教育继续发展的极大障碍。建立较为科学的广播电视学科体系离不开对广播电视高等教育的梳理，从中国广播电视高等教育的现状格局来看，相关学科专业五花八门，从院校性质来分，大体上有以下几种类型：

第一类是专业型，即以广播电视为中心的单科教育，代表性院校是中国传媒大学和浙江传媒学院。这类学校从创办初始就定位于广播电视的专业教育，其宗旨是为广播电视业界输送所需要的专业人才。以中国传媒大学为例，从1954年创办高等专科学校到1959年创办本科的北京广播学院，直到2004年改为中国传媒大学，50多年间该校与广播电视业界始终保持着极其密切的关系。20世纪90年代，在各级各类电视台的人员构成中受过高等教育以上的人员60%都来自该校，而该校的毕业生几乎90%以上都分布在广播电视系统之中。这类学校的学科专业设置带有鲜明的行业特点和色彩，即行业中的工种职能划分常常成为学校学科专业设置的依据，如播音主持、新闻采编、电视编导、电视摄影以及各种小语种的对外传播等。

第二类是综合型，即综合性大学依托文学、信息技术等传统优势学科，进行嫁接延伸创办广播电视学科专业，前者如山东大学、四川大学等传统综合性大学大多从文学学科延伸出相关的学科专业，后者如东北师范大学等院校则是在信息技术教育的基础上延伸出相关的学科专业。

第三类是新闻传播型，即新闻传播类院校所创办的广播电视学科专业，如中国人民大学、复旦大学以及在国内从事新闻传播教育较早的南京大学、兰州大学、武汉大学、华中科技大学、厦门大学、暨南大学等院校，基本是以独立的新闻传播学院为基础，延伸出广播电视专业。

第四类是交叉型，即其他各种类型专业院校利用相关学科进行嫁接组合延伸出广播电视学科专业，包括从师范类、理工类、艺术类，以及农、林、水、电、交通、医学、外语、军事、教育等各类专业中延伸出来。这些院校借助自己在特定领域里的特色将广播电视与自己已有行业的特色进行嫁接，形成了广播电视教育新的增长点和延伸点，如北京师范大学、南京艺术学院都是在音乐、美术等传统艺术学科基础上延伸出来的，中国政法大学、中国农业大学、北京体育大学、北京外国语大学、上海交通大学、南京解放军政治学院分别将政法、农业、体育、外语、交通、艺术等若干特色领域学科与广播电视相嫁接。

如此众多的类型形成了广播电视教育极其复杂的格局，使广播电视学科专业的名称、内涵、外延、内容和专业设置等都很难得到统一。这给广播电视学科体系建立的梳理带来极大的困难，亟须在高速运行中逐渐规范起来。当然这种规范，既需要坚持统一规则，又要考虑到各高校广播电视教育的现实情况，既不能一放就乱，也不能一抓就死，由此可见中国广播电视学科体系建设可谓任重而道远。

三、中国广播电视学科体系建设与其他相关学科之间的关系

广播电视作为大众传媒既牵连着社会生活的各个领域，又牵涉着自然科学、社会科学、人文科学的各个学科领域。作为一个新兴的学科领域，一方面需要从其他已经成形、成熟的传统学科中吸收营养，吸纳资源；另一方面也需要在自身的发展中逐步形成自己独立的知识谱系。一个相对成熟的学科既需要建构与其他学科的共同的规则，即作为学科的一般性规则，如规范的研究对象、研究方法和认知规律，同时又需要在发展与壮大中对其他学科产生积极的辐射与影响。这也就意味着广播电视学科体系建设不能自我封闭，自说自话，需要找到与其他相关学科统一的对话平台、统一的规格与层次，甚至可以相融通和交汇。如果孤芳自赏、自以为是，对广播电视这种新兴的学科来说，就难免会滑入无源之水和边缘化的境地；但又不能简单地套用成熟学科的一般方式和话语系统。我们注意到，新兴的广播电视学科由于牵涉相关学科范围广泛，多少有一些内在的自卑倾向，再加上自身学科的不够成熟，套用乃至滥用传统学科话语系统和理论框架不在少数，如将文学、美学、戏剧学、电影学、语言学乃至经济学、管理学、政治学、教育学等若干学科的理论框架与话语系统进行简单的移植和套用，貌似交叉学科研究并形成了新的交叉学科，但并非是从广播电视的内在运行基础上打造出来的，只是传统学科贴上广播电视的标签而已，呈现出传统学科的话语与广播电视的对象之间两张皮的情形。当然，一门新兴学科的发展或许离不开对传统学科蹒跚学步的模仿过程，但从长远来看，模仿只是第一步，只停留和满足于模仿对于广播电视学科自身的发展是不利的。

中国广播电视学科尽管起步很晚，毕竟已有50多年的积累，尽管现

状并不令人满意，但作为朝阳学科却有着极大的发展空间和活力，只要我们坚定地依托广播电视的实践，从现实实践中获得充足的、鲜活的、生动的材料，同时灌注于我们的广播电视教育的探索之中，在此基础上充分吸纳相关学科的资源，并逐渐梳理出既具有学理意义又具有现实阐释力的话语与理论框架，这样就可能逐渐使这一学科在动态发展中成长成熟起来。

［本文原载于《现代传播（中国传媒大学学报）》2007 年第 4 期，《新华文摘》2007 年第 24 期论点摘编］

新文科背景下戏剧与影视学专业建设的理念与路径

教育部等部门在2019年联合发布的《“六卓越一拔尖”计划2.0》中明确将包括文、史、哲、经济等学科在内的“新文科”建设与新工科、新医科、新农科一同纳入拔尖培养计划，首次实现全学科发展布局的完全覆盖。新文科专业的纳入，反映了国家在经济社会发展的新环境下，对人文精神和国家文化软实力不断强化与提升的迫切需求。新文科建设是相对于以往传统文科的局限改良和优势升级，既要与历史和当下学科自身专业的发展规律相匹配，又要与当前和未来经济社会的转型发展方向相契合。如何理解新文科，目前社会各界并未形成清晰的概念界定，但面对不断深化的社会变革和日益增长的时代需求，新文科建设已不仅仅是理论概念层面的学科发展问题，更是新时代教育主管部门审时度势，对学科专业所对应的经济社会发展所处的现状与未来态势所做出的重大决策。[①]为此我们更应当深入分析时代与国家所需，精准把握学科与专业规律，为新文科高效、平稳发展添智助力。

① 胡智锋，徐梁.新文科背景下“戏剧与影视学”专业建设的理念与路径［J］.戏剧（中央戏剧学院学报），2020(3)：1-8.

一、背景透视：新全球化、融合发展、国家需求

熟悉和把握新文科建设的时代环境和社会背景，对于我们更好的发挥新文科的专业优势更有针对性的丰富和拓展学科内涵等方面具有重要意义。从当前整个人类社会的发展现状与趋势来看，结合世界与国家自身发展的潮流，我们认为新文科建设势必面临着三个突出的特点与潮流，即新全球化局势，融合发展趋势，以及国家需求形势。

1.新全球化局势

一是旧全球化桎梏。20世纪90年代冷战结束之后的很长一段时间内，我们所身处的世界主要是以美国为主导的全球化格局，整个世界的资本、资源、人才等重要元素的流向和配置基本上都是以美国为首主导的，其利用当时自身强大的政治、军事、科技等硬实力，迅速成为引领全球化动向最主要的驱动力和领导者身份。我们经常看到，美国在全球各国关系中经常扮演蛮不讲理、横行霸道的“世界警察”角色，甚至为了缓解自身社会矛盾和压力而不时挑起局部紧张气氛和残酷战争，如在中东地区、朝鲜半岛、巴尔干半岛、中国台海及南海海域等的挑衅行径不胜枚举。在美国主导的全球化策略中，美元、石油、航空母舰、科技力量等“硬核”元素成为其控制世界经济、政治和文化的重要手段。这个时期所谓的全球化，一方面在美式霸权主义逻辑下，美国一手设立的世界经济、外交、科技、教育等“美国优先”的不公平规则让多数国家痛心疾首，各国各地区甚至不时出现反全球化声音；另一方面，某些国家在这场美式全球化的运行过程之中，也确实都置换或获取了一些带有或隐或显附加条件的本土利益，暂时性地获得了局部的发展机会。然而总体来看，这种美国一家独大的政治不平衡局面一直存在，而美国主导的全球化遭到越来越多的不信任与不认同。

二是新全球化生机。美国主导全球化的局面近年来正在悄然发生着变化，2010年中国GDP（Gross Domestic Product，国内生产总值）超过日本，跻身成为世界第二大经济体，中国国家力量的一举一动、一言一行对世界规则的运行产生着越来越重要的积极影响，这不仅对世界经济、政治、文化新秩序的调整发出中国声音，带来中国智慧，并且中国也期待着自身能够协同各国而获得更大的发展空间，为占世界1/5人口的大国人民谋求福祉。中国的友善姿态，突出体现在了我们秉持互利共赢的理念与实践中，如中国提出的“金砖五国”、“一带一路”、人类命运共同体等倡议或组织，受到越来越多的国家的认可与赞同。中国作为负责任的大国，正在撼动和取代美国主导的霸权主义、民粹主义、本位主义的旧全球化格局，逐渐成为倡导和引领以和平、共享、创新、发展、绿色为核心发展理念的新全球化的领航者。正是在新全球化的发展进程之中，我们的人才培养目标也必当随之发生重要调整，急需大量优秀的政治、军事、外交等相关专业的新型国际化人才。实现新全球化的过程任重道远，而新文科建设的一个重要价值和意义，就是要努力满足新全球化对我国新型文科专业人才的迫切需求。

2.融合发展趋势

融合作为新文科建设过程中一个极为重要的发展理念，不仅体现在学科的跨越性与交叉性上，而且也是对当前技术环境、媒介环境及社会环境融合态势的一种学科回应。

一是技术融合。融合发展的底层逻辑首先是技术的融合，从机械时代的传统技术，到工业时代的经典技术，再到数字时代的高新技术，每一次的技术的进步都会带来传统技术与新兴技术的融合创新。当前我们正处于互联网高频、高速使用的数字时代，线上与线下的双向融合发展趋势越发显著和重要。如文化与旅游产业中的实景与虚拟观览等。技术融合是不可阻挡的大趋势，从聚焦文科专业的发展上来看，虽不同专业有各自的专业要求，但技术的融合将打破我们过去传统、单一的专业束缚，将以往精细的专业切分多向混合、打通，技术的融合会把传统意义上的单科专业重构形成复合型专业。如美术绘画专业因为技术的进步与融合，当前的美术创作已在原有的油画、版画、水彩画等传统专业技法之上，融入了数位画图板等电子工具运用于电脑绘画创作。戏剧与影视、新媒体等专业之下的编、表、导、演、剪等细分专业方向也都在传统技艺之上融入了3D（three dimensional，三维）、VR（Virtual Reality，虚拟现实）、AR（Augmented Reality，增强现实）等电子新媒介技术。在技术融合进程中，传统技术特点得以再次张扬和凸显，新兴技术也发挥了激活创作和创新的功能优势。

二是媒介融合。2014年8月党中央审议通过了《关于推动传统媒体和新兴媒体融合发展的指导意见》，将媒体融合的理念上升为国家战略高度。媒介融合作为媒体融合的逻辑起点，其核心是以移动互联网为代表的新兴媒体与以广播电视为代表的传统媒体之间的深度整合构建。从某种意义来说，移动互联网等新兴媒介与技术的高速发展，对戏剧与影视等学科发展的影响是颠覆性的。在前互联网时代，内容生产创作和传播的介质是纯粹而独特的，纸媒对应报社、广播对应电台、电视对应电视台等，各个专业都独自发展了各自的理论和实践体系，而当今媒介融合已呈不可阻挡之势，单一介质的内容生产和传播早已无法应对和适应纷繁复杂的技术设定与现实需求。因此打破媒介边界，运用不同的介质和手段融合构建出新的媒体世界与文化景观，对传统的新闻传播、影视创作等行业具有重要影响。在举国抗击新冠肺炎疫情过程中，我们看到互联网艺术教育，以及以戏剧与影视艺术为代表的互联网艺术创作等优势力量得以凸显，抗疫网络短视频、虚拟视听博物馆在线观览等深受热捧。互联网等新兴媒介与传统专业的融合创新发展，必将会助推新的专业培养模式与形态的建构。

三是中外融合。过去一段时间，中国和西方发达国家在政治、经济、文化等各个领域的差异往往是明显、尖锐甚至是对立冲突的，自改革开放以来，尤其是进入新时代，中国在对外交流合作、重大全球决策、突发公共事件中不断提供的中国方案和中国经验，展现的中国智慧和中国实力，充分诠释了中国传统文化中“和”的独特价值理念在中国走向世界、融入世界乃至引领世界的潮流中，更紧密地与其他国家在观念、价值的认同上相互融合发展。我们在不同的学科中都体现了这种中外融合的良好态势，如中医与西医的融合发展，呼唤我们在中外融合中建立新的医学体系架构等。无论是技术融合、媒介融合还是中外融合，都在很大程度上影响了专业学科的内涵延展与规划设计。融合理念的深刻认同与践行，将进一步打破单一专业、单一技术、单一媒介、单一国度的闭合式、循环式、主观式的专业发展瓶颈，新文科也将因为技术、媒介、文化、中外等互动层面的改变，逐步适应从单一、狭窄到复合、融合的发展态势。

3.国家需求形势

文科的教育功能与发展目标有别于理工科明确而强烈的求真、务实与理性精神，文科建设是与国家政权、社会制度、意识形态、民族文化等方面有着深层次的强关联，探美、寻善与感性往往占据主导地位。站在国家高度来看，在中国和平崛起的进程中，新文科建设必须认清中国与世界之间的个中关系，厘清国家需求与学科发展之间的内在联系，以此才能聚焦问题，精准施策，合理构建。具体来讲，当前新文科建设所面临的国家需求突出体现在填补国际话语权缺失，缓和中外意识形态对立，以及化解中西文化价值冲突上。

一是争取相对话语权力。如果说理工科拥有数学、物理等世界公认的共同语言，那么文科的语言系统和阐释逻辑则是有世界差异性的，缺乏统一的语言。而当前，中国在新的全球化格局中所面临的一大障碍和挑战即是西方大国形成的控制世界的话语权力屏障，英语作为当前全世界传播范围最广泛的语言，英语国家在世界公共议题上占据了重要的话语权。在欧美等西方国家几百年主导世界格局的现实背景下，中国作为东方大国在责任担当、民族心理、软硬实力等方面是否已经做好了和平崛起的充分准备，这些都是值得我们深刻思考的问题。我们看到，在世界舆论导向的现实层面，西强我弱的局面仍将长期存在。如何改变和扭转这种舆论困境，正是我们要强化国际传播能力的深意所在，同时也是当前国家需求的题中应有之义。在抗击新冠肺炎疫情的这场全球性的重大突发公共卫生事件中，由于国际话语权缺失所造成的信息不对称，以及舆情不利等负面影响，再一次为我们敲响了警钟。

二是缓和意识形态对立。从社会制度上看，欧美等发达国家所谓的民主、自由等口号，也在长期的对外灌输和宣传渗透中成为世界通行制度范本。政治体制不同所带来的意识形态的对立是深层的，也是充满惯性认知的。西方国家推崇个人主义、自由主义而形成的资本主义制度，与中国崇尚集体主义、爱国主义、家国情怀而建构的社会主义制度之间，各有长短利弊，也都有提升和借鉴的空间，这也给缓和对立提供了理念与路径上的可能。中国特色社会主义与资本主义的制度差异，及其背后意识形态的对立与纷争将长期存在。我们如何减缓这种对立，是迫切的国家需求，也是新文科建设过程中需要认清和明确的重要形势之一。

三是提升文化价值认同。中西之间不同的历史发展阶段和文化积累的差异，导致了深层次的文化价值区别。而价值体系的不同则会演化成文化、文明的冲突。美国学者塞缪尔·亨廷顿在其著作《文明的冲突与世界秩序的重建》中总结的八种文明范式所对应的不同文化认知而产生的对峙与冲突现象，正是我们要提升文化价值认同的一个很好的注脚。如何减缓这种文化冲突带来的偏见、对立与纷争，如何向世界传达中国“和而不同”的价值理念，同样是一个突出的国家需求。在新文科建设过程中，无论是语言、影视、传播、教育、外交等各个人文类学科专业，不单单要靠提升汉语文化的世界认知与认同，展现中华文明的感染力与亲和力，还需要在文化自信的基础之上，探索中国文化国际传播，中国文明世界融合等的宏观命题，将专业发展融入国家需求，为专业发展注入文化动力。新形势下发展和延伸出新的国家需求，使得我们的新文科建设必须高站位考虑，全方位考量，满足适应新环境，规划调整新策略，为中国的和平崛起做出新文科建设的智力贡献。

二、理念革新：双主体、体系化、创新性

面对新全球化所带来的机遇与挑战，着眼融合发展延伸出的经验与路径，站位国家需求汇聚成的动力与方向，新文科建设应从主体建构、学科布局和发展方向上进一步形成理念共识。基于对新文科建设的整体性思考，聚焦到戏剧与影视学来说，我们需要明确三个理念和路径作为架构性、整体性的理性认知来指导建设实践，即双主体建构，体系化建设和创新性发展。

1. 双主体建构

戏剧与影视学从2011年开始才真正独立成为一级学科，从其名称建构来看是一门全新的学科，历史短暂，至今不到十年时间。与语言学、文学、历史学、经济学、法学等传统的文科学科相比，戏剧与影视学的主体性和认知度还有待更为清晰、明确和稳定的建构。戏剧与影视学的双主体建构，总体分为纵向和横向两个层面的主体建构认知。

一是戏剧与影视学主体构建。与传统的人文学科、艺术学科等拥有悠久历史的大学科专业，以及建立在戏剧、电影、广播电视艺术等专业基础之上的新兴具体小专业对比之下，戏剧与影视学的建构首先要凸显建构戏剧与影视学的主体地位。在双主体性建构过程中，有两个重要的参照系，第一个是大文科、大艺术学科等宏阔的参照系，其优势在于包容度较高，丰富度强，但是针对性、特殊性略显不足，过于普泛、宽泛和空泛，很难呈现戏剧与影视学丰富多元的独特样貌。第二个是小学科、

精专业等狭窄参照系，其优势在于专业精细度高，但是适应性和概括性略显不足。戏剧与影视学的双主体建构，要把握和权衡过于宽泛和过于狭窄的学科建构，深刻理解和阐释双主体建构的特殊性与普遍性坐标，形成独特的学科身份建构。另外，在过去的学科发展过程中，戏剧与影视学往往是分科发展，各分科之间虽互有关联，但整体上却是自立门派，单独发展。因此就形成了有独立建制的单学科专业教育的高等院校，如戏剧学院、戏曲学院、电视学院、电影学院等。长期的独立建制发展，延伸形成了一大批相关、相近甚至都相似的专业，如戏剧文学、电影文学、广播电视文学等，这些按照单科逻辑发展形成的专业，在整合形成戏剧与影视学这个一级学科之后，出现了单科规则失准和专业话语失灵的困惑现象，无法找到能够概括和统辖一级学科共同规律和内涵的话语建构。因此，规范建立归属戏剧与影视学的新主体，是新文科建设中我们所面临的重要任务和课题。学科主体建构的关键在于，要在过宽和过窄中寻找到具有针对性、特殊性、共同性和整体性的适应性规则。

二是中国戏剧与影视学主体建构。同世界戏剧与影视学相比，我们还要积极建构中国戏剧与影视学的主体地位。在中国与世界各国的横向比较中，中国戏剧与影视学的主体性建构由于社会形态的差异，一定具有基于自身历史、社会、文化和价值观念之上的独特系统。如从类型上来讲，中国戏曲作为世界戏剧家族中独有的成员，是世界戏剧不可分割的重要一支，如果丢掉戏曲，对世界和中国来说都将是巨大的文化损失。再如中国的左翼电影等独特的电影景观，以及功夫片、革命历史片、伦理片等独具魅力的电影类型片，其生产创作一定具有鲜明的民族气质、国家气质和文化气质。同时，这些独特景观的产生以及独特类型片的生产创作和传播规律，都是依托中国社会自身特点而形成的，这也是中国戏剧与影视学主体性建构的重要依据之一，也正因此，戏剧与影视学纵向与横向两个层面的双主体建构，都是我们因应新文科建设和发展的重要理念。因此在这种理念下，相关学科的规划设计、规范调整都是可以理解的。只有在纵横比较、对照与不断的自我总结和发现中，才能真正达成作为戏剧与影视学发展核心的独特主体性建构。

2.体系化建设

体系化建设是我们站在整个学科的专业建设角度，系统性思考、规划和设定的，绝不应是一拍脑门、一蹴而就的形式工程，学科发展终究需要一个有着自身严谨规制的体系构成。戏剧与影视学体系化建设理念的核心要义总结为“三性”，即提升规范性、完善逻辑性和保持完整性。

一是规范性。所谓规范性就是指专业体系化建设中的内在标准与规则，这种规范性的制定意味着学科专业建设过程中的内容、形式和目标，都有确定的指向。如各个专业的教学课时通常按照学期或学年来做规范，学时长度、学分比例也通常按照专业方向的难度来区别划分，专、本、硕、博、辅修等不同学业层次的学年学制，专业、学科、科目、学分等不同细化要求都应该有清晰、严谨甚至是量化的规范。从学科专业中一门课程的构成来看，无论是形式上的学时要求、内容上的理论与实践比重，课内外一二课堂的结合等，都要有明确的规范性要求。规范性作为体系化建设中的管理性思维和理念，具有重要的现实意义。

二是逻辑性。学科发展之所以最终能够称为一个学科体系，首先要形成自身奉行的内在逻辑，即沿着从大到小，从浅到深，从宽到窄的逻辑性来建设学科体系。具体来说，如学科专业的课程建设，通常离不开三种类型和层次的课程构架：即基础课、核心课和方向课的架构设计。基础课要求教授本专业相关的基本学科历史和基础理论，这些以通史、通论为主要内容的基础课程应对本专业发展的基本脉络和框架有大体的描述与梳理。进入核心课程则要相对基础课程而言更加注重纵深延展，在通史、通论的基础知识之上，应有专题史论和理论的方向性研究。而方向课程则是在核心课程的基础上对专业性的再推进和再深入，进一步窄化、深化，聚焦个例、个案及类型化的细部研究。

三是完整性。戏剧与影视学建设过程需要覆盖完整的学业层级，同时从本科生、硕士生和博士生的专业培养过程都要体现出知识结构的完整性。戏剧与影视学的完整性应当覆盖戏剧、电影、广播电视艺术等学科内应有的部分，其专业领域里的内容构成既要有中国的也要有世界的，既要有历史的也要有现实的，既要有理论的也要有实践的，既要有整体的也要有具体的，综合考量本学科专业结构构成中方方面面的体系完整性。完整的知识结构对于学科的系统化建设具有学科内涵与外延意义上的正统性与合理性，这也反向激励着学科学者顺应时代之需，不断充实和拓展学科内涵，使自身成为可持续发展的重要学科领域。

3.创新性发展

创新性发展作为一个学科建设最具动力和活力的重要理念来讲，根植学科历史发展脉络，依托学科现实发展状况，指向学科发展未来。具体可凝练为三个创新路径：即自主创新、融合创新和延伸创新。

一是自主创新。自主创新体现在各高校根据自身不同特点，所始创、原创的特色专业。如戏剧专业中戏曲京剧的表演、导演专业就属于自主创新范畴。电影专业中编、导、演、摄、录、美等全新专业也充分体现了自主创新。自主创新最突出的专业是传媒领域，如在广播电视艺术中，从最早的文艺编辑、播音专业，到20世纪80年代创新出了文艺编导、电视编辑等新专业，再到20世纪90年代整合出了广播电视文学和广播电视编导等顺应传媒发展的专业。再如20世纪90年代北京师范大学所创立的影视学专业，则是依托其人文性、综合性、复合性的人才培养特点，做出了综合性的专业自主创新。

二是融合创新。融合创新旨在不同学科、不同专业之间的大胆嫁接，形成优势互补，进而构成新的专业面向与知识结构。融合创新的举措往往产生“1+1>2”的效能，跨越式的融合产生了巨大的“化学反应”，其针对性和适应性更加符合社会与时代之需。如将技术与艺术进行有机结合而诞生的数字媒体艺术专业，戏剧专业与教育专业融合产生的戏剧教育专业，艺术学、心理学与医学等多专业融合形成艺术治疗专业等。跨学科、跨领域、跨语种、跨功能等的融合创新为学科的可持续发展提供了强大动力，同时在一定程度上也激发了迭代创新的启蒙与想象，形成可持续创新的良性循环。

三是延伸创新。延伸创新是在学科自身已有的特色基础上，做拓展和延伸，以调动和激活专业创新能力。同时，延伸创新贴近社会发展潮流、紧跟业界发展趋势，是对原有专业的丰富和延伸。如戏剧学院在已有的舞台话剧专业的基础上，对歌剧、舞剧、音乐剧等相关专业的拓展创新。再如广播电视专业从自身产业出发，从内容创作相关专业延伸到制片管理、电视策划等新的专业类型。这些特殊专业不仅是对已有专业领域和范畴的有效补充，同时也是适应自身发展规律的延伸创新。面对新文科建设的使命召唤，激活创新精神和创新能力应当成为戏剧与影视学发展的重要驱动力量。

总之，在新文科发展背景下，戏剧与影视学作为文化产业领域最强势的龙头学科充满机遇，它不仅连接着社会政治、经济和文化各个领域，具有纵深的影响力，而且也在塑造和宣传国家形象，提高国家文化软实力，推进国家在新全球化发展形势下扮演更为重要的大国角色等方面，起到至关重要的角色。同时我们也看到，戏剧与影视学创建的历史短暂，自身发展中也存在着突出问题，如何在新时代、新形势下既不丢传统又与时俱进，从而实现各单科的综合性发展，诸多现实问题充满挑战和压力。但我们相信也期待学科同仁能够着眼学科发展大局，同心协力，优势互补，共同为打造中国特色学科专业体系，做出吾辈独特而重要的贡献。

［本文与徐梁合作，原载于《戏剧（中央戏剧学院学报）》，2020 年第 3 期］

新文科建设背景下传媒艺术学建构的意义与价值

引言：何谓传媒艺术学

传媒艺术学以各类传媒艺术形式为研究对象。传媒艺术指自摄影术诞生以来，借助工业革命之后的科技进步、大众传媒发展和现代社会环境变化，在艺术创作、传播与接受中具有鲜明的科技性、媒介性和大众参与性的艺术形式与族群。对人类艺术的划分，删繁就简，可以分为传统艺术和传媒艺术两个艺术族群。

在狭义上，传媒艺术主要包括自摄影术诞生之后逐渐出现的摄影艺术、电影艺术、广播电视艺术、数字新媒体艺术等艺术形式，传媒艺术的发展经历了机械复制、电子复制和数字复制三个时代。在广义上，传媒艺术体现了一种艺术融合，它既包括各类经现代传媒和传媒技术改造了的传统艺术形式，也包括各类上述狭义传媒艺术形式的大融合。[①]

从总体上说，传媒艺术学是关于传媒艺术各艺术样态共同的本质、特性与规律，起源与发展，创作、作品与接受，生产、传播与审美，地位、价值与功用，历史、社会与时代等一系列问题、原理与规律的学科；

① 胡智锋，刘俊.何谓传媒艺术［J］.现代传播（中国传媒大学学报），2014（1）：72-76.

也是从艺术出发，并以传媒视角对艺术进行考察与总结的学问。[①]

传媒艺术学是比较典型的交叉学科，可以至少从两个维度来看它的学科性质与特点。（1）从一般艺术学维度来看，传媒艺术学是与传统艺术学相对应的新兴艺术学分支。（2）从戏剧与影视学维度来看，传媒艺术学是基于戏剧与影视学，特别是基于电影学、广播电视艺术学而延伸拓展出来的新的整合性学科。传媒艺术学的诞生和发展经历了长期的酝酿，其学科源头丰富，有诸多学科来源。戏剧与影视学中电影研究、广播电视艺术研究、数字新媒体艺术研究等的长期发展，艺术学理论中视觉艺术理论等的长期发展，以及（视觉）设计学、（艺术）传播学、美学的长期发展，都是传媒艺术学的早期来源和雏形酝酿。

在此基础之上，传媒艺术学慢慢形成了独立的学科。传媒艺术学是一个新兴、前沿、正在动态发展的学科，其发展可以以2011年为界，2011年之前为酝酿期，之后在艺术学升门的背景之下，传媒艺术学作为独立的学科开始成建制、成规模发展。2011年中国传媒大学开始首次招收“传媒艺术与文化研究”专业的硕士和博士研究生，目前有中国传媒大学、北京师范大学、北京电影学院等多所国内知名院校招收“传媒艺术学”硕士、博士研究生。如今，传媒艺术学已经是基于戏剧与影视学和艺术学理论两个一级学科，做出的跨媒介、跨领域、跨门类的二级学科方向建构。

传媒艺术学研究，主要可以分为传媒艺术战略和管理研究、传媒艺术行业和实践研究、传媒艺术理论和学科研究等方向。传媒艺术学目前主要完成了如下命题的论析和研究的搭建：（1）体系的初步搭建，主要文献为《传媒艺术导论》《融合时代的传媒艺术》等。（2）概念的初步提出，主要文献为《何谓传媒艺术》《对传媒艺术的厘定与对视觉符号的反

① 刘俊.论传媒艺术的大众参与性：传媒艺术特征论之三［J］.现代传播（中国传媒大学学报），2016(1)：98-103.

思》《当前海外传媒艺术研究的现状与特点——兼谈以“传媒”命名这一艺术族群的动因》《符号学视角论“传媒艺术”的命名——兼辨“传媒/媒介/媒体艺术”之异》等。(3)特征的初步厘定，主要文献为《论传媒艺术的科技性》《论传媒艺术的媒介性》《论传媒艺术的大众参与性》等。(4)历史的初步梳理，主要文献为《传媒艺术的实践前奏和研究前奏》《融合背景下传媒艺术生态格局之变》等。(5)研究的初步探源，主要文献为《艺术融合与理论定位：论传媒艺术的研究动因》《论传媒艺术研究的基本动因和主要命题：理论、教育与学科》《传媒艺术的历史演进、研究路径及学科回应：一种跨学科的文化视野》等。(6)审美的初步探索，主要文献为《极致的真实：传媒艺术的核心性美学特征与文化困境》《传媒艺术与传统艺术共通性研究》《传媒艺术的戏剧性问题四人谈》《传统化回归与螺旋式升级：论互联网时代传媒艺术审美活动的转向》《一种创造性的破坏美学：传媒艺术“混流”论》等。(7)文化的初步分析，主要文献为《传媒艺术视觉符号的文化批判》《从“技术驱遣”到“体制建构”——现代视觉传媒艺术的权力运作与叙事策略》等。(8)教育的初步探究，主要文献为《论“艺术融合”时代影视艺术教育的拓展之维》《中国传媒艺术学教育的理念提出和前沿观察》等。(9)传播的初步观察，主要文献为《大同·君子·中庸：传媒艺术建构国家形象的三大价值基础》《从自我澄清到他者塑造：传媒艺术国际传播的理念创新》《论传媒艺术国际传播中的“自塑”和“他塑”：基于对纪录片的讨论》《新冠肺炎疫情期间传媒艺术媒介性功能的彰显》等。(10)文献的初步解读，主要文献为《传媒艺术经典导读》等。

传媒艺术学建设的开展和不断成熟，更是依托国家新文科建设的宏阔进程；其建设高度遵循并体现了新文科建设中对于回归本土原创、鼓励学科融合、夯实基础理论、服务国家战略的要求和目标。本文要面对的问题主要集中于传媒艺术学建设的意义和价值有哪些？传媒艺术学的建设又如何遵循和体现了新文科建设的基本精神？回答这些问题的过程，也是思考传媒艺术学建设的必要性，以及其未来发展方向和目标的过程。

一、传媒艺术学建构的意义与价值

传媒艺术学建构的意义与价值主要体现在直接而切实地满足、回应并适应了新环境下技术发展、艺术发展、学科发展和学术发展的需要。

（一）适应技术发展的需要：单一与融合

当今，具有高度数字化、智能化、融合化特点的科技发展，对艺术实践和生态产生了巨大的影响，传统的艺术介质被逐渐打破，艺术呈现出边界日益模糊的状态。艺术实践的融合，使得艺术研究和学科建构必然也需要调换思维，固守于以传统单一介质（如电影、电视）为艺术划分标准的分类方式，需要予以调整。面对科技发展带来的艺术变局，在当前的艺术研究和学科建设中，亟待打破依托单一介质进行艺术分类和研究的局限，而寻找更具有整合性、融合性、包容度、兼容度的看待艺术分类、艺术族群、艺术发展的方式。

传媒艺术学的建构，正是基于这样一种需求，也因此具有更大的拓展空间。因应科技发展及其影响下的艺术融合变局，传媒艺术学不拘泥于单体的摄影艺术研究、电影艺术研究、广播电视艺术研究、新媒体艺术研究，而是在这些单体研究基础上，更能将上述艺术形式看作是一个艺术家族，寻找这些艺术形式融合之后的共性和规律。

在当前的艺术实践中，我们看到太多因科技发展带来的艺术融合示例，艺术融合已经成为一种日常性艺术生态。例如，随着互联网技术的发展，数十年前就已经实现了通过台式电脑和互联网等基础设施在线观看电影和电视作品，而这种在线观看，其实已经打破了诸多电影和电视艺术的本体特征（如因观看环境、观看时序、视听感知等区别带来的影响）；观看者所进行的观看活动也已经不是纯粹的电影和电视艺术接受，而是融合了互联网基因的某种网络文艺形式传受，或者说是某种艺术融合之后的艺术形态传受。再如，随着视听科技的不断发展，我们还面对着诸如“荧屏电视和智能电视如何区分？多终端的视频如何命名和界定？因应虚拟现实的介入，艺术的视与听、剧场与屏幕的边界是否已经模糊？”等一系列日常性、融合性的艺术问题。甚至包括各类传统艺术形态也在新技术发展下正在消融彼此的边界。

因此，技术的发展，特别是介质的融合，需要我们对艺术分类、艺术实践、艺术生态有新的视角和方式。融合技术带来融合介质，继而呼唤融合式的艺术分类方式，传媒艺术学的建构适应了这一技术发展的逻辑和法则。

（二）适应艺术发展的需要：精英与大众

人类艺术的发展正在不断裂变，形成了传统艺术和传媒艺术两大艺术族群，两大艺术族群具有越来越鲜明的特征差异，其中非常突出的一点是传媒艺术具有科技性和媒介性带来的高度大众参与性，其背后是传统艺术散发的精英特质与传媒艺术散发的大众特质之别。

较之于传统艺术，自摄影术诞生之后，传媒艺术这一新兴艺术族群在人类社会生活中扮演了越来越重要的角色、释放了逐渐超越传统艺术的巨大影响，如今传媒艺术已经成为人们日常接触频度最高、接触渠道最便捷，甚至接触欲望最强烈的艺术信息和审美经验来源。特别是在当前的艺术融合时代，形成了生活艺术化、艺术生活化的生态；艺术越来越下沉，由传统艺术精英化的样态和景观，走向传媒艺术越来越大众化的样态和景观。而传媒艺术的发展，及其典型的科技性、媒介性和大众参与性等特点，也确实使得日常的艺术生活化、生活艺术化变为可能。

所有这些让我们不得不正视有巨大渗透力、影响力的传媒艺术族群，而如果还用传统的艺术分类方式，以及精英式的观察角度和研究框架，很难诠释和解读大众化之后的艺术生态，很难适应艺术的时代性发展。因此传媒艺术学的建构，不仅是基于一种新的人类艺术分类方式，更应对着一种不拒绝精英情怀和引领，同时高度尊重和张扬大众诉求的艺术研究范式和理念之变。

（三）适应学科发展的需要：裂分与整合

学科发展常常是在不断的裂分和整合过程中，寻找适合的理想状态，在特殊性和关联性之间找到合适点，让学科发展更加饱满和完满。在这个过程中，我们常常会看到过于裂分会使得学科单薄和狭窄，过于整合又会使学科中的具体领域失去个性和独立。在艺术学升门之后，目前的学科划分尚处于一种在裂分和整合中探索的阶段，而传媒艺术学的建设是这种探索的一个有益尝试。

目前艺术学门类下的一级学科和二级学科，呈现出一定的“宽”和“窄”的矛盾。例如，艺术学理论较宽，戏剧与影视学（包括其下的如电影学、广播电视艺术学等二级学科）又较窄，前者因整合度高而显得有些笼统，后者因为裂分度高而显得有些狭窄。也就是说，艺术学理论与具体艺术门类有些脱离；而由具体门类拼合出的一级学科又有些偏窄，似乎又与艺术学理论脱节。在“宽”和“窄”之间，需要某种“中间状态”的学科出现以进行弥合和补足。

而传媒艺术学既关联艺术学理论、一般艺术学深厚的土壤，又将关联度极高的艺术形式（主要包括摄影、电影、广播电视、新媒体艺术等）统合起来。传媒艺术学既有具体艺术家族作为研究对象，并不过于笼统；又意在寻找上述诸多门类艺术的整体性规律，并不过于狭窄。传媒艺术学是学科建设、规划和发展的一个中间状态，不失厚度，也不乏个性。在其发展过程中，如能在更大的程度上克服“过窄”和“过宽”的弊端，将会有更大的适应时代发展、学科发展的空间。

当然，学科发展的过程，也是一个不断调适的过程，裂分与整合二者是螺旋上升的，整合是为了寻找共通性，裂分是为了寻找独立性。就艺术学的发展而言，我们既要看到人类艺术千万年的发展，有其不变的、共通的艺术规律和原则；也要看到不能过度在艺术内部做分散和分化，特别是在这样一个人类艺术的融合时代。

（四）适应学术发展的需要：普遍与特殊

在过去若干年间，随着艺术和媒介的发展，传统艺术研究、传统的艺术学研究遭遇了瓶颈：一方面，传统艺术研究、传统的艺术学研究主要基于传统艺术家族（以文学、绘画、建筑、雕塑、音乐、舞蹈、戏剧等经典传统艺术为主要构成）的现象和规律，对新兴的传媒艺术家族缺乏阐释力，甚至其长期秉持的一些结论还可能会与新艺术族群相悖，其研究因为过度追求某种“普遍性”而无法精准应对新艺术族群的特殊状态；另一方面，门类艺术研究，特别是门类传媒艺术研究（如摄影、电影、广播电视、新媒体艺术研究），又相对狭窄，如果过度下沉到门类艺术的特殊性中，容易缺乏抽象度和普遍性。

也就是说，一方面，在追求特殊性问题上，传媒艺术学的研究重点之一在于对当前艺术融合时代的艺术形式、作品和生态（特别是因由网络新媒体的介入而呈现的各类艺术形式、作品和生态）进行准确的、动态的、聚焦的、有针对性的解读，考察传媒艺术这一“独特”艺术家族下各艺术形式的结合部位、关系表现、融合规律，以及整个传媒艺术族群的本质、特性、关联、规律、发展等一系列问题、原理与规则。

另一方面，在追求普遍性问题上，我们发现，在当前的艺术融合和媒介融合时代，如果我们的艺术研究只固守于摄影、电影、广播电视、新媒体艺术各自的边界之内的话，因研究领域“内卷化”所限，所得结论难免有失偏颇或挂一漏万，因而需要在普遍性意义上，将不同的传媒艺术形式打包到一个浑然融合的传媒艺术家族之中，并对这个艺术家族进行整体性、关联性研究。其实，艺术学存在的重要目标和合理意义，本身就在于它能协助我们从整体上、宏观层面考察艺术，把握和解释不同具体艺术形式和门类之间的相互关系与作用，而不仅仅局限于单体艺术门类或者单个流派、作品中。[①]“艺术学所要寻找的是一门艺术作为艺术的普遍规律，是超越于门类艺术规律之上的根本规律，是艺术区别于其他文化形态的共同规律。……艺术学研究既要照顾到各个门类的艺术，站在更高的台阶上寻找门类艺术学所不能达到的高度。”[②]传媒艺术研究，正是顺承了艺术学的如此追求，也体现了艺术学这一追求的最新努力。

因此，艺术领域的学术研究，需要避免要么只钻到具体门类艺术的解读中而缺乏广泛观照，要么只在追求普遍性的传统艺术研究窠臼中难以观照鲜活的新艺术现实，这需要找到更具阐释力的学术话语体系。传媒艺术学的研究正是处于这样一种结合点上，既具有一定广度，观照一个艺术家族的普遍性；也具有相当的特殊性，针对这一新兴艺术家族开展动态考察。未来传媒艺术学研究的发展，以及整个艺术学研究的发展，应当在艺术的特殊性和普遍性的结合中找到更广阔的学术话语空间。

二、传媒艺术学建构与国家新文科建设

教育部等部门在2019年联合发布的《“六卓越一拔尖”计划2.0》中

① 刘俊.艺术融合与理论定位：论传媒艺术的研究动因［J］.现代传播（中国传媒大学学报），2019（9）：94-101.

② 王廷信.艺术学的理论与方法［M］.南京：东南大学出版社，2011：63.

明确将包括文、史、哲、经济等学科在内的“新文科”建设与新工科、新医科、新农科一同纳入拔尖培养计划，首次实现全学科发展布局的完全覆盖。新文科专业的纳入，反映了国家在经济社会发展的新环境下，对人文精神和国家文化软实力不断强化与提升的迫切需求。新文科建设是相对于传统文科的局限改良和优势升级，既要与历史和当下学科自身专业的发展规律相匹配，又要与当前和未来经济社会的转型发展方向相契合。新文科建设已不仅仅是理论概念层面的学科发展问题，更是新时代教育主管部门审时度势，对学科专业所对应的经济社会发展所处的现状与未来态势所做出的重大决策。①

2020年11月3日，由教育部新文科建设工作组主办的新文科建设工作会议，在山东大学召开，会议发布了《新文科建设宣言》，对新文科建设作出全面部署。《新文科建设宣言》强调我们遵循坚持走中国特色的文科教育发展之路，并将“坚持立足国情”放到重点位置加以突出，《新文科建设宣言》中指出：“新时代改革开放和社会主义现代化建设的伟大实践是深耕新文科的肥沃土壤。推进新文科建设，要坚持不懈挖掘新材料、发现新问题、提出新观点、构建新理论，加强对实践经验的系统总结，形成中国特色文科教育的理论体系、学科体系、教学体系，为新一轮改革开放和社会主义现代化建设服务。”②

2021年4月19日，习近平总书记在清华大学考察时指出，要用好学科交叉融合的“催化剂”，加强基础学科培养能力，打破学科专业壁垒，对现有学科专业体系进行调整升级，瞄准科技前沿和关键领域，推进新工科、新医科、新农科、新文科建设，加快培养紧缺

① 胡智锋，徐梁.新文科背景下“戏剧与影视学”专业建设的理念与路径[J].戏剧，2020(3).

② 新文科建设宣言[EB/OL].(2020-11-04).http://www.cuc.edu.cn/2020/1104/c1383a175062/page.htm.

人才。[①]

新文科建设过程中，所鼓励的服务国家战略、回归本土原创、坚持学科融合、夯实基础理论等要求，恰恰是传媒艺术学建设中多年自觉努力的方向。

笔者认为，双主体建构、融合性发展、体系化建设，并且注重服务国家战略，是传媒艺术学未来自觉支撑新文科建设进程、展示新文科建设成果的努力方向。

第一，双主体建构。

所谓“双主体”建构，指的是同时树立“传媒艺术学主体性”，以及“中国传媒艺术学主体性”。

一则，树立“传媒艺术学主体性”。与传统的人文艺术等拥有悠久历史的大学科专业，以及建立在电影、广播电视、新媒体艺术等专业基础之上的新兴具体小专业对比之下，传媒艺术学要凸显学科存在和发展的主体地位。如前所述，传媒艺术学契合了艺术融合时代的“融合性”实践生态，也契合了研究和学科发展过程中对“中间状态”的需求，具有较为扎实的“学”的主体性根基。

二则，树立“中国传媒艺术学主体性”。面对新的传媒艺术实践和传媒艺术研究，全球业者、学者都正在同时同刻地共同面对、共同经历，谁能够更早地对该领域进行全面、合理、前沿的思考和阐释，谁就有可能引领下一阶段的全球艺术学研究、传媒研究的某些重要领域。而这种全球同时同刻地面对新实践、新现象的状态，是中国学者的机会。在人文社科领域，因为历史原因，我们有太多的学科、理论、知识话语师从西方、受制于西方，也有不少的学科和领域至今依然像是西方研究的“学术殖民地”。因此在面对当下和未来的新兴传媒艺术研

---

① 周世祥，杨飒，等.牢记总书记嘱托，建设世界一流大学［EB/OL］.(2021-04-21).https://news.gmw.cn/2021-04/21/content_34779254.htm.

究时，我们要把握住进行本土原创理论贡献机会，这考验着中国艺术学人的责任。

期待类似于传媒艺术学的新文科学科，能够更多地开辟交叉融通的学术和学科新领域、新空间，锻造出更具中国特色的学术与学科的新话语、新思想、新观点、新方法，这对于构建中国特色哲学社会科学的学科体系、学术体系、话语体系有重要意义。

第二，融合性发展。

传媒艺术学具有典型的多学科融合属性。与传媒艺术学相近的学科或方向主要有：艺术史论、艺术批评、艺术管理、艺术产业、音乐学、摄影学、广播电视艺术学、电影学、新闻学、传播学、文化学、社会学等。传媒艺术学与这些学科方向彼此之间关系紧密，在理论基础、研究领域、研究方法等方面存在着不同程度的接近与相似，在研究格局、研究视野、研究重点等方面也存在大量跨学科融通的可能性。同时，作为交叉融合的学科，传媒艺术学也会为包括如戏剧与影视学、艺术学理论等在内的艺术类学科的交叉融合发展，提供新的空间和理念。

第三，体系化建设。

学科体系的完善和夯实程度决定传媒艺术学发展的品级。完善对传媒艺术研究对象、研究框架、研究范式、研究方法、研究观点、研究向度、研究目标等的明确厘定，是传媒艺术学发展基础。面对新鲜的艺术融合之局，体系化地开展传媒艺术研究，是在尝试建构一门既“不同于”传统艺术理论，又超越“具体”传媒艺术品种的理论体系，即一个富有阐释效力的传媒艺术理论和学科体系。在未来，传媒艺术学亟待进一步做好继续探究命名概念、详尽阐释研究架构、具体阐释学科建构、关注传媒艺术历史、关注传媒艺术教育等方面的工作。对传媒艺术学框架的初步厘定（见图7）。

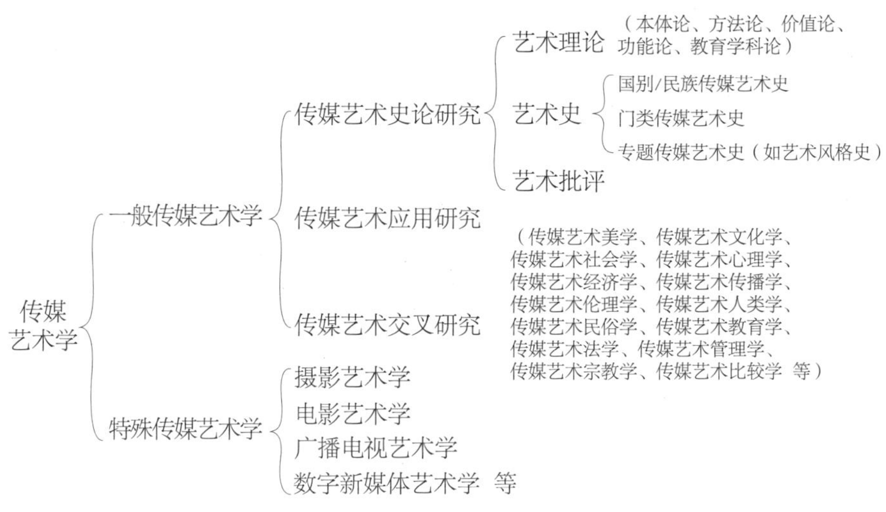

图 7　传媒艺术学构架图

第四，服务国家战略。

在服务国家战略方面，传媒艺术学有较强的资政辅政功能，为国家传媒、艺术领域策略、战略制定和实施，提供直接的智力支持和理论来源。传媒艺术学作为一个先天具有交叉融合优势的学科，将为国家新发展阶段下的艺术和文化发展，为国家文化艺术的大发展大繁荣，为国家文化软实力的提升，提供更新的建设性理念和思路，提供更具前瞻性意义的智力支持。在服务实践发展方面，传媒艺术学的研究既是高度理论化的，同时较之于其他不少学科而言也是更为贴近实践和行业发展的。多年来传媒艺术学的研究一直承担着指导如电影行业、广播电视行业、新媒体艺术行业、网络文艺行业成长的功能，为上述领域的发展提供了决策性、方向性的观念和理念支撑。

在未来，期待传媒艺术学会将偏于经验性的门类艺术理论研究与偏于学理性的一般艺术理论研究打通贯通；将理论性、抽象性研究与战略性、行业性思考打通贯通；将艺术学本体性研究与多学科融合性研究打通贯通；将人类一般性艺术生态和理论与中国本土理论贡献打通贯通。

在新文科建设的背景之下，传媒艺术学发展是一次艺术类学科找到经验与学理、微观与宏观、个别与整体能够互动、对话空间的努力。尤其是对于动态性的、正在发生的、综合性的复杂地段，做出既不乏经验性，又不乏理论性的研究，[①]这是传媒艺术研究的未来使命。

［本文与刘俊合作，原载于《山东大学学报（哲学社会科学版）》，2021年第4期］

① 胡智锋.《传媒艺术学书系》总序［J］.现代传播（中国传媒大学学报），2017(7)：158-159.

关于传媒学术研究的几点思考

改革开放以来，伴随着传媒领域的行业实践、理论思考、学科建设的快速发展，传媒学术研究成为人文社科领域引人注目的重要一维。据不完全统计，从事传媒学术研究的人员，至少包括数百所设有新闻传播、传媒艺术专业的院校的教师，以及相关专业科研机构的研究者，还包括相关专业的博士/硕士研究生。每年的相关研究论文，更是数以万计。仅从数量上看，毫无争议，传媒学术已经成为当代人文社科的一个“显学”。

一方面，我们应当为传媒学术发展速度之快，学术成果数量之大感到欣喜，但另一方面，与速度和数量相比，我们也为传媒学术整体品质还不够高、分量还不够重等问题与不足感到忧虑。如何提高传媒学术研究的质量？笔者仅从价值观与方法论、“学”与“术”的关系、成果评定标准等三个方面做一初步探究。

一、传媒学术研究的价值观与方法论：全球视野与本土建构

由于传媒学术所对应的传媒领域是国家意识形态极其重要且前端的构成部分。同时传媒对于社会产生的直接而巨大的影响力，也对传媒学

术研究提出了特殊且重要的要求。而传媒学术自身在发展进程中，也迫切需要明晰自己的方向。因此，传媒学术研究价值观的确立，是作为大国的文化软实力提升的需要，是传媒行业发展的需要，也是传媒学术自身发挥独特学术影响的需要。

（一）服务国家战略：传媒学术要有大国文化的价值担当

中国作为一个拥有五千年历史文化传统的大国，目前已然成为第二大经济体，同时也是有重要国际影响的联合国常任理事国，目前正在和平崛起的道路上奋力前行。作为一个大国，不仅仅需要在经济上、政治上对世界产生更大影响，发挥更大作用，也理应在文化上发挥更大的影响与作用。人文社科学术作为国家文化软实力的重要组成部分，同样理应在思想上扮演着提升当代中国文化软实力的重要职责。但目前在这方面，我们无疑存在着巨大的困难和缺失，处于相当的弱势状态；在当今世界学术舞台上，引领理论风潮的依然是西方学术和西方学者。

传媒学术，作为人文社科领域正在成长中的较为年轻的一员，由于它本身所对应的传媒行业的巨大影响力而获得了独特的学术特质，因此在人文社科领域表现得十分活跃。面对以“中华学术走出去”为重要指向的提升文化软实力的国家战略性需求，传媒学术理应担当起更大的服务国家的责任。传媒学术要以自己独特的研究内容与思想，为提升中国国家形象、担当大国文化责任做出自己的贡献。从这个层面来看，没有与大国经济政治文化需求相匹配的鲜明的价值观为支撑，我们的传媒学术将很难走出势弱的恶性循环。在这方面，近年来关于中国影视文化软实力研究、中国国际传播战略研究等，都体现了一种清醒的意识与责任。

（二）对接传媒行业：传媒学术要有理性思考的价值担当

作为一个有较为突出的应用特质的学术研究领域，与其他传统人文学科相比，传媒学术研究由于其研究对象本身——传媒行业所具有的突出的意识形态特质，而间接地拥有了相对突出的意识形态要求，如关于传媒属性的探讨、关于传媒社会责任的研究、关于传媒内容生产与运营拓展等的思考，都无不呈现出意识形态表征。恰如苏联的新闻理论直接成为苏联布尔什维克政治控制的核心手段与武器一样，美国的传播学同样承担着、扮演着两次世界大战期间有效塑造美国国家形象和实现美国的大国、强国战略的重要载体和角色。

因此，任何国家的传媒学术研究，都无法脱离它所对应的传媒行业本身的意识形态特质。传媒学术研究担当意识形态构建的职责，为传媒行业发挥意识形态功能提供支持与服务，也就是自然而然、毋庸置疑的职责和任务。

当然，强调传媒学术服务传媒行业的意识形态属性，并不等于让学术做意识形态的“传声筒”。传媒学术不能简单地描述和阐释传媒行业发展的状况，而应以相对独立、更加理性和冷静的视角，对传媒行业发展以及传媒行业意识形态功能的承担，作深层次的思考与探究，甚至是批判性的监测与反思。因为，作为走在时代前沿的传媒行业，不论是它自身的发展，还是它所承担的意识形态职责的实现，都有可能在“热运行”中出现各种各样的问题。比如过度的标签和口号化的宣传，过度的市场化和商业化的媚俗，过度的一味模仿与抄袭所谓西方先进的潮流乃至模式。对于这些问题，传媒学术的职责并不是简单的跟从与依附，恰恰应当有距离地冷静、理性而深入的做出精准的判断，从而予以匡正。因此，我们可以说，与“热运行”的传媒行业潮起潮落相比，传媒学术更应当是一个冷思考的“灯塔”和“镜子”，对传媒行业发展进行理性、冷静的观察和研判。

（三）回归学术本体：传媒学术要有双主体建构的价值担当

对于中国的传媒学术而言，面临着至少双重的压力：一是“传媒学术”的独立与自觉，二是“中国传媒学术”的独立与自觉。换言之，面临着“传媒学术”主体性与“中国传媒学术”主体性这双重主体性的建构。

从“传媒学术”主体性的建构来看。在人文社科学术体系中，传媒学术给人留下的印象是复杂而特别的。一方面，传媒学术自身所面对的研究领域和研究对象的现实性，使得其研究价值比较容易直观显现，这是传媒学术研究为许多其他相关学科学者所赞赏乃至羡慕的一个重要原因。但另一方面，也正是因为“传媒学术服务现实”的这种直观性和直接性，又使得其学术研究与研究对象之间距离过近，容易泯灭“学术感”。在人文社科领域长期流传着“新闻无学”的说法就是一例。同时，还有观点认为传媒学术不具有独立性，完全可以归并到其他相关学科，如政治学、法学、经济学、管理学、艺术学，而不必专门建构传媒学术。那么传媒学术到底有没有独立存在的价值？有没有可能建立自己的学术话语体系？这是长久以来传媒学术学者面对的难题。这种情形不仅在中国，就是在世界学术领域，也同样存在着这一问题。

从“中国传媒学术”主体性的建构来看。新中国传媒学术研究历程经历了三个大的阶段。第一阶段是从新中国成立起直到改革开放前后，突出的特征是模仿苏联传媒学术体系。有人形象地把这一阶段的学术话语概括为“性学”，如党性、人民性、群众性、教育性等。第二阶段从20世纪80年代到世纪之交，突出的特征是模仿美国为主导的西方传媒学术体系。表现为西方传播学大规模的引入中国，尤其是美国传播学译著的大量翻译，并得到了广泛普及与渗透。第三阶段从世纪之交开始，中国传媒学术进入了呼唤本土化、主体化建构的阶段。基于前两个阶段的经验，我们深刻地感受到仅仅靠模仿他国体系与模式是不行的，这将使得“中国传媒学术”这个主体弱化、失语、缺位。我们在长期的历史发展中，积累了自己的传媒经验，也获得了自身的传播规律，理应认真的梳理和总结这些丰富而宝贵的经验与规律，在此基础上建构起具有鲜明本土特质的中国传媒学术话语体系。[①]

综上，无论是从中国特色来看，还是从学术特色来看，中国传媒学术都面临双重学术主体的建构：一个是建构“传媒”学术的主体性，一种基于传媒生产、传播、运营多重经验的研究，一种与其他领域相比形成自己独立而完整的话语体系；另一个是建构“中国”传媒学术的主体性，这也是我们重要而艰难的使命和任务，这个建构要在“传播学本土化”已有探讨的基础上，持续而有效地推进。

如果套用一句老话“艺术是无国界的，艺术家是有国界的”，那么我们也可以说“学术是无国界的，学者是有国界的”。无论从世界的发展，

① 关于中国传媒学术本土化主体性建构的问题，诸多传媒学者予以阐述。如黄会林先生在《中国影视美学建设刍议》中鲜明地提出了建构影视研究的“中国学派”的命题［参见：黄会林，周星.民风化境：中国影视与民族文化（中国影视美学丛书）［M］.北京：北京师范大学出版社，1999.］；邵培仁先生在《华莱坞电影研究的新视界:〈华莱坞电影研究丛书〉总序》中提出了建构“华莱坞”电影的命题（参见：邵培仁，等.华莱坞电影理论：多学科的立体研究视维［M］.杭州：浙江大学出版社，2014.）；胡智锋在《中国电视节目生产“本土化”的战略目标与对策》以及《本土化：中国特色电视理论的建构与创新》等学术成果中，提出了中国电视本土化建设和建立中国电视独立的学科体系的设想与命题（参见：胡智锋.创意与责任：中国电视的本土化生存［M］.北京：中国传媒大学出版社，2010；胡智锋.电视美学大纲［M］.北京：北京广播学院出版社，2003.）；赵月枝与胡智锋在《价值重构：中国传播研究主体性探寻》的对话中，提出了中国传播研究主体性的命题［参见：赵月枝，胡智锋.价值重构：中国传播研究主体性探寻［J］.张志华，整理.现代传播（中国传媒大学学报），2011(2)：13-21.］；李彬、刘海龙在《20世纪以来中国传播学发展历程回顾》中提出中国传播学本土化和主体性问题。［参见：李彬，刘海龙.20世纪以来中国传播学发展历程回顾［J］.现代传播（中国传媒大学学报），2016(1)：34-43.］

还是国家的发展，抑或是传媒学术的发展来看，我们都要以鲜明的价值观承担大国责任（服务于国家文化软实力提升）、行业责任（服务于传媒行业的发展）、学术责任（服务于传媒学术双主体的建构）。我们的传媒学术应该有这样的使命感，这是有追求的传媒学者应有的价值观，如此才能无愧于国家、行业、学术的发展，建构有高度、有广度、有深度的传媒学术。

（四）传媒学术研究的方法论：量化与质化、科学与人文的有机结合

传媒学术的方法论，和其他人文社科领域方法论相同，如科学的与人文的、量化的与质化的两类方法。自然，这两种方法各有各的价值，各有各存在的理由。从人文的或者质化的研究来看，它更多强调研究者思想、才情和表达的独特性、主体性；而科学的或者量化的研究，可能更强调基于调查、统计之上的客观性和科学性。

如果说，传媒学术在过去几十年间，有较大影响的学者和研究成果更多是出自人文类的方法，更突出的是学者自身独立与独特的观察、表达与思考的话；那么，随着整个西方学术特别是社科主导取向的愈演愈烈，量化研究应该成为近20年西方传媒学术更为主流的一种方法，也深刻地影响了中国传媒学术研究领域。就传媒学术而言，人文的方法，更多成就了独特而独立的思想、学说和理论；而量化的方法，可能更多服务于传媒行业的架构与选择，更多体现着一种面对传媒现象时的客观与理性。

到底哪一种方法更为恰当？从更高的层面和更大的范围来看，首先，方法是为目标服务的，特定的目标需求决定了对方法的选择。方法本身无所谓好与坏，更多是恰当与适合，只要它与所对应的目标需求是适合的，就是好的方法。其次，绝对的、单一的方法在传媒学术研究中很难存活。在优质的传媒学术成果中，应该体现出科学/量化与人文/质化方

法的有机结合，而不是相互排斥。如果说偏重于人文和质化的研究，不利于对传媒学术发展做出理性和客观的研判；那么，过度依赖量化和科学研究，也会导致方向的迷失和独立独特思想的失位。因此，我们不能简单地做非此即彼的选择，而应当推崇科学与人文或者量化与质化的有机结合，只有这样才有可能推出既有客观依据，又有深邃思想的传媒学术成果。

二、传媒学术研究的“学”与“术”的关系

我们通常会把“学”和“术”混在一起，笼统地进行表达。但仔细探究还是可以发现二者微妙的不同：“学”更多指的是学识、学理和学术体系，是一种“道”；而“术”更多指的是一种手段、方法和技巧，是一种“器”。关于“学”与“术”的关系，我们至少可以分为如下四种类型：“有学无术”“有术无学”“不学无术”“有学有术”。

——“有学无术”指的是研究者拥有较好的学问和学养，但缺乏或拙于恰当的方法和手段，无法发挥和释放与其学问和学养相匹配的价值。“有学无术”至少体现为如下三种情形：

一是不愿意。即有的研究者虽然勤于思考，却不愿意将自己的思考或口头的表述，通过论文、著作、报告、课题、论坛等方式予以传达。“思而不作”或“述而不作”，作为个体的选择，这似乎无可厚非，但对于学术发展，这无疑是一种缺失和遗憾。

二是不了解。有的研究者虽然拥有较为扎实的学术成果，但却对呈现和传播这些学术成果的平台、阵地等缺乏了解，如可以呈现相关成果的学术期刊，可以传播相关成果的学术论坛，可以支持这些成果的相关项目与课题等。

三是不善于。有的研究者既拥有一定的成果积累也熟悉相关成果转

化的渠道与方式，但在具体的时机把握、表达方式和成果对接等方面却体现为不恰当、不稳妥、不合适等问题。如有的学术观点的发布过于超前或过于滞后，有的话语表达过于激烈或过于保守，有的成果发布的平台和渠道不太相宜等，这些都会影响学术成果的传播效果。

——“有术无学”指的是有些研究者更多钻研外部“实现”学术价值的招数、手段和方法，缺乏学问、学养、学识的积累与锻造。

这类研究者往往在实现价值方面很有办法，了解论文发表、课题获得等的公关渠道。通过恰当的手段和方法实现学术表达与价值，可称为“有术”，是值得鼓励的；但是如果过于专于“术”，而没有“学”这个根本的积累，一味追求与学问、学养、学识不相称的方略，便是步入歧途。所谓“盛名之下其实难副”，长此以往，将会出现“镂空式”的结果。

——“不学无术”指的是不论在学术学养还是方法手段上都不值一提或远远不够水准的情形。

“不学无术”一方面体现为有的研究者几乎没有学术积累和学术素养，却缺乏自知之明，甚至自以为是；另一方面体现为有的研究者缺乏基本的学术能力与素质，但却因历史或其他原因“误入”学术领域，又不得不尴尬地在这个领域谋生。

——“有学有术”指的是“学”与“术”俱佳的情形。它需要研究者有极高的学问、学养、学识，有丰沛的学术素养和积累沉淀；同时，又审时度势，深刻观察传媒与社会变迁，能够完满地通过恰当的方式和路径将“学”体现出来，产生积极的学术价值与意义，有效地将自己的学术思想传播与释放，产生足够的正向的学术功能与价值。

三、传媒学术研究成果的评价标尺

到底什么样的传媒学术成果可以称为好的或有价值的成果？什么样

的成果是不好的没有价值的成果？在笔者看来，这大概可以用以下几个尺度来衡量。

优秀的成果，通常体现为四个“有”：“有种”“有货”“有料”“有趣”。

“有种”，指的是成果与研究者有胆识、有使命感、有责任感，有敢于为天地立心、为生民立命的情怀。这种成果立足于现实问题，有突出的问题意识，能够提出真问题；同时有境界和情怀，立意高。例如，同样是研究电视节目，我们可以从表象的、流行的类型节目中去做当下的观察与描述，我们也可以从中找出一些不足和缺点，但仅仅停留在表象的描述和分析上，或许研究成果都大同小异。但如果能够站在传媒创新、大国文化责任、大国传媒可持续性发展的战略性需求去看，或许我们的电视节目创新研究，它的高度和使命感、责任感，它的立意就远高于一般的表象描述和观测。

“有货”，指的是成果有见地、有思想、有学理的创新。在我们的传媒学术研究中，一般性的观点比比皆是，但真正达到有见识、有见地，甚至有学理创新的成果，却并不多见。后者有赖于作者、传媒学术研究者独立的、深度的、高屋建瓴的把握与表达能力。尽管“有货”的学术成果并不多见，但这些年无论是从传媒的历史沿革、内容生产、传播效果，还是运营拓展等方面，也都出现了很多富于原创和独创意义的新概念、新表达，这些是令人赞赏的。

“有料”，指的是成果有材料、有故事、有丰富的内涵。这里包括新材料的发现，乃至历史与现实真相的揭秘，也包括表象背后的故事的挖掘等。传媒研究是充满发现感的一个领域，离不开有意味的材料和有价值的故事来支撑。只有发现并拥有足够的、独到的、有意味的、有价值的材料支撑，传媒学术才会更具说服力与可靠性。

“有趣”，指的是成果中展现的表达的生动、逻辑的清晰和书写的酣畅与趣味。对于传媒学术而言，这一点格外值得强调。传统的人文社科研究，其学术规范、话语体系、逻辑推演、文字表述等，积累沉淀相对更为深厚，也更具有规范性。与此相比，传媒学术在这方面的沉淀和积累，相对薄弱。因此，如何使逻辑更为清晰，概念更为精准，表达更为生动和畅达，就显得更为重要。富于趣味的优秀传媒学术成果越多，我们与其他人文社科学术研究领域的差距，就会越发缩小，传媒学术的影响力就会越来越大。

那么我们反对的或者我们认为不好的学术成果，有哪些通病和问题？笔者也发现四个突出的问题，值得警醒。

——“炒冷饭”。所谓“炒冷饭”是指所写的文章话题陈旧、老生常谈、太过常识性，比如现在我们还简单地将新闻“5W”模式拿来反复分析或者套用这个理论说事，显然是一种“炒冷饭”的做法。虽然研究领域是没有禁区的，但在研究中如果研究者没有新的见解、创见，只是简单重复已被反复讨论的问题，局限在老话题、老领域、老方法、老材料、老观点上打转，这样的成果显然是没有太多价值的。

——“掉书袋”。所谓“掉书袋”是指所写的文章材料堆砌，通篇都是引用，简单摘引、堆砌各家的观点与说法，或者简单去证明前人学者说的哪个观点是正确的，唯独缺乏研究者自己的角度和自己的创见，只有“别人说”没有“自己说”，这是典型的“我注六经”而不是“六经注我”。这种研究只相当于研究生开题与中期考核的工作，一篇优秀的传媒学术论文不能只单纯做了梳理工作，没有观点的提炼；即便是在梳理中也应该提供见解和创新。

——“赶时髦”。所谓“赶时髦”是指所写的文章急功近利，热衷于追随一些当前政治、社会、学术话语中新的时尚词汇，更喜欢对这些新名词、新概念进行简单拼接与包装。在对这些新名词、新概念一知半解甚至完全不理解的状态下，就敢于“大胆”使用、“大胆”发言，鲜见真知灼见。其重要表现，就是容易面对当下流行的时尚话题，用时下流行的概念，贴在某个研究领域，进行简单包装，作为标签。

——“不到位”。有些传媒学术研究缺乏深厚的学术根基，命题缺乏针对性、精准性，核心概念不明确、不清晰，论据不充分，阐述无逻辑、不到位，这些都使得成果质量大打折扣。

传媒学术与火热的传媒行业之间的黏性，一方面使它有可能与大众关注的传媒行业紧密关联，产生引人注目的影响，从而成为受人羡慕的学术领域。另一方面，因为传媒和传媒行业的密切关联，而可能使人们对它有了过于应景、过于应时、过于功利的非学术的印象与判断。

中国作为一个大国，正面临着软实力亟须提升，学术力亟须提升的时代性需求，传媒学术理应担当起应有的时代和国家的使命，理应站在提升国家软实力、提升中华人文社科学术影响力，以及推动中国传媒健康良性发展的高度，以更加自觉的价值观，更加有效的方法论处理好“学与术”的关系，在自身的思想力、规范性和表达力等各个方面，不断提升。只有这样，传媒学术，才能实现更高的价值，赢得足够的尊敬。

（本文原载于《社会科学战线》，2016 年第 7 期）

“转型期”中国影视文化建设的四个浪潮

中国影视文化建设自新中国成立以来，经历了创建期（1949—1978）、繁荣期（1978—20世纪80年代末）、转型期（20世纪80年代末至今）三个大的历史阶段。“转型期”的中国影视文化建设又经历了四个产生了较大反响的浪潮：娱乐化、纪实主义、新英雄主义、平民化。这些浪潮有的是阶段性的影响，有的是持久的影响，不管其影响的程度与水平如何，这四个浪潮的确体现了中国影视文化在“转型期”阶段最突出、最独特、最鲜明的一些特征，并为未来21世纪中国影视文化建设打下了扎实的基础。

一、娱乐化

电影与电视作为大众传播媒介，其所承载的功能始终为媒介的“把关人”所操纵，或者说其所承载的功能不能脱离特定的历史条件、社会现实需要、政治经济状况及文化传统的制约。在西方发达的资本主义国家，影视受自由市场经济的支配，其取悦于观众的目标从来没有放弃过，而取悦于观众的最重要的渠道，就是发挥影视传媒的娱乐功能，从影视传媒在西方被称作“娱乐业”这一点来看，就非常显著地呈现出影视传媒娱乐功能的发挥和实现的独一无二的重要价值。所以，在西方发达资本主义国家影视传媒“娱乐化”是与生俱来的、毋庸置疑的一种功能，一种不可替代的功能。对于西方发达资本主义国家的影视传媒来说，“娱乐化”功能的发挥和实现不是一个可不可以、应不应该、占多大比例或份额的问题，而是一个如何发挥、如何实现的问题。

而中国影视传媒长期以来在中国特定的社会现实条件下，被作为一种“载道”“教化”的工具、手段而发挥着它在认知、教育上的功能，尽管我们也有“审美娱乐”的功能被提及，但不论是力度，还是广度、深度上都远远不够。如果说“创建期”具有“娱乐”功能特征的影视之作寥若晨星的话，那么“繁荣期”“娱乐化”的影视之作则依然是“星星之火”，而在“转型期”“娱乐化”的影视之作则已开始形成“燎原”之势。但影视“娱乐化”功能的开发在“转型期”的“燎原”之势的形成，也并非一帆风顺，而是一波三折。

20世纪80年代末90年代初，以王朔小说改编成的影视作品“娱乐片”为代表，掀起了中国影视大规模“娱乐化”浪潮的第一个高峰，并对整个中国影视文化产生了巨大的辐射。此时代表性的作品有电影《顽主》《一半是海水一半是火焰》《大撒把》等。由王朔小说改编成的这些电影作品，以戏谑调侃的语言风格，尖锐讽刺的修辞方式，世俗化传奇的生活内容与情节故事在社会上引起了强烈的反响，同时也引发了人们对“王朔现象”“娱乐片”问题的热烈争论。肯定者热烈颂扬王朔电影娱乐片对传统电影文化理念的有力冲击，对新的电影理念的卓越贡献，甚至把它看作是中国新电影的希望所在；否定者则强烈抨击王朔电影娱乐片中的思想负面价值，如其对历史的荒诞“颠覆”，其对生活的不严肃态度，其风格做派中的反文化、反主流、反传统的虚无、解构倾向等。而更多的人对其则持观望、持一分为二的态度。

王朔电影娱乐片在“转型期”迅速崛起和轰动，走红大江南北，但这股潮流很快又由于种种因素而趋于衰落。

20世纪90年代中期，中国影视文化开始形成其“娱乐化”浪潮的第二个高峰。代表性作品则集中体现在电视剧创作中，如《北京人在纽约》《编辑部的故事》《爱你没商量》《海马歌舞厅》《过把瘾》等。电影《离婚了，就别再来找我》等。电视娱乐节目《开心娱乐城》《黄金乐园》《午夜娱乐城》等也基本出现在此时期。与第一个高峰时的创作相比，这一次影视“娱乐化”的探索在广度、高度、深度上均有长足进步，其社会影响和生产创作获得了更强的力度，各个方面都明显地趋于成熟。首先，其对社会现实生活的观察、提炼与概括既把握了真实原则，又增加了智慧含量与思想含量，达到了一定的深度与高度。许多作品不再为“乐”而“乐”，而是建立在有真、善、美的目标和基础上进行主题的提炼、人物的塑造、语言的选择与风格化的追求。其次，其对社会现实生活面的题材拓展也上了一个新的台阶，各个阶层、各个领域、各种地域、各种文化、各色人等几乎均有表现，与此前相比，这个时期人们越来越以审美的眼光而非思想价值取向的视角去观照“娱乐片”，心态的调整使观众越来越用较为纯粹的审美心理去看这些影视作品，这使得此时“娱乐片”的创作空间、生产规模也急速拓展、扩大。

20世纪90年代后期，中国影视文化“娱乐化”浪潮形成了它的第三个高峰。以“贺岁片”《不见不散》《没事偷着乐》《甲方乙方》及故事片《有话好好说》《夫唱妻和》《站直啰　别趴下》等为代表的电影，以情景剧《我爱我家》《临时家庭》《新72家房客》及《咱爸咱妈》等为代表的电视剧及一大批电视游戏娱乐节目等的崛起，使“转型期”的中国影视文化“娱乐化”创作步入了较为成熟的时期。不论是创作理念、创作方法还是生产运作机制、方式，或是社会对它的理解、接受和参与，均达到了较高的水平。

“转型期”的中国影视文化“娱乐化”经过了一波三折的“浪潮”，

给予了我们怎样的启示呢？

第一，在对影视“娱乐”功能的认识上，获得了巨大进步。一方面，人们认识到娱乐本是人的游戏本能的自然显现，影视创作“娱乐化”浪潮的兴起，实际上是对过去许多年来我们受极左思想的干扰，而对影视文化本身应当有的这种功能过于忽略的一种“拨乱反正”；另一方面，人们也认识到“娱乐化”并不是影视文化唯一的功能，“娱乐化”受民族文化传统、社会历史发展、社会生活现状、人们接受心理等多方面因素的制约，“娱乐”应当满足、更应当“契合”上述诸种条件限定下人们的需要。之所以有些影视“娱乐片”遭受失败，有些受到严厉批评，有些走了创作的弯路，都与未能辩证地理解和贯彻这种认识有关。而那些成功的乃至成为一个时期经典之作的影视“娱乐片”，则无一不是在正确把握了影视“娱乐化”功能的辩证关系基础上受到欢迎的。

第二，在探索中国特色的影视“娱乐片”生产创作模式上走出了一条自己的道路。“娱乐化”第一个高峰时期，“娱乐片”首先从语言层面开始突破，那幽默风趣、别致生动、具有“传奇”色彩的王朔式语言风格，即人们熟悉并称之为北京式“调侃”的语言风格，一时间风靡全国上下，堪称新时代“新生”语言的一个缩影。第二个高峰时期，“娱乐片”则开始转向情节故事“风格化”的探索。单一的人物语言的“调侃”向着整体、情节故事的“调侃”风格拓进。以一个或几个人物生动的性格为基础，进行整体情节故事的“编纂”，“娱乐片”此时的结构水平大大提高。第三个高峰时期，“娱乐片”则更以社会生活的热点、焦点问题、话题为由头，进行全方位深入的策划、构思、创作。从欧美现代影视剧创作生产模式中借鉴有价值的成分进行改造，如剧本策划机制、创作流水线机制（从策划到编剧、导演及后期编辑、制作的一条龙）、市场推广机制（创作拍摄前“卖点”的选择、创作过程中形象的塑造及后影视开发诸环节的宣传推广等）。同时，此时“娱乐片”成熟的重要原因，是找到了与社会现实生活、与人们普通的心理需要、生活需要相契合的一个“点”——即当下社会生活的热点、焦点问题与话题，这使得“娱乐片”创作在现代影视生产机制及具有强烈时代精神的内容的结合中，取得较高成就，并在观众中确立了其不可替代的形象、地位。

第三，在对观众的态度、与观众的关系上，也走过了一条逐渐摆正自己位置的道路。在第一个高峰时期，许多“娱乐片”实际上采取了“贱己也贱人”的策略，在反传统、反主流和反文化的旗帜标榜下，貌似调侃自我，实则也居高临下地调侃了观众，加之当时观众对这种类型影视作品的不习惯、不理解、不接受，所以没有获得持久生命力。在第二个高峰时期，不少“娱乐片”开始纠正创作倾向，转向“贱己不贱人”的策略，既有自我调侃，也有人与人之间富于善意、真诚的交流，创作者开始寻求与观众平等交流的途径和方式。在第三个高峰时期，创作整体上转向“尊己尊人”的策略，调动各种手段让观众充分参与。于是，创作者开始将自己置于为观众制造具有“娱乐”功能影视产品的职业劳动者位置，将观众置于“衣食父母”或“上帝”的位置，观众的参与程度、参与水平和对“娱乐片”创作巨大的反作用、反影响、反制约日渐显著，在这一过程中，“娱乐片”创作者和接受者的心态也日渐正常、日渐成熟、日渐步入良性循环的状态。

二、纪实主义

长期以来，主宰中国影视文化的影视创作手法、影视思维方法是苏联电影蒙太奇学派，这与当时我们国家的社会历史情况紧密联系在一起。改革开放以来，中国影视也打开了它关闭已久的大门，我们看到了几十年间，世界影视已是这般婀娜多姿，丰富绚烂！打开大门，我们才知道，中国影视的创作手法、思维方法及叙述方法是如此单一贫乏，于是，一个响亮的口号被提了出来——“电影语言要现代化！”正是在这样的情境中，一个曾在西方电影界产生过深远影响的电影学说——“纪实”理论被引入中国，巴赞、克拉考尔很快成为影视业内人士竞相传颂、标榜的名字，他们的理论观点迅速蔓延。在这蔓延的过程中，中国社会现实状况、观众需求与影视业的可能性相结合，形成了旷日持久的“纪实主义”浪潮。

“纪实主义”电影理论的核心是“再现物质现实”和“还原物质现实”，具体说来，不间断地展示生活过程的流动（长镜头）、尽可能实现的非职业表演效果、尽可能采用的生活实景、自然光等，都是“纪实主义”最具代表性的一些创作手法和表现手段。

“纪实主义”的这些观点、方法进入我国后，首先在20世纪80年代“繁荣期”引出了一批优秀“纪实主义”影片的创作成功，如《沙鸥》《邻居》等，还有一些重大革命历史题材影片，创作时也融入了“纪实性”的因素，如在《南昌起义》《西安事变》《血战台儿庄》等影片中，创作者自觉追求“纪实性”与“文献性”的结合，在重大革命历史题材片创作上取得了新的突破。

但“繁荣期”的电影创作只是出现了“纪实性”的许多因素，由于此时人们对“纪实”语言的运用还比较生涩，传统电影思维方式、叙述方式和表现方式的“戏剧性”“文学性”因素还相当有力地渗透在电影创作各个环节中，加上此时人们还不太习惯这种不像“戏”的“纪实性”风格表现，电影创作主导思路还是如何提炼影片的思想内涵特别是政治思想内涵，所以作为一种电影艺术思维、电影艺术表现的理论学说和创作方法，“纪实主义”从整体上看还处于较为幼稚的摸索阶段。

而就在电影的“纪实主义”缓缓进入中国电影主流并开始提高其影响力的时候，电影业“娱乐片”异军突起，使“纪实主义”在电影中的探索之路受到冲击，但作为一种探索，“纪实主义”并未在电影创作上止步，只是没有成为最强劲的潮流。

令人惊诧的是，一直不被人太看重的电视，经历了30多年的积累，在20世纪80年代末90年代初以如火如荼之势成为中国大众传播媒介中最具号召力和影响力的传播媒体，而使其品格大增的恰恰是以“纪实主义”相标榜的一批电视纪录片的推出。

电视的“纪实”，一方面受电影“纪实主义”理论影响，一方面也有其自身深刻的社会历史原因及电视自身建设的原因。与电影“纪实主义”在理论观点上相似，电视的“纪实”，也同样追求不间断地纪录生活自然展开的流程（长镜头），同样反对过分的主体干预，不同的是，电视的“纪实”首先强调“跟踪拍摄”非虚构生活，这样“同期声”的纪录便显得格外重要。如电视纪录片《藏北人家》《远在北京的家》《十五岁的初中生》《德兴坊》《老年婚姻咨询所见闻》《龙脊》《深山船家》《回家》《壁画后面的故事》等，到《东方时空·生活空间》的出现和成熟，将电视“纪实”推向了一个高潮。

如果说“纪实主义”的理论首先催生了“繁荣期”的中国电影，那么当这理论蔓延到中国电视创作领域的时候，则结合了中国电视的特殊背景和其自身状况，又结出了电视“纪实”的硕果。而电视的“纪实”不仅对电视传媒自身意义重大，而且反过来又极大地推动了包括电影、报刊、广播、戏剧等传媒领域，如许多报刊纷纷刊出的“××纪实”“××纪实写真”等重头文稿；如广播的“热线电话”；如电影更进一步的非职业化表演、实景拍摄等。

应当看到，电视的“纪实”是对过去多年来“主题先行”、“主观判断生活”乃至“粉饰现实”的创作方法的一种反动、一种拨乱反正。人们有权利看到真正的现实生活图景，有权利分享被拍摄对象的真情实感，有权利在此基础上作出自己的价值判断。人们已厌倦了那种居高临下的、充斥着教训、不符合现实生活逻辑和情感逻辑的电视节目。这是电视

“纪实”浪潮涌动的重要社会原因。

20世纪90年代中后期，“纪实主义”在中国影视创作中经由一段时间的积累，已日渐成熟，飞速发展着的中国社会也越来越能够给予“纪实主义”创作以取之不尽的灵感和生活素材，观众也越来越习惯、熟悉这样的思维方法、叙述方法和表现方法，于是传统过于封闭化、戏剧化、典型化的创作方式已不再成为主流。在传统与现代的交融中，“纪实主义”影视创作趋于成熟，出现了张艺谋的《秋菊打官司》《有话好好说》，黄健中的《过年》，吴子牛的《南京大屠杀》，青年电影制片厂的《离开雷锋的日子》，宁瀛的《找乐》《民警故事》，姜文的《阳光灿烂的日子》，丁荫楠的《周恩来》，八一电影制片厂的《大决战》《大转折》等一大批具有强烈“纪实”风格的优秀影片，出现了《渴望》《编辑部的故事》《我爱我家》《临时家庭》《过把瘾》《北京人在纽约》《新72家房客》等一大批具有强烈的“纪实”风格的电视剧佳作，以及一大批在“纪实主义”旗帜下催生出来的谈话性节目、电视纪录片等。

“纪实主义”从表层来看，意味着影视创作的一种思维方法、叙述方法和表现方法，但其深层意义则是人们对真实社会生活的关注、对真实社会心理的关注、对人的个体深层心态的关注，这是人们作为“人”的尊严意识、主体意识、自我意识觉醒的标志，这对推进社会的民主进程，提高人的判断、鉴别、认识、感受社会、感受自我的能力，从而整体提高民族的素质素养都有潜在的意义。

三、新英雄主义

“创建期”的中国影视文化，有一个鲜明的时代特征和思想特征，这就是对“英雄主义”的崇尚。新中国成立以来，活跃在影视银幕、荧屏上的英雄形象数不胜数，如赵一曼、石东根、李向阳、战长河、董存瑞、李双双、吴琼花、邓世昌、江姐、许云峰、张嘎、林则徐、林祥谦、施洋、韩英等一大批各个历史时期的英雄形象家喻户晓，妇孺皆知，成为几代观众心中永不磨灭的偶像，对培育几代青年的人生观、价值观、世界观，乃至许多人的爱情观、生活观、审美观都起到了不可估量的巨大作用。

一场“文化大革命”，将这“英雄主义”的健康追求推向极致，以违反生活逻辑、违反历史真实、违反人的情感逻辑的“高、大、全”、“三突出”的错误的创作方法，创作了一批缺乏内在依据和生动血肉的极其概念化、模式化的“假英雄”形象。

“繁荣期”的中国影视的“英雄主义”理念开始发生重大变化。以“第五代”电影导演的电影创作为代表，“英雄主义”被赋予了具有时代感和历史感的新的内涵。“第五代”电影中，抽象的概念化、雷同化、模式化、类型化的人物、形象、性格、语言被充满感性的、个性的、激情的、传奇的人物、形象、性格、语言所替代，而这恰恰是对过去多年来“英雄主义”影视创作理念、创作方法的一种反动。在《一个和八个》《晚钟》《黄土地》《红高粱》《盗马贼》《烈火金钢》等影片中，“英雄”并非无情无义，并非没有缺点，并非一出生就义无反顾，并非没有任何一己之念的冲锋陷阵，但“英雄”在特定情境中的妥协、退让、焦虑、冲动乃至犯错等恰恰构成了这一时期“英雄主义”追求的理念——“英雄主义”逐渐向着更为真实，也更为真诚的现实生活和历史生活靠近了，逐渐向着观众本真纯朴的生活和心灵靠近了。

与“第五代”电影几乎同时崛起的重大革命历史题材的影视创作，也以对“英雄主义”的新的理解、新的诠释而对中国影视文化产生了巨大的影响。这些创作突破了许多以往的禁忌，取得了丰硕的成果。“转型期”的重大革命历史题材创作随着人们思想的解放、观念的更新而充满了创新的活力，传统“英雄主义”的创作理念、创作方法向着“新英雄主义”的创作理念、创作方法迈进。

从“第五代”导演电影创作和重大革命历史题材影视创作最新成果看，“转型期”影视创作的“新英雄主义”基本采取了两种互为补充的策略和方式，其一是“世俗”的“英雄”化，其二是“英雄”的“世俗”化。

所谓“世俗”的“英雄”化，意指从世俗生活中、从凡人凡事中寻找不平凡的、超凡脱俗的精神品格。大千世界，芸芸众生，主宰生活主流的不是惊天动地、感天地泣鬼神的那些人和事，而是平平常常的生活存在，但正是在这平平常常的生活存在中，蕴藏着一些体现人的高贵、人的尊严、人的力量的精神品格。“转型期”的影视创作关注这些精神品格的搜寻、挖掘与表现，从而找到了一条颇具时代感的创作道路，并对观众产生了积极而重要的影响。

在以“第五代”导演为代表的创作群体的影视创作中，我们看到了不同以往“英雄”形象的新英雄形象，这些“新英雄”共同的特点是真实、自然、可贵但并不完美。《红高粱》里“我爷爷”与“我奶奶”是寻常百姓，普通农民，但他们蔑视权贵，蔑视传统礼教，敢爱敢恨，不论是面对土匪，面对只认钱不认亲情的“父亲”，还是面对汉奸、日本侵略者，他们都视死如归地去拼杀，坦坦荡荡地寻求自己的幸福，尽管他们看起来失之放纵（“野合”“颠轿”等）甚至愚昧，但不屈不挠地活着是最令人敬佩的品格。《秋菊打官司》中的秋菊没多少文化，也有着一般农民常有的迷信和易受欺骗，身怀六甲而四处奔走，从里到外既无英雄气质亦无英雄的潇洒风度，但她执着地为捍卫自己的尊严而去“要个说法”的精神，却使她平凡的人生加入了不平凡的内涵。《凤凰琴》中身处贫困而矢志不渝的乡村教师、《活着》中贪赌、好玩而又善良、多情的皮影艺人，《离开雷锋的日子》中忏悔误撞雷锋而竭其一生学习雷锋的乔安山，及电视剧《渴望》中形形色色的北京市民，《过把瘾》中性格乖张而爱情不变的城市青年,《北京人在纽约》中性格充满矛盾、毛病一身但豪爽侠义的男女主角,等等,都是以往影视银幕、荧屏上少见的“英雄”形象。他们有着与千千万万普通人都一样或相似的生活处境和命运遭际,有着不可避免的并不完美甚至有很大缺憾的问题乃至毛病——来自其性格、性情,来自其生理、心理状态,来自其对世事人生的理解与判断,但正是在这些不完美中,在这些平平常常的生活状态中,都时时显现着他们超出寻常的或执着,或忍耐,或拼搏,或达观的精神气质和精神追求,从而引发观众强烈的共鸣。

而“英雄”的“世俗化”,则意指影视银幕、荧屏上以往那些叱咤风云、指点江山的英雄们,更多被作为普通人,而显现他们超凡脱俗背后的与普通人一样的七情六欲,自然情形,平常状态,即英雄们不平凡中的平凡处。

重大革命历史题材影视作品中,我们看到了以往不敢想象的一些情节故事,一些因如此生活化而分外打动人、感染人的情感细节。《开国大典》中在毛泽东与毛岸英、蒋介石与蒋经国这两对共产党、国民党最高统帅父子间发生故事的对比中,揭示了人民革命必胜的历史选择。影片整体是磅礴大气的,因为它表现的是中国现代史上最恢宏,也最充满英雄气度的一幕历史场景,但其核心结构却恰恰是毛氏父子、蒋氏父子两对父子的情节故事与情感纠葛,同是祭祖扫墓,蒋氏父子辞别故里的无奈与伤感,毛氏父子回顾革命半生亲人纷纷魂归黄泉的深沉与动情,似乎让我们穿过时光的隧道,透过岁月的迷障,与这些惊天动地的大人物共叙家常。《周恩来》中我们看到的不仅是一个总理伟岸的身影和辉煌的业绩,我们也感受到了他内心深处不断被刺中的伤痛,他身处逆境,身患绝症中难以言说的悲愤与郁闷。在电视剧《巨人的握手》《宋庆龄和她的姊妹们》等作品中,我们也领略了孙中山、宋庆龄高山仰止的伟业后面丰富、复杂的平常人的情怀。孙中山面对流氓、土匪气十足的军阀们怒不可遏的吼叫，宋庆龄为求真理毅然与亲人断交，孤独地远涉重洋，他们的喜怒哀乐自然不仅仅是儿女情长，但其儿女情长处与普通人一样，这使得这些伟人、英雄的形象迅速与观众贴近、亲近起来。

“新英雄主义”的创作理念与创作方法，契合了“转型期”社会和观众的心理、情感、审美的需要，所以显示了较强的生命力。而我们也看到，有些影视作品依然保守地依循以往“英雄主义”的创作套路，有些甚至往“高、大、全”方向上滑行，其结果是被观众所冷淡或淘汰，这其中有对生活体验、表现不足的因素，也有创作理念、创作方法落伍的因素。

需要指出的是，“新英雄主义”的两个基本策略——“世俗”的“英雄”化与“英雄”的“世俗”化，并不意味着对“英雄主义”那些价值观念的背叛，恰恰相反，“新英雄主义”是在对“英雄主义”价值观念充分吸收、汲取的基础上，对“英雄主义”传统创作方式中那些与时代需要不相契合的部分进行“扬弃”而成就的。如正义感、同情心、责任感、使命感、献身精神等具有崇高品质的精神追求与价值追求，也同样为“新英雄主义”所推崇，只是“新英雄主义”根据时代变革与观众需要，在创作理念与创作方法上更贴近、更自然、更真切也更具亲和力。

四、平民化

中国影视文化最传统的价值取向和功能特征是它的教育教化，这与我们民族几千年来文化的整体价值取向和功能特征一脉相承，当然教育教化的具体内容因时代变革而变革，但教育教化的模式不曾发生变革。应当说，教育教化的价值取向与功能特征的强调、倡导与实施，对人民凝聚力、向心力特别是文化上的凝聚力、向心力的强化大有益处，不应轻易否定或放弃，但“文化大革命”把这种价值取向的模式推向极致，

“八亿人民八台戏”都是自上而下的训教、训导。进入“繁荣期”，这种“居高临下”的教育教化模式开始被瓦解，但新的价值取向的模式尚未建立，与“娱乐化”“纪实主义”“新英雄主义”一样，“平民化”价值取向的逐渐突出，成为建立“转型期”影视文化新的价值取向模式的重要潮流。

“平民化”意味着影视创作在内容、题材、主题选择上的贴近（贴近生活、贴近观众）性，在创作视角、表现视角、叙述视角上的平民意识（而非居高临下的贵族意识），在创作心态上的平民意识（不给予观众指导性的结论，而给予观众提供共享共思共乐的参与空间）。

“转型期”影视创作的“平民化”潮流体现在一些新的影视品种的出现或开拓上，如电影新民俗片、新体验片、贺岁片，电视剧的言情剧、历史剧、喜剧以及一大批名牌电视栏目、电视节目等。

“新民俗片”通常借助富于浓郁地域文化特征的典型环境，如黄土地、黄河、江南水乡、上海滩、北方深宅大院等，营造某种特定的氛围，展开具有传奇色彩的浪漫故事，体现一种奇异的民俗风情。从《红高粱》中的“高粱地”及“我爷爷”“我奶奶”的奇异情爱开始，《菊豆》《大红灯笼高高挂》《二嫫》《五魁》《黄河谣》《红粉》《秋菊打官司》《炮打双灯》《桃花满天红》《砚床》《这女人这辈子》《风月》等一大批具备上述特征的“新民俗片”，给我们打开了演绎历史、演绎传统、演绎男女情爱的另一种视角，另一种方式。“新民俗片”实际是影视创作借助于传统民俗，并在此基础上进行充分的艺术想象，赋予这种民俗以更强烈的传奇性、故事性、情感性和刺激性。由于影视艺术技术手段的自如运用，使影片的观赏性大大提高，并成为海内外影视业内外人士共同关注的话题。

“新民俗片”突破了传统民俗外在的或朴实或华丽，或清新或热烈的色调，而将富于大起大落、跌宕起伏的情感故事置放其间，从而使之获得了新的生命。有人批评“新民俗片”是对中国传统民俗荒诞的诠释与无情的消解，有人批评“新民俗片”是为迎合西方人的口味而炮制出来的类型化作品，也许大家的视角和出发点不同，自然会仁者见仁，智者见智，但从影视文化的整体走向来看，“新民俗片”在影视“平民化”的探索上做出了可贵的努力——将深刻的人文关怀与思想追求隐藏于极具可视性、极具观赏性的场景、氛围与传奇的情节故事之中。

“新体验片”用对普通人日常生活中体验的展示来代替典型化、寓言化、传奇化，它常常选择那些在现实生活中无法把握自己命运的小人物，他们在人生旅途中所经常遭遇的困境、窘境，以及他们为摆脱这种困境、窘境而摄制的故事。在叙述与表现上，“新体验片”风格朴实、朴素，节奏平平淡淡，情调起伏适度。《心香》《四十不惑》《大撒把》《无人喝彩》《杂嘴子》《找乐》《民警故事》《站直啰　别趴下》《背对背，脸对脸》《埋伏》《离开雷锋的日子》《有话好好说》《活着》《冬春的日子》《巫山云雨》等，都是体现了“新体验片”特征的名片。“新体验片”在价值取向上不仅仅关注了普通人所面对的工作、事业及生活中的社会性问题，而且关注了普通人无法回避的诸多人生问题——尴尬、困窘、创伤、苦难时常不期而遇，时常从天而降。在这里，偶然性取代了必然性，生活体验本身比人为的戏剧还要精彩，同时也展现了普通人面对这些困境、窘境等人生苦难时的智慧和力量，或自嘲或宣泄或妥协或退让，或充满爱心，或充分体谅……总之以普通人平和、平淡的方式去迎接人生的挑战。

而近几年电影“贺岁片”的崛起，则形成了另一道格外亮丽的风景。《甲方乙方》《不见不散》《没事偷着乐》《好汉三条半》《男妇女主任》等“贺岁片”的上映，更将影视创作“平民化”的潮流推向了一个新的阶段。“贺岁片”采取的创作风格基本是喜剧风格，选用主角多是广大百姓观众所熟悉和喜爱的喜剧明星（相声、小品演员），故事多是百姓生活中日常的乃至琐碎的小事，氛围则是浓浓的节日喜庆氛围，叙事与表现上既有“新体验片”的平实生活内容，又有略带夸张、具有一定概括力的戏剧化情境与内涵，更重要的是在嬉笑怒骂、啼笑皆非、顾此失彼、歪打正着等各种生活遭际与情境中，体现出随机应变、自我调侃等人生智慧和克服生活困境、窘境的主意、办法，从而增强平民百姓对生活的信念、信心和力量。这是“贺岁片”大受欢迎的重要原因。

电视剧“平民化”的创作趋势更为自觉、普遍，这也许源于电视剧运作日益市场化、日益靠提高收视率来维系其生存发展，所以只有采取“平民化”策略，才更有利于吸引众多普通百姓观众。

历史剧特别是那些借古讽今、借古喻今的历史题材电视剧，是“平民化”电视剧思想含量最重的一种类型。《雍正王朝》《乾隆皇帝》《宰相刘罗锅》《康熙微服私访记》《慈禧西行》等剧在历史真实基础上进行合理的艺术想象、艺术加工，赋予其中主人公、众多人物、故事以鲜明的时代内涵与传奇内涵，而改编、创作的根据一是民间传说演义，二是今天人们的想象乃至希望。如《乾隆皇帝》中乾隆的风流倜傥、《宰相刘罗锅》里刘罗锅与皇帝斗智斗勇、嘲弄权贵、针砭时弊、惩办腐败；《康熙微服私访记》中康熙皇帝饱受愚弄、欺侮而又时时以正义之气力击溃腐朽；《慈禧西行》中堂堂太后狼狈逃窜一路风餐露宿、饥寒交迫……这些都使百姓观众得到了巨大的心理满足——可以对不可一世、至高无上的权威、权贵或嬉笑怒骂，或冷嘲热讽，或看热闹的心态，去游戏其间，尽管这不等于历史真实，也不具备现实意义，但其中的人物、故事、情绪和思想、语言可以使百姓观众抚今追昔，浮想联翩，在观看历史传奇、历史演义中得到一种心理上“替代的满足”。人们常常从大人物或大英雄落难、尴尬或狼狈不堪的境遇中得到一些“幸灾乐祸”，或自己终于免受此难，或大人物、大英雄也“在劫难逃”这样一些庆幸和愉快的感觉。有人说电视的功能在于“三解”——解惑、解闷、解气，即给人们提供知识信息（解惑）、消闲娱乐（解闷）、让人们得到公平、公正，替人们伸张正义（解气），上述历史题材电视剧就常常能发挥解惑、解闷、解气的功能，所以具有极强的平民性，为百姓观众喜闻乐见。

言情剧的流行与言情小说的流行有着共同的观众背景，即广大电视观众接受电视言情剧的心理基础是渴望比生活中更浪漫、更多情、更美好、更热烈的理想情感生活的出现，如20世纪三四十年代的言情小说在20世纪80年代以来被改编成电视剧（如张恨水的《啼笑姻缘》等）。从台湾女作家琼瑶的小说改编成的电视言情剧更是在海峡两岸红极一时（如《在水一方》《月朦胧鸟朦胧》《六个梦》等）。“转型期”的言情剧代表作有经典话剧《雷雨》改编成的同名电视剧、《蝴蝶兰》《周璇》及最近琼瑶新作《还珠格格》等。这些作品常常将善良、美丽、纯洁与多情集中于男女主人公身上，将最美好、最动人、最完美的情爱赋予他们，但同时又让他们陷于不能控制、不能自拔的险境中，在生死考验面前呈现爱的力量，情的力量。观众常常会在观看过程中设身处地地处于那个特定的情境氛围中，与主人公一起经历欢乐与痛苦、情爱与伤感的纠葛之中，为其哭、为其笑，在大起大落的情感运动中得到情感的宣泄、排解与释放，得到身心极大的愉悦和满足。

电视剧喜剧片则以其幽默、风趣、智慧与明快在影视创作中占有十分重要的地位，成为影视创作“平民化”最突出的一个领域。《编辑部的故事》《我爱我家》《临时家庭》《好男好女》《过把瘾》《咱爸咱妈》《新72家房客》等剧几乎家喻户晓。这些喜剧电视剧有着许多共性，如主人公大都心地善良、热情为人、富于同情心，但往往又自以为是、自作聪明、好要面子、极易“上当受骗”，所以经常会出现“好心办错事”“顾此而失彼”“聪明反被聪明误”“歪打正着”“人善被人欺”“好心被当成驴肝肺”“偷鸡不成反被狗咬”，等等的喜剧化情境，使观众在忍俊不禁中得到人生的体悟、生活的启示、处世的智慧、舒心的感受。如《编辑部的故事》中的老中青三代编辑中，性格各异，但却都有着善良、爱助人、爱管闲事、好为人师、自以为是等共同特点，他们常常为了助人一臂之力，助人摆脱困境而千方百计，绞尽脑汁，几乎什么“邪招”都使了出来，可结果常常是闹得“鸡飞蛋打”、白忙一场，还落了个“狗咬耗子多管闲事”的名声。这其中处处是“急中生智”的聪明，以至于这些电视剧喜剧片许多台词、对话都成了百姓生活中的警句、格言而广为流传，深入人心。

“转型期”“平民化”影视创作除了这些电影、电视剧的成果，还体现在一批电视名牌栏目、名牌节目的创设、运作过程中。如中央电视台《东方时空》(尤其是以“讲述老百姓自己的故事”为宗旨的《生活空间》)、《实话实说》及各类专题节目、娱乐类节目、服务类节目、文艺类节目等都以“真诚为您服务”相标榜，以往带有浓烈教化及教训口气和“居高临下”的姿态为“平视”、“平等交流”、互相“敞开你的心扉”、说说心里话所取代。仅从电视台播音员对观众的问候语，从“同志们”到“观众同志”到“观众朋友”，就能见出电视节目、栏目一步步向“平民化”视角和方向转移、前进的印迹。

“转型期”影视创作“平民化”的价值取向，体现了中国社会整体的价值取向的变化。政治体制、经济体制、社会体制的“整体转型”给“平民化”的创作取向一个大的背景，而观众的欣赏趣味、审美趣味、生活趣味、心理感受、情感感受等的需要则是这种取向成为一大批影视作品的最重要的依据和基础。

“转型期”的中国影视文化建设的四个浪潮——“娱乐化”“纪实主义”“新英雄主义”“平民化”已作为一个既定的事实和足迹，清晰地记录在了中国影视文化发展历程之中。尽管对此人们有褒有贬，但这四个浪潮以其鲜明的时代感和探索精神，为中国影视文化注入了全新的生机活力，它适应了中国社会发展的需要，满足了人们对日益增长的优秀影视创作的需要，必将对未来中国影视文化的进一步发展产生深远影响。

（本文原载于《电影文学》1999 年第 10 期，《新华文摘》2000 年第 2 期全文转载）

中国电视内容生产的潮流与趋势

“内容为王”这个短语也许是最近几年中国电视业界与学界使用频率最高的短语之一，但到底什么是“内容为王”，为什么要“内容为王”，内容何以为王，大家见仁见智，有许多不同的理解，在这里我们想对当前中国电视内容生产带有潮流意义的动向以及可能的趋势做出自己的表述。

一、“品”——中国电视内容生产的三个时代

中国电视40多年的发展历程从内容生产的角度看，大体经历了三个时代。与此相对应，其电视内容具有较为鲜明的不同特征。以“品”字来划分，我们可以将它们划分为宣传品、作品和产品。

1.“宣传品”（宣教时代）

从20世纪50年代末到80年代，电视内容主要是承载着党和政府主流价值的宣传以及对公众进行教育的功能，在新闻、社教、文艺以至体育、少儿、服务等若干领域都或多或少具有这样的特点。由于各个领域的内容都主动地承担了宣传教育的使命和功能，因此，这个时代的电视内容可以称为“宣传品”。

2.“作品”（创作时代）

从20世纪80年代到90年代中期，伴随着改革开放的逐渐深入，电

视传媒从业者的个人职业化诉求和专业化追求得到了普遍的尊重和重视。一个非常显著的变化是，宣教时代作为宣传品的电视节目创作者模糊的个人形象，在这一时期得以凸显，他们的名字在电视节目的播出过程中经常被呈现，而每一个电视从业者也因此格外珍惜和重视自己的这份工作，因为他们可以把自己参与的节目内容视为自己的创作。也就在这个时期，一大批著名的制片人、编导、播音员、主持人以及其他电视制作环节的工作者为人们所尊重。在相对应的电视内容方面，尽管不可能完全摆脱宣传教育的色彩和功能，总体上看却已不再是“宣传品”，而成为“作品”。

3.“产品”（生产与传播时代）

20世纪90年代中后期以来，随着电视传媒市场化程度的不断加深，电视的内容与市场、与观众的收视日益紧密地结合在一起，计划经济时代只算宣传账或只算创作账的观念和做法已经很难获得现实的市场支持，一些以往在主流电视媒体中不太提及的字眼，成了这些年来电视媒体从管理者到每个工种从业者所关注的焦点，如产业化、集团化、市场、效益、效率、收视率、受众需求以及成本核算、营销、广告，并影响着他们的电视实践。这个时期的电视内容，已经不再是宣传主管部门意志的简单呈现，也不再是电视从业者个人主观的个性表达，电视内容的存在更多体现了市场的需求和观众的选择，从电视内容的组织、策划、运行到最终的价值实现，这一特征体现得日益明显。我们称这个时代为“电视生产与传播时代”，称这个时代的电视内容为电视“产品”。

显然，这三者的评价标准也各有倚重：对宣传品的评价标准主要是导向，即它是否实现了正确的导向和较好的宣传效果，而作品的评价标准主要看它的创新价值，比如它的独特性、原创性、个性；而作为产品，其评价标准就转换成它的市场价值的实现，比如较高的收视率、较强的广告拉动能力或者市场的回收能力、开发能力，能否形成产业链、创造市场价值等，中国电视内容生产从潮流和趋势看，已进入了一个以产品制造和生产为追求的时代，但同时来自主流媒体的宣传要求和来自职业电视人的专业要求，也就是来自宣传品和作品的要求，使电视从业者在三“品”之间的选择上不断地徘徊、游移，我们不得不在三“品”之间选择一个重心。然而，有抱负的电视从业者往往希望三“品”同时成功，但在现实情境中，这是一个非常艰难的目标。而这恰恰是当今电视内容生产者面临的困境所在。

需要说明的是，中国电视在它的发展进程中，第一位的功能和使命始终是正确健康的宣传教育，这一点是不会动摇的。同时，电视的内容也不可能脱离高度的专业化和个人化创作基础，这也就意味着电视内容作为宣传品和作品的意义与价值在任何时期都是不可忽略的。另外需要指出的是，所谓中国电视三个时代的递进，只是从总体上呈现的趋势来划分的，不能简单理解为泾渭分明、互不搭界的三个阶段，而往往呈现出“你中有我、我中有你”的交叉状态。通过对中国电视内容生产演变轨迹的勾勒，我们不妨将宣传品、作品、产品的阶段性更迭作为横坐标，将“传者主体”到“受众主体”再到“传受互动”的主体性转换作为纵坐标，在一个新的坐标系里来定位、解读电视内容的传媒本质。

二、“时”——电视内容的传媒本质

在相当长的一段时间里，我们发现电视内容的两大部类，即以电视新闻为主的非虚构类内容和以电视剧为主的虚构类内容，构成了电视荧屏上的两大主干内容。当然，非虚构类内容还包括新闻性的各类节目，虚构类内容还包括艺术性的若干节目，介于这两类内容之间还有一大批兼具非虚构与虚构特质的内容，如一些纪录片、专题节目和各种形态的类型节目。由于这两大部类内容以及中间地带内容的复杂构成，使我们对电视内容的认识也经常产生困扰和混乱。尤其是最近十几年来，随着电视内容竞争的不断加剧，各种新形式、新形态、新样式、新方法层出不穷，在电视荧屏上不断地刮起了各种各样的新的潮流旋风。仅以样式和方式而言，最近几年颇为流行的就有“媒介选秀”“聊新闻”“真人秀”“电视读报”“益智博彩”等不一而足。在令人眼花缭乱的各种新形式、新样式、新方式、新形态的相互克隆、相互模仿和相互追逐中，许多电视内容生产的从业者都希望引领潮流，至少追上潮流，而不希望被新的潮流所淘汰，并因此陷入困惑乃至迷失方向。

在这种情境中，我们不得不反思，电视内容的本质到底何在？我们认为，不论电视的样式、方式、形态等有多少新奇怪异的组合，电视内容作为传媒的本质永远是第一位的，而这一传媒本质又集中地体现在一个“时”字上。由于电视内容的播出完全按照人们日常生活的自然时间流程进行设置和编排，因此电视内容与生俱来地拥有了作为人们“日常生活伴生物”的独特传媒性质，不论是非虚构类还是虚构类内容都无法脱离“日常生活伴生物”的电视传媒本质：所谓“即时性”或“时效性”，不仅仅是对信息类的新闻节目而言，从广阔的意义上来看，所有的电视内容都应当把握和体现“日常生活伴生物”的“即时性”和“时效性”。具体说来，电视内容的“时”至少体现在以下五个方面。

1. 时代

时代是电视内容所发生的最宏大的背景，如果电视内容能够体现足够的时代感和时代特色，它就会为人们所关注、所记忆，不论是多么动人、感人和有深度的内容，如果不能体现我们时代最富普遍意义的价值取向、精神气质和心理状态、情感状态，电视内容就很难受到观众的欢迎。

2. 时尚

时尚更多关注的是一个时期比较前沿、比较新锐的一种潮流和取向。

由于电视内容不仅仅是传统意义上的宣传与创作，而是与电视媒体的产业和市场开发紧紧结合在一起的，因此是否具有时尚特质，往往意味着是否引领大众消费，进而吸引大众的关注，形成相关的产业链。所以不管我们喜欢不喜欢，电视产业和市场开发的客观需求都要求电视内容具有时尚特质。

3.时下

至少从电视内容的叙事层面来看，关注时下、关注当下，从现在进行时的问题、现象和状态切入，是电视内容相当明显的叙事特征。我们发现，同样的内容如果按照从“盘古开天地”说起的方式展开叙事，往往会远离现在的观众；而从当下切入，从时下观众普遍熟悉甚至现在发生的某些现象、动态、问题切入则能抓住观众的注意力。

4.时机

这里主要指的是播出时机，电视内容传播效果如何，恰当播出时机的选择常常是关键性因素。若能准确地判断来自政治、市场、文化、社会心理等诸多方面的趋势，选择最合适的播出时机来满足观众的期待和需求，往往会产生事半功倍的良好效果；反之，轻则事倍功半，重则出现偏差，甚至影响电视媒体的形象。

5.时段

同样的电视内容选择什么样的时段进行播出大有讲究，特定电视内容与特定时段大多有着普遍的、规律性的对应关系。一般说来，常规工作的早间、日间、午间、晚间和深夜，每个时段观众收视大体都有相似的普遍需求，比如早间时段以信息汇总、高频度、短资讯、大信息量和一定服务功能为主要特点的内容可能适合大多数电视观众，尤其是上班族的需求；日间时段故事性的电视连续剧也许是一般观众普遍的需求；深夜时段心理访谈、情感谈话类内容或者深度新闻评论性节目也许更受欢迎。当然，由于国家与地区、特定地域、特定年龄段以及职业、性别、生活方式等所带来的差异也是显而易见的，因此不同媒体，不同内容的不同时段的设计将是电视内容实现传播效果最大化极其重要的因素。

可见，无论是用“宣传品、作品、产品”对电视内容的不同特征进行描述，还是对于电视传媒本质的“时”展开分析，我们都能从电视内容的发展趋势和潮流中发现“多元共生”的电视文化的总体特征：“时代”元素的强调，是从媒介主体的“宣教”立场出发的，对应着电视内容作为“宣传品”的形态，强调了内容的环境定位，而“时下”“时尚”更多地将诉求点放在受众的视角，突出了电视内容作为“产品”的特征，着眼于收视后针对受众的行为促发；至于“时机”“时段”则显然是从媒介的立场出发，为追求传播效果最大化、实现电视“产品”的效益而采取的传播策略，意图在于效果强化。因此，环境定位、行为促发和效果强化的多重指向性使电视传媒本质的“时”较之传统的“时效观念”，具有了更为复杂、丰富和多义的内涵，也直接或间接地衍生出实际内容生产中需要灵活掌控的诸多关系。

三、内容何以为王——当前电视内容生产中应处理好的六对关系

在具体的电视内容生产过程中，可能会面临若干关系的处理。其中有六对关系我们认为是特别需要注意并处理好的。

1. 必视性与可视性

在相当长的一个时期内，中国电视内容的评价标准经常围绕着“可视性”展开，简单地说就是要“好看”。“可视性”或“好看”对电视而言无疑是重要的。不能不强调。但是仅仅追求“可视性”或“好看”显然是不够的。在今天，若想使电视内容获得足够的传播效果，强调“必

视性”也许更为重要。所谓“必视性”，简单地说就是“一定要看”。为什么天气预报常常在各种节目收视率的排行中名列前茅？恰恰在于天气预报与人们的日常生活、工作安排密不可分，“不看是不行的”，因此天气预报拥有了“必视性”的特质。同样，一些重大的时事新闻、重大的体育赛事、重大的节庆庆典以及不同群体观众所特别感兴趣的内容都具有“必视性”，因此电视内容的生产除了内容自身应当追求“可视性”外，还应当想办法通过导视或宣传预热等手段强化其“必视性”。

2. 相关性与悬念性

电视内容自身的结构、叙事应当充满悬念，令人期待，这一点在近几年的电视内容生产中得到了大家的普遍重视。各种类型的节目都在追求充满悬念的故事性，这一点无可厚非，自然也是重要的。但“相关性”的强调对于今天的电视内容或许更加重要。所谓“相关性”，就是内容与百姓观众之间的一种关联度：是不是百姓观众所迫切需要的？是不是与百姓观众紧密相关的？是不是百姓观众所高度关注的？这是判断内容是否具有相关性的重要标尺。好的电视内容应当是相关性与悬念性的有机结合。

3. 点与面

所谓“点”包括情节点、事件的转折点，也包括具体个别的细节点、兴趣点和高潮点等，是观众可以直接捕捉、直接感受的具体、生动的那些内容；所谓“面”则往往是相当宏观的，具有普遍性的那些内容。过去很长时间，电视的内容相对重视“面”而对“点”的捕捉和表现不足，给人留下宣教味、说教味、不生动、不具体的印象。近一个时期，一些优秀的电视内容非常重视“点”的选择、设计与表现，这固然是可喜的进步，但有时也会出现“只见树木不见森林”的问题。在高度重视具体、生动、细致的“点”的捕捉、设计与表现时，往往忽略了普遍意义、典型性和本质性的开掘，有价值的电视内容应当体现点与面的有机结合。

4.真与假

关于这一对关系，业界与学界已经探讨了若干年，我们认为在这一对关系中，至少可能出现四种情形：真的内容产生真的效果，假的内容产生假的效果，真的内容产生假的效果，假的内容产生真的效果。假内容产生假效果当然应该唾弃，这应是一个简单清晰的判断。假的内容产生真的效果尽管未必可取，但的确可以见出内容生产者的功力；真的内容产生真的效果当然是我们提倡的，而真的内容产生假的效果则是非常令人遗憾的。可是，恰恰是这种情形大量存在于我们的电视内容中。许多真实、真切、真诚的内容被我们的内容生产者、制作者处理加工后却在电视播出时给人产生虚假、做作、矫情的效果。因此，如何避免把真的作假了，也许是我们目前所要解决的主要问题。

5.情与理

情感与理智，感性与理性，感受与理解，这是电视内容生产中经常面临的一对关系，对这一对关系的理解，在认识上我们都懂得情理交融、寓情于理、寓理于情的道理，但真正做起来则难免有所偏颇。有的内容抓住了动情的素材，就一味地放大、放纵、泛滥情感的表达和表现，使得电视内容过度感性，失去控制，无法给观众留下足够的审美张力和空间。有的内容抓住了很有说服力的道理、哲理，就一味地强化、渲染，使得内容或过于说教或过于沉重和板滞，从而失去了电视内容应有的情感灵动的空间。

6.深与浅

电视内容不论其原始素材如何，最终总要以特定的方式表述出来，而如何表述不可避免就要面临深与浅的关系处理问题。在深与浅的关系上至少有四种情形：深入深出、浅入浅出、浅入深出和深入浅出。“浅入浅出”，自然轻松、放松；“深入深出”尽管从电视观众瞬间接受的特点来看不值得提倡，但也算可以为观众所理解；“深入浅出”当然是我们追求的很高的境界与目标，能够把复杂深厚的内容以浅白、浅显、明晰的方式让大多数观众接受，这是我们不仅要提倡也要永远追求的一个目标。当然，要达到这一目标是很不容易的，但无论如何，我们坚决反对“浅入深出”的表述，原本简单明了的事件，由于缺乏清晰的逻辑、合理的结构或恰当的叙事，有时甚至是故弄玄虚，从而导致简单的内容复杂化，给人或艰涩或迷惑的印象，这种状态和结果是我们必须避讳的。

对于当前电视内容生产的潮流与趋势的判断和认识，不同的从业者、不同的研究者都会有各自的看法和表述，我们这里所谈到的上述三个命题，有些可能是老生常谈，有些可能是近期特别突出的问题，有些可能是常说常新的话题，有些可能是当下亟须解决的命题。但是总的目标是明确的，这就是电视内容的生产一定要立足于最佳传播效果的实现上，努力探索出符合国情、地情的本土化的生产思路与方式，以与时俱进的精神不断地满足广大电视观众多元化的、变化的、日益提高的精神需求。

（本文与顾亚奇合作，原载于《中国广播电视学刊》2006年第1期，《新华文摘》2006年第10期全文转载）

从“宣传品”、“作品”到“产品”

——中国电视50年节目创新的三个发展阶段

中国电视已经走过了50年[①]，在半个世纪的历史进程中，她有过创业的艰辛、探索的曲折，也有过成功的辉煌与喜悦……而始终未曾间断的是她一以贯之、孜孜不倦的创新。中国电视50年，从某种意义上看，就是一部不断满足中国百姓日益增长的文化需求的创新史。

笔者认为，中国电视50年在内容生产方面，可以用“品”[②]字来划分出三个发展阶段：前20年是以“宣传品”为主导的阶段；后30年又可分为两个时期——以“作品”为主导的阶段和以“产品”[③]为主导的阶段。从以“宣传品”为主导到以“作品”“产品”为主导，每一发展阶段上，电视节目创新在目标、内容、方式等方面也呈现出不同的特点。本文力图对中国电视50年来节目创新的历程作一梳理和分析，并对其未来发展

① 电视是各艺术门类中最为年轻的一种，中国电视于1958年5月1日试播，呼号为“北京电视台”，并于同年9月2日正式播出，因此2008年是中国电视诞生50周年。

② “品”有类型、种类、等级、格调、评价等多种意思，为中国古代文论中的重要概念。如《尚书·舜典》中“五品不逊”，《沧浪诗话》中“诗之品有九”，《世说新语·文学》中“品评卓逸”等。

③ 胡智锋，顾亚奇.中国电视内容生产的潮流与趋势［J］.中国广播电视学刊，2006(1)：23-25.

予以思考和前瞻。

一、“宣传品”为主导阶段（1958—1978）：多种传媒、艺术样式的借鉴、模仿

“建立在社会主义政治体制背景下的中国电视，从一开始就奠定了其特殊的重要地位——党和政府的喉舌和宣传工具。”[①]因此，这一阶段中国电视的内容生产，主要围绕党和政府的每个阶段的中心工作来组织、开展宣传，承担的是“宣传教化”功能，扮演着党和政府的“喉舌”角色，突出强调的是意识形态的要求。导向正确、领导满意则是衡量节目宣传质量、效果的最为重要的评价标准。

由于处在初创阶段，电视节目从技术到艺术远未成熟，更多是从邻近的广播、报纸、通讯社、新闻纪录电影和戏剧（舞台剧）、电影（故事片）那里学习、借鉴和模仿[②]。如在影像上模仿纪录电影（“新影体”）；在文字风格上模仿《人民日报》（“人民体”）；在播报方式上模仿人民广播（“广播体”）；在报道体裁上模仿新华通讯社（“新华体”）……在传媒系统中，电视像是新闻纪录电影的缩小版，《人民日报》的影像版，人民广播的图像版，新华通讯社的精简版；在艺术系统中，电视则更多从戏剧（舞台剧）、电影（故事片）那里直接借鉴、吸纳内容、样态与方式，不少电视节目被观众视为“小戏剧”“小电影”。

---

① 刘习良.中国电视史［M］.北京：中国广播电视出版社，2007：30.

② “在艺术中，每一种事物都是创造的，它们永远不是从现实中搬来的。正是由于这一基本特征，才使得所有种类的艺术的基本创造物融合无间（即使它们具有了相似性）。也正是由于这一基本特征，才使得各门艺术可以互换（置换）”。参见：朗格.艺术问题［M］.滕守尧，译.南京：南京出版社，2006：98.

1. 电视剧

从1958年中国第一部电视剧《一口菜饼子》诞生到《党救活了他》《相亲记》《新的一代》《火种》等中国早期电视剧，其大多场景构成单一、故事情节简单，没有复杂的人物关系和结构线索。如《一口菜饼子》的背景就是一块灰天幕，场景只是一个草棚子和一些简单的道具，整部剧时长只有20分钟，故事情节就是姐姐向妹妹讲述一口菜饼子的故事。由于受当时的技术条件限制，这些电视剧采取的几乎都是直播的方式，因此，演员的表演和观众的观赏处于同步状态，没有录制，没有剪辑，因此，“从某种程度上说，更接近于舞台剧。”①

2. 电视新闻

“早期北京电视台的摄制人员大都来自‘新影’厂和‘八一’厂，……在观念和实践方面都深深影响了早期中国电视的电视新闻，……创作手法如出一辙。”②“早期电视新闻节目的形态有图片报道、电视新闻片以及口播新闻。”③这些新闻节目主要有三种形式：第一种是图片加解说，如图片报道，“图片报道是电视新闻节目的一种形式。采用的图片大多来自新华社，在摄像处理的同时加配解说词”④；第二种是新闻纪录片加解说，如电视新闻片，北京电视台设立的固定栏目《电视新闻》，主要播放的就是这种节目类型；第三种是口播广播稿，即口播新闻，这些稿件主要来自中央人民广播电台，如由沈力播报的《简明新闻》。

3. 电视文艺

电视文艺是早期电视节目中不可或缺的重要内容，从1958年起就有了国庆焰火晚会的转播，从1960年开始就有了综合性的文艺晚会——

① 刘习良. 中国电视史［M］. 北京：中国广播电视出版社，2007：29.
② 刘习良. 中国电视史［M］. 北京：中国广播电视出版社，2007：34.
③ 刘习良. 中国电视史［M］. 北京：中国广播电视出版社，2007：31.
④ 刘习良. 中国电视史［M］. 北京：中国广播电视出版社，2007：34.

春节文艺晚会的出现，尽管早期电视文艺节目更多的是对诗歌朗诵、舞蹈、相声、曲艺、杂技、音乐等艺术样式的直播或转播，没有进行成功的“电视化”，但是它对电视文艺节目形式的尝试和探索，为我们的电视文艺发展迈出了可贵的一步。如1961—1962年先后举办的三次《笑的晚会》，尤其是第三次《笑的晚会》，“试图突破社会上现有文艺节目的局限，创作适于电视演播的喜剧节目”[①]，对中国电视文艺，尤其是晚会类节目的发展打下了很好的技术与艺术基础。

这一阶段电视节目创新更多地体现在借鉴、模仿的“杂交”，因此，一些节目呈现出“四不像”状态，如“电视片”既有故事性，也有新闻纪实性，其解说词既不像传统新闻报道，也不像传统文学样式，而显现出“别样”的形貌，《收租院》就是这一阶段电视节目创新影响较大的代表性之作。

从整体上看，这一阶段中国电视节目体现出以导向正确、领导满意、凸显意识形态宣传功能的“宣传品”特质，在节目创新方面，主要体现为借鉴、模仿其他历史积累较长、较厚的传媒样式与艺术样式，尚未形成自己鲜明独立的传媒特征与艺术特征。当然，借鉴、模仿常常是创新的第一步，这一时期在借鉴、模仿中的探索也已显现出一些具有突破可能的新质。

二、“作品”为主导阶段（1978—20世纪90年代中后期）：形式与观念的探索

这一阶段，中国电视一方面努力摆脱上一时期模仿、借鉴别种传媒样式、艺术样式的状态；另一方面又在模仿、借鉴别种传媒样式、艺术

① 刘习良.中国电视史［M］.北京：中国广播电视出版社，2007：53.

样式的基础之上，努力探索具有电视独特传媒特征、艺术特征的新形式和新观念，探索具有中国特色的电视内容生产之路①。概括而言，这一阶段电视内容生产是以“作品”生产为主导的阶段，电视从业者的职业化、专业化追求得到了极大的尊重和肯定。在电视形式、观念上追求个性、原创性和独特性②成为这一时期节目创新的突出特点。

（一）形式与类型的探索（20世纪80年代）

20世纪80年代电视节目创新的成果，集中体现为电视专题片、电视剧和电视文艺等有中国特色的节目类型的发展和成熟，以及节目主持人这一电视独特标识符号的出现上。

1. 电视专题片

电视专题片是中国电视人在本土实践中提炼、概括出的节目类型。这一时期电视专题片生产量大，影响深远，成为中国电视荧屏支柱性的节目内容之一，主要体现为以下几种形态：一是风光风情片，以展现自然景观、民族风情、地域风光为主，如《大连漫游》、《哈尔滨的夏天》、《三峡传说》（插曲《乡恋》在文艺界乃至社会上引发了很大的争议，并引发此后中国大陆原创流行音乐的崛起），这些风光风情片在视听表现力与冲击力上做了不少新的探索；二是文化片，以表现历史文化创造与进步为主，标志性的作品就是轰动一时的《话说长江》与《话说运河》，它们将中国古典小说的章回体结构成功地运用到专题片的创作上，创造了

① 所谓“中国特色”，即依据中国的特殊国情，立足中国的社会现实，按照中国电视媒体自身的运行规律，遵循中国电视观众的接受习惯与实际需要，组织、制作与传播具有中国民族特色、气派、风格、口味的电视节目。参见：胡智锋.影视文化论稿［M］.北京：北京广播学院出版社，2001：185.

② “汇天下之精华，扬独家之优势”是这一时期中国电视的一句重要口号，再加上思想上的空前解放，因此个性、原创性和独特性的追求得到肯定。参见时任广电部部长吴冷西在第11次全国广播电视工作会议（1983年3月31日至4月10日）上的报告《立志改革，发挥优势，努力开创中国广播电视新局面》。

电视文化片的“话说体”；三是主题鲜明，同时又渗透着个人独特思想、视角的政论片，如《让历史告诉未来》等，与纯粹的宣传片不同，这些政论片已经有意识地将思想宣传融入个人化思考与表达之中；四是行业宣传片，如农业、工业、教育、军事、外交等众多行业领域，在行业领域宣传中也加入了创作者个人化的理解。这一时期的专题片，无论是哪种类型，它既不同于传统的新闻宣传报道，也不同于国外的纪录片，而是具有中国特色的，体现出创作者独特思考、观察与表达的节目类型。

2. 电视剧

20世纪80年代，小型摄像机、录像机、录像磁带的出现，演播室设备的更新，甚至是特技设备的应用，为电视剧的创作打下了坚实的基础，因此“中国电视剧在80年代前期迎来了第一个创作高峰，……并在80年代中期以后，逐步走向成熟”[①]。这种成熟不仅表现在电视剧创作数量的迅速增加上，更表现在对电视剧艺术本体、电视剧剧作形式、电视剧题材的探索上，如完成了舞台化向电视化的过渡。本时期的电视剧已由早期直播的舞台剧，发展成为可以录播，且具夹叙夹议、跳进跳出等特点的单本剧，如《凡人小事》《蹉跎岁月》等；再如以单本剧为主经由多本剧向以电视连续剧为主过渡。从第一部电视连续剧《敌营十八年》的推出到各种题材电视剧的大量涌现，像人物传记类的《鲁迅》《秋白之死》，哲理类的《希波克拉底誓言》，纪实类的《女记者的话外音》，历史类的《努尔哈赤》，名著改编类的《红楼梦》，农村题材类的《雪野》《辘轳·女人和井》，改革反思类的《新星》，等等。电视连续剧的故事性、悬疑性、连续性使其很快成为电视受众最受欢迎的节目类型，成为电视荧屏最主要的节目内容，这种情形在全世界电视内容构成中也是少有的一道独特风景。

---

① 刘习良.中国电视史［M］.北京：中国广播电视出版社，2007：235.

3.电视文艺

电视文艺与综艺的创新引人注目：如春节联欢晚会的出现，它把中国传统的庙会等内容、形式搬到了电视荧屏，创造了中国电视的新的艺术品种。从1983年第一次春节联欢晚会至今，它创造了吉尼斯世界收视纪录，并成为全世界华人共同拥有的新春仪式，不可或缺的一种新民俗[①]；再如新的电视综艺文艺节目样式的出现，像电视诗歌、电视散文、电视小品、音乐电视（MTV）等。这些对提升中国电视的影响力作出了重要贡献。

4.主持人

电视主持人的出现，使中国电视开始由广义的大众传播向人际传播转变，实现了大众传播与人际传播的时代性结合。从20世纪80年代初期中国电视新闻节目中首次出现“主持人”称谓[②]，到1984年《话说长江》中陈铎和虹云以主持人形象造就的万人空巷的收视景观，到专栏节目、综艺节目和体育节目领域里三位标志性主持人赵忠祥、倪萍和宋世雄的走红，再到后来《东方时空》中主持人群体（敬一丹、白岩松等）的横空出世，电视节目主持人日益深入人心，影响巨大，成为电视节目特有的形象标识。

（二）观念的探索（20世纪90年代）

20世纪90年代，中国电视处于快速上升时期，也是诸多新的电视观念更迭推出的时期。新的电视观念的探索一方面是由于中国电视自身经过十几年的形式、类型的探索，独立性、自主性日益强化；另一方面则是中国电视不断开放进程中，国外大量电视节目的引进所产生的刺激与撞击的结果。全新的观念赋予了中国电视节目颇具东方气韵的内容与

---

① 耿文婷.春节联欢晚会的理性省思［J］.文艺研究，2003(3)：102-108.

② 刘习良.中国电视史［M］.北京：中国广播电视出版社，2007：178.

形式，成就了大量独具中国特色的电视作品，有些被誉为电视作品中的“精品”[①]。这期间，有五种节目创新观念影响最大[②]。

1. 电视纪实观念

电视纪实是以电视的技术与艺术的方式对生活原生态的真实记录。以电视纪录片《望长城》播出为标志，中国电视的纪实观念开启了电视节目创新的一个全新时期[③]。此后纪实的新观念不仅影响了电视纪录片创作，也影响了中国电视的其他各类节目的创作，影响了电视节目的制作与传播方式，甚至也辐射到了其他媒介与艺术样式。纪实观念影响下的纪录片代表作有《远在北京的家》《香港沧桑》《邓小平》《毛泽东》等。

2. 电视栏目化观念

电视栏目是电视节目的一种载体方式，是特定的电视传播内容按照相对统一稳定的标准和规则组织串联在一起的一种载体方式[④]。电视栏目与其他电视节目相比较更强调相对统一稳定的播出时段、时间长度及标识、标志，相对统一、稳定的节目内容、风格与样式等。从1985年中央电视台提出“全部节目实行栏目化播出”的要求，到1993年4月以《东方时空》的播出为标志，中国电视“栏目化”的观念趋于成熟。这一时期产生了广泛影响的著名电视栏目有：新闻评论性类的《焦点访谈》、新闻深度报道类的《新闻调查》、文艺类的《综艺大观》等。电视“栏目化”规范对中国电视节目生产与传播整体能力与水平的提高，对满足广

---

① 随着电视节目生产数量的增加，电视节目的质量呈现下滑的趋势，因此“精品意识”“精品战略”陆续被提出，其内涵和外延也日益被深化，电视“精品意识”的自觉、“精品战略”的实施，也反映出20世纪90年代中国电视节目创新以“作品”为主导的潮流与趋势。参见：胡智锋.中国电视策划与设计［M］.北京：中国广播电视出版社，2004：59-64.

② 胡智锋.影视文化论稿［M］.北京：北京广播学院出版社，2001：174.

③ “现代电视纪实”这一概念的提出参见：朱羽君.对电视的生命感悟：朱羽君自选集［M］.北京：北京广播学院出版社，2004：48.

④ 胡智锋.中国电视观念论［M］.北京：北京师范大学出版社，2000：36.

大电视观众不断变化的需要和口味有着积极与重要的意义和作用。

3. 电视谈话观念

电视谈话是电视说话的一种方式，而电视说话方式的观念演进与特定的时代环境、电视媒体自身的发展和人们对电视说话的理解和认识有着密切的联系①。1996年3月开播的《实话实说》，标志着中国电视的说话方式进入了一个全新阶段，这便是现代电视谈话观念的形成。自《实话实说》之后，中国电视谈话节目发展迅猛，并形成了时事新闻类谈话、社会类谈话、娱乐类谈话三足鼎立的格局。除《实话实说》之外，还有一些知名的谈话类栏目如《艺术人生》《对话》《锵锵三人行》等。电视谈话观念的逐渐成熟有多方面的意义和价值，除了充分展示电视传播主体的个性化魅力，极大地调动了电视观众积极参与外，相对较低的成本投入与相对较高的效益回报也使电视媒体以之为提高节目生产能力，创造媒介较好的、效益最佳的节目类型选择。从更大的背景来看，在主流电视媒体中更多地让普通观众参与表达，某种意义上体现了社会民主化程度的提高，也客观地推进了社会民主化进程。

4. 电视直播观念

电视直播在电视初创时代就是一种基本的传播方式，随着ENG设备的引入，中国电视从20世纪70年代后期开始，变为以录播为主要传播形式。应当看到，录播对电视节目制作质量的提高和生产能力的增强起到了巨大作用，但随着技术的逐渐改进，社会的逐渐开放，人们对电视

---

① “电视谈话（TV talk）包括了从一有电视起就存在的所有不用写脚本的对话和直接对观众讲述的各类节目形式。……电视谈话节目（TV talk show）则是一种主要围绕着谈话而组织起来的表演，谈话节目必须在严格的时间限制之内开始和结束，并且要保持话题的敏感性。”参见：NEWCOMB H. Encyclopedia of Television［M］. London：Routlege，1997.转引自：苗棣，王怡林.脱口成“秀”：电视谈话节目的理念与技巧［M］.北京：中国广播电视出版社，2006：2.

的收视需求逐渐发生变化，现代的电视直播观念也开始逐渐形成。1997年被称为中国电视的“直播年”，这一年，中央电视台的三次大直播——“三峡截流”“黄河小浪底”“香港回归”，充分借助现代电视的各种技术手段，在“第一时空”同步、立体、全息并且全方位、多层次、多角度地进行报道，充分发挥了电视独特的传播优势和魅力。此后，“直播”成了电视节目普遍的样态。

5.电视游戏娱乐观念

游戏娱乐是人们生活的一项重要内容，也是电视传媒节目构成中的重要内容，[①]但在中国电视长期的发展进程中，游戏娱乐却始终没有获得相对独立的地位。从90年代初期以来，电视游戏娱乐节目的探索就已经在多家主流媒体进行，但由于上述各种因素，并没有取得较好的传播效果。1998年底，湖南卫视一档名为《快乐大本营》栏目的播出，使人们看到了一种非常纯粹和独立的电视游戏娱乐节目。一时间，冠以“快乐”“欢乐”等名称的电视游戏娱乐节目在各种主流电视媒体中纷纷亮相，如《幸运52》《开心辞典》《玫瑰之约》等，令广大电视观众耳目一新，趋之若鹜。电视游戏娱乐节目的迅速走红，使得中国电视的游戏娱乐观念成为一种时尚的观念，影响至今。

电视内容生产在这一时期通过80年代形式、类型的探索，90年代观念的探索，以“作品”的个性、独特性为追求，在节目创新上迈出了坚实的步伐，为电视本体独特的传媒特征、艺术特征的形成，为中国特色电视节目风格、样态的形成，为中国电视迅速崛起成长为“第一大众传媒”和最具影响力的艺术品种，积累了宝贵的经验，创造了丰硕的成果。

---

① “电视具有娱乐性……电视有时甚至是让人们高兴的一个理由。”“娱乐是电视上所有话语的超意识形态。”“娱乐不仅仅在电视上成为所有话语的象征，在电视下这种象征仍然统治着一切。”参见：波兹曼.娱乐至死［M］.章艳，译.桂林：广西师范大学出版社，2004：114，121.

三、“产品”为主导阶段（20世纪90年代中后期至今）：市场化、产业化的探索

20世纪90年代中后期以来，电视传媒市场化程度不断加深，电视的内容与市场、与观众的收视日益紧密地结合在一起。产业化、集团化、市场、效益、效率、收视率、受众需求以及成本核算、营销、广告等影响着电视实践。①中国电视全面进入了以“产品”为主导的阶段，节目创新也是围绕着“产品”进行展开的。而作为“产品”，其评价标准就转换成它的市场价值的实现，比如较高的收视率、较强的广告拉动能力或者市场的回收能力、开发能力，能否形成产业链、创造市场价值等。所以，具备可观市场价值的大型电视选秀活动、电视栏目品牌的创造以及电视产品的后开发（音像制品、系列图书等）被高度重视，而这一时期，电视创新的主要任务也自然而然地成为吸引观众的眼球，赢得观众的认可，提高收视率，增加广告额，获取最大的市场回报。

1.节目娱乐化

追求吸引力。“产品”时期的电视节目整体呈现娱乐化趋势，不仅综艺节目在谈娱乐，新闻节目、专题节目、社教节目以及各种对象性节目都或多或少在谈娱乐②。娱乐元素成为这些节目不可缺少的内容，可视性、互动性、参与性、故事性和悬念性成为它们追求的目标。其中尤以综艺节目的娱乐化程度最高，影响的范围最广，掀起了一股娱乐选秀热潮。如湖南卫视的《超级女声》，东方卫视的《我型我秀》，中央电视台

---

① 黄升民.“媒介产业化”十年考［J］.现代传播（中国传媒大学学报），2007（1）：101-107.关于“媒介产业化”这个提法的由来、定义，以及理论体系，参见：黄升民.媒介经营与产业化研究［M］.北京：北京广播学院出版社，1997.

② 胡智锋，周建新.娱乐选秀热忧思［N］.人民日报，2006-10-12.

的《梦想中国》，江苏卫视的《绝对唱响》……这些节目与传统电视文艺、综艺节目最大的不同在于：从以电视媒体为主，“我播你看”“我说你听”变为以观众的参与为主，“大家做大家看”“大家说大家听”，将国外“真人秀”的表现样式引进国内，进行了本土化改造，吸引了无数人加入“选秀”行列，歌手秀、老人秀、太太秀、职场秀、宝宝秀……让万千观众有机会成为“选秀”中的一员，或以“粉丝”等身份直接、间接地介入，参与到节目中来。

2. 栏目品牌化

追求影响力。近些年，困扰电视发展的一个重要问题就是节目“同质化”，因此，走“差异化”之路，打造品牌，进而提升影响力成为电视栏目的普遍的追求。对电视栏目而言，品牌的打造最重要的就是要挖掘栏目的独特优势，寻找优质资源、稀缺资源、不可替代的资源，做到“人无我有”“人有我优”“人优我特”“人特我绝”[①]。如《艺术人生》打“情感”牌，《新闻调查》打“深度”牌，《焦点访谈》打“舆论监督”牌，等等。如围绕明星主持人量身定做新的栏目，《幸运52》成功后，又推出了专门为李咏设计的《非常6+1》和《梦想中国》；《新闻1+1》则主要围绕白岩松和董倩两位知名新闻评论主持人专门设计制作的。再如推出与栏目相关的活动，延伸品牌效应，像《经济半小时》延伸出来的每年3月15日举办的3·15晚会、每年年末的年度经济人物评选活动等。

3. 频道专业化

追求号召力。专业化频道就是以特定专业性的内容、面对特定服务对象所组合成的频道。每一个频道都有它非常鲜明的风格和主打的内容，形成统一性、个性和独特性[②]。如女性频道、生活频道、法制频道、旅游

① 胡智锋.电视品牌的特征及创建［J］.中国电视，2003(9)：71-74.

② 彭吉象，杨乘虎.中国电视频道化生存的理论构想及其营销策略：访北京大学艺术学院副院长彭吉象教授［J］.现代传播（中国传媒大学学报），2006(3)：83-87.

频道、读书频道等。20世纪90年代中期以来，电视媒体的频道专业化意识开始加强，近几年来，中央电视台、各省、区、市等电视台纷纷向频道专业化方向发展。在不断的调整中，各个频道更加突出专业化特色，使节目编排得更加合理、有序，更利于不同群体观众收看。如中央电视台科教频道以“教育品格、科学品质、文化品位”为宗旨，以开掘人的知识、智慧、能力为己任，以传播先进的文化和实现社会的文明进步为目标的文化品格和追求真、善、美的审美品格，在众多频道中脱颖而出，体现很强的号召力[①]；省级台在频道专业化的步伐上走得也很快，一方面开办贴近百姓生活的都市频道、生活频道、娱乐频道、音乐频道、外语频道等专业化频道，同时省级卫视还根据自己的资源优势进行特色定位，如湖南卫视定位于大众娱乐、重庆卫视定位于故事、江苏卫视定位于情感、安徽卫视定位于电视剧等；省级地面频道被誉为“地面频道四小龙”[②]的浙江教育科技频道、江苏城市频道、湖南经视频道、山东齐鲁频道本身也是专业化探索的成功案例。随着数字化进程的加快，电视频道的专业化程度将更加细化，例如动作电影频道、钓鱼频道、高尔夫频道、老故事频道等。

在市场化、产业化的探索中，不论节目，还是栏目、频道，都在努力追求创造出有足够吸引力、影响力、号召力的“产品”，节目创新的速度、频率、节奏日益加快，其效益也日益凸显，如中央电视台黄金时段播出的电视剧《闯关东》拉动的广告收入超过1亿元，一些品牌栏目如江苏城市频道的《南京零距离》拉动广告收入1.5亿多元，中央电视台的专业频道如CCTV-2、CCTV-5、CCTV-8拉动的广告收入都超过8亿元，而省级“地面频道四小龙”年广告收入也都超过2亿元。

---

① 胡智锋，赵帆.创建“科教频道”的意义和价值［J］.电视研究，2001(7)：33-34，1.

② 赵德全，李岭涛，罗霆.地面突围：中国电视省级地面频道四小龙［M］.北京：中国广播电视出版社，2007.

四、新媒体语境下电视节目创新空间

毫无疑问，当前及今后一个时期，随着数字技术、通讯技术的发展，IPTV（交互式网络电视）、网络电视、手机电视、移动电视、户外大屏等新媒体样式相继出现，我们已经处在一个新媒体所营造的语境之中①。新媒体一方面对传统媒体产生了极大冲击，改变着传媒的格局与生态；另一方面也对社会生活各个领域产生着极大冲击，创造着新的社会生活景观。可以说，今后一个时期，新媒体的影响力还将加速提升，对政治、经济、文化、社会以及科技都会产生重要影响。这种背景下，未来电视节目的创新空间何在？电视各种类型节目又将呈现怎样的趋势？这些都成为电视业界与学界普遍关注的问题。

（一）新媒体与传统电视的关系

新媒体的强大影响将使传统电视遭遇前所未有的挑战和冲击，这至少体现在以下几个方面：

1. 电视受众的关注度明显下降

目前，我们看到新媒体正在非常强力地瓜分传统电视的受众市场，截至2008年6月底中国网民已经达到2.53亿②，远远超过美国，成为世界上最大的网民区域，新一代年轻人主要的信息和娱乐通道是新媒体，电视的收视率整体明显下降。

2. 电视的内容体系日显其封闭

电视不论是内容生产还是内容传播，在线性的时空状态下的呈现，

---

① 胡智锋.中国电视节目生产的本土化战略目标与对策［J］.文艺研究，2001（4）：17-20.

② 中国网民数达2.53亿，首次大幅超美国居世界首位［EB/OL］.（2008-07-24）.http://news.cctv.com/society/20080724/103877.shtml.

远不及新媒体状态下的自由度和个性化。在信息资讯和娱乐等传统优势领域，电视对受众的吸引力已开始转向新媒体。

3. 电视市场份额急剧减少

传统电视所占有的市场不论是广告还是付费，都正在被新媒体瓜分和占有，尤其是各种风险投资似乎更眷顾新媒体。受国家相关政策等因素的制约，许多资本难以进入新媒体，这也使电视的产业发展遭遇瓶颈。

4. 电视体制机制趋于老化

在几十年的运行中，电视形成了成形的体制与机制，对庞大的电视从业者的管理以及电视生产运营、传播的管理，成本极高，内耗突出，负担沉重。由于新媒体没有传统媒体的积淀，轻装上阵，充满活力，电视与之相比较竞争力显然不足。

在这种情形下，我们是不是可以断言，新媒体将取代传统的电视？尽管我们可以预见新媒体广阔的前景，但在目前的情形下，我们必须看到，新媒体也有它相当的现实局限，表现在以下三个方面：

1. 概念大于平台

即围绕着新媒体探讨多、概念多、说法多，而相比较而言，概念是远远大于平台的，以IPTV和手机电视为例，从现实看，只有几家获得了执照资格。

2. 平台大于内容

即有限的平台基本上又是传统的内容，适合新媒体的内容还远远没有生产出来，也就是说平台存在，但是内容还比较陈旧，并没有完全适应新媒体的要求。

3. 内容大于需求

即有限的内容远远不能满足受众的需求，它并没有引发更广泛的群体对这些内容的强烈需求。

以这三个方面来概括新媒体的现实局限，并非否定新媒体的价值，因为按照规律，任何媒体都有从弱到强的积累过程，目前新媒体只是处于一个初创阶段，存在种种局限也是必然的。

（二）新媒体语境下电视节目生产的潮流与趋势

面对新媒体来势凶猛的冲击与挑战，传统电视是否意味着已成明日黄花了，是否已到了穷途末路的境地了？笔者认为，恰如媒介发展史上新兴媒体的崛起并不会使传统媒体走向消亡，传统媒体在新兴媒体的刺激下重新认知，发掘自己的媒介优势，还是可能变被动为主动，走向新生的。当前在新媒体不断壮大的语境下，传统电视空间，特别是电视节目创新发展的空间何在？笔者认为，传统电视节目创新将在以下三个方面找到自己不可替代的优势。

1. 内容主流化

中国电视在长期的历史进程中，依靠其强大的背景和资源，在主流化内容的生产和传播中，占据着垄断的地位，在公众中形成了较高的权威性，在信息采集、制作、编排和播出的全过程中，都有着较为严格的审查、把关和监控。而相比较而言，新媒体在这方面的自由度和个人化色彩更重，主流化和权威性不够。面对新媒体的挑战，电视只有不断提高其节目的主流化和权威性才可以维持其内容的强势。

2. 直播日常化

与新媒体相比，电视的弱势在于互动性、参与性不够，但电视如果能够将线性封闭的生产播出状态尽可能调整到直播的状态，以现在进行时的姿态与生活同步，而且这种直播应当是大量的、日常化的，这就可以极大地提高观众的参与和互动，以声像文字全息的优势充分张扬直播的魅力。2008年春节以来，从抗击暴风雪，到5·12汶川大地震爆发后，全国各大电视频道并机直播《抗震救灾　众志成城》，实现了“直播日常化”，尤其是对重大事件及时启动直播，不仅使中国电视获得了巨大的公信力与影响力，也塑造了中国良好的国家形象与民族形象①。

3.高端大制作

新媒体的优势之一在于海量的信息，但其劣势在于信息的过度海量。在数量上，电视很难与新媒体来比拼；但从质量和品质来看，电视则拥有相当大的潜力与作为。近年来，中央电视台推出的大型纪录片《故宫》《再说长江》《大国崛起》《森林之歌》《复兴之路》等，以其恢宏的气势、丰富的内涵、深厚的底蕴、浓丽的色彩、精湛的制作造就了中国电视荧屏的鲜亮的风景。这给我们一个启示：集中优势兵力，瞄准国际前沿，推出思想性、艺术性和观赏性俱佳的大制作，打造荧屏精品，是电视拓展自己生存发展空间的重要途径。

半个世纪的岁月，中国电视在内容生产上经历了以“宣传品”为主导、以“作品”为主导，再到以“产品”为主导的三个阶段，在每一个阶段，中国电视的节目创新从内容到形式，从观念到样态，都经历了不断的艰辛探索。正是靠着这种孜孜不倦的探索，才有了中国电视历史性的成就与辉煌。从中国电视50年的历史经验中，我们可以获得这样的启示：面对新媒体的挑战，面对世界电视的竞争，中国电视一方面要坚持改革开放，坚持不断地学习借鉴不同国家、地区，不同传媒与艺术样式的理念与方式；另一方面坚持立足现实，坚定地走民族化②、本土化的道路，只有这样才能够一步一个脚印地开创出新的境

① 胡智锋.为尊严而战：对汶川大地震电视特别直播报道的探析与思考［J］.现代传播（中国传媒大学学报），2008(3)：41-44.

② “影视艺术每一种功能的发生，都离不开民族文化的土壤……中国影视能否在世界上拥有它应当具有的地位，关键在于中国影视是否生成了具有民族特征的艺术风格。”参见：黄会林.艺苑论谭：放言影视戏剧艺术民族化［M］.北京：北京文联出版社，2002；黄会林.民族化：中国电视艺术的现实与未来［J］.当代电视，2000(增刊8)：7-8，16.

界与局面。

［本文与周建新合作，原载于《现代传播》（中国传媒大学学报）2008 年第 4 期，《新华文摘》2008 年第 22 期全文转载］

新中国70年电影发展的历史回眸与前瞻思考

一、新中国70年电影发展的历史脉络与主要成就

梳理新中国70年电影艺术的发展历程，以改革开放为标志性历史节点，可以粗略地将新中国70年电影艺术的历史划分为两大阶段，第一阶段为新中国成立后到党的十一届三中全会召开，即改革开放前近30年的历史；第二阶段为党的十一届三中全会召开后到新中国成立70周年，即改革开放后40多年的历史。

而在这两大阶段的历史脉络中又包含着若干重要时期。第一阶段包括"十七年"电影、"文化大革命"时期电影和恢复时期电影等；第二阶段包括改革开放后的新时期电影、九十年代电影、进入21世纪的电影、党的十八大召开后的新时代电影等。

（一）改革开放前的中国电影：从师法苏联到探索电影民族化

新中国电影体系和社会主义电影体系在这一阶段初步建立，并持续在政治、经济、社会、文化等领域发挥着全方位的影响力，具体表现在以下几个方面：

其一，在电影功能的实现上，改革开放前的新中国电影深受苏联电影模式影响，鲜明地强调意识形态与宣传教育的功能，强调电影应服务于政治和新生人民政权建设的需求，提出了电影为工农兵服务的方针，发挥着革命与建设、团结人民与打击敌人的关键作用。与此同时，新中国电影也开始了民族化与多样化的探索，电影的多元化发展也是中国电影在这一阶段的重要面向。“十七年”电影时期诞生了《我这一辈子》(1950)、《白毛女》(1950)、《翠岗红旗》(1951)、《南征北战》(1952)、《渡江侦察记》(1954)、《董存瑞》(1955)、《平原游击队》(1955)、《祝福》(1956)、《上甘岭》(1956)、《铁道游击队》(1956)、《不夜城》(1957)、《羊城暗哨》(1957)、《女篮五号》(1958)、《柳堡的故事》(1958)、《永不消逝的电波》(1958)、《红旗谱》(1960)、《革命家庭》(1961)、《红色娘子军》(1961)、《甲午风云》(1962)、《李双双》(1962)、《红日》(1963)、《地雷战》(1963)、《冰山上的来客》(1963)、《野火春风斗古城》(1963)、《英雄儿女》(1964)、《舞台姐妹》(1964)、《地道战》(1965)、《烈火中永生》(1965) 等众多经典作品，以工农兵题材片、战争题材片、历史题材片、人物传记片、反特惊险片、名著改编片、喜剧片等，展现出广阔的民族历史景观与现实风貌。在清晰的政治宣传教育功能的定位下，中国电影依然有了“百花齐放”的多样化发展。不过，在“文化大革命”时期，受极左思想影响，电影的政治功能被放大到极致，“百花齐放”变为“一花独放”，电影的多样化探索遭到严重阻碍和冲击。

其二，在电影生产机制方面，新中国电影的生产主体呈现出国有/国营电影工业体系与鲜明计划体制的特点。具体体现在电影制片厂的建制、影片生产的规划、电影“明星”机制和电影审查机制建立等方面。如：新中国成立后，很快便建立了以“八大电影厂”为核心的国有/国营电影生产体系，囊括区域性的故事片厂、隶属军队的“八一厂”及体制内专业化的新闻纪录片厂、美术片厂、译制片厂、科教片厂、农业片厂等。又如：在影片生产上，产生了配合重大宣传和庆典需要的“献礼片”。“献礼片”的拍摄是新中国电影史上一个独特的现象，它与中国电影长期存在的国营电影产业占主导地位的电影生产体制直接相关，也与国家对电影宣传作用的高度重视分不开。[①]如为迎接新中国成立10周年（1959年）举办的“国产新片展览月”便出现了大量质量较高的影片，包括《风暴》《林则徐》《青春之歌》《万水千山》《老兵新传》《今天我休息》《战火中的青春》《我们村里的年轻人》等，这些影片的创作队伍和技术设备等均为提早安排选配的，鲜明地体现出电影的政治功能性和计划特色，但在多样化的电影风格探索中，这些影片依然取得较高的艺术成就。此外，少数民族题材片、戏曲片/舞台艺术片、儿童片、美术片、科教片等也都按计划、按比例进行布置安排拍摄。再如：以“新中国优秀电影演员”（即“新中国22大明星”）评选为标志的“明星”机制的建构，也是一种社会主义计划体制下电影机制的独特体现。它由各主要电影制片厂推选，结合群众喜闻乐见的程度，兼顾特定的标准和比例，最终由政府批准并将演员巨幅照片悬挂于各大影院，是将“计划”与“社会/准市场”相结合的、不同于好莱坞明星机制的一种独特运作方式，产生了很好的社会效应。

其三，电影的传播机制体现在影院建设与影片放映机制、电影资讯的媒体传播等方面。新中国的影院建设和影片放映形成了“固定与流动相结合”的机制：一方面，县以上行政区基本都建有影剧院；另一方面，“露天电影院”“农村电影放映队”等流动中的电影传播力量让电影的影响渗透到工厂、农村、学校、企事业单位等各个地方，基本上实现了电影的全民覆盖和全国覆盖。电影资讯的媒体传播方面，以《大众电影》

① 钟大丰.国庆献礼片60年巡礼（1949—2009）[J].电影艺术，2009(5)：13.

为代表的电影杂志在推介电影资讯、传播电影文化、引领社会风尚等方面发挥了独特影响力,《大众电影》创办的“百花奖”还开创了新中国群众参与电影评奖的先河。实际上,在这一阶段,电影行业成为中国计划经济体制下的一个特别的宣传文化中心:对外,新中国电影成为一道独特的世界文化与传媒景观;对内,电影则形成了人们共同的时代与文化记忆。

其四,在艺术与美学方面,新中国电影在电影民族化的探索中生成了独特的民族化风范。在中国电影的发展中,“民族化”一直是人们关注和追求的一个重点,这当中不仅包含了艺术家对中华民族文化传统的情感和信念,也渗透了人们对中华民族的生存和地位的渴望与追求。[①]在“十七年”电影时期,电影工作者在艺术创作和审美表达上展开了自觉的民族化和多样化探索,在影像风格、内容叙事、音乐美术等方面持续实践,形成了有中国特色的电影语言与视听体系。其时,电影工作者尝试将传统艺术精神和艺术表现形式融入电影叙事中,呈现出鲜明的中国特色[②],涌现出众多体现中国电影民族化艺术成就的经典作品,如《早春二月》《林家铺子》《枯木逢春》等,这些影片既延续了中国诗意电影的传统,又展现出对独特电影意境与审美情趣的追求。此外,少数民族片《农奴》《五朵金花》《芦笙恋歌》《阿诗玛》等,戏曲片《天仙配》《红楼梦》《梁山伯与祝英台》等,儿童片《鸡毛信》《小兵张嘎》等,美术片《大闹天宫》《小蝌蚪找妈妈》等,也都显现出丰富细腻、独具神韵的民族艺术意蕴与魅力。这一时期还造就了众多具有鲜明创作个性与独特艺术风格的电影艺术家,如:电影剧作家夏衍、海默等,电影导演艺术家成荫、水华、崔嵬、凌子风、谢添、谢铁骊、谢晋、王苹等,电影表演

---

① 钟大丰.中国民族电影产业的历史和现实[J].文艺研究,2006(7):120.

② 黄会林,王宜文.新中国“十七年电影”美学探论[J].当代电影,1999(5):71.

艺术家赵丹、白杨、张瑞芳、上官云珠、孙道临、秦怡、王丹凤、于蓝、于洋、谢芳、田华、王心刚、王晓棠、祝希娟等，电影摄影家钱江、朱今明、聂晶等，电影音乐家雷振邦、傅庚辰、黄准等，电影美术家池宁、韩尚义等，电影剪辑家傅正义等。“十七年”时期的电影理论与批评也取得了突出成就，出版的电影理论专著、译著比中华人民共和国成立前的所有电影理论专著、译著总数还多[①]，还出现了大量成熟、系统的电影理论文章，初步建立起具有中国民族特色的电影理论与美学体系。其中具有代表性的像夏衍、陈荒煤、袁文殊等人的电影理论，张骏祥、史东山、赵丹等人的编导演艺术理论，韩尚义、徐昌霖等人的电影美学理论，程季华、李少白、邢祖文的电影史研究，钟惦棐、瞿白音等人的电影创新理论等。

“十七年”电影史是中国电影建构模式[②]的历史。其在电影功能发挥、工业体系建设、电影传播、艺术美学建构等方面取得众多重要成就，这是应该予以充分肯定的。但“文化大革命”时期的电影由于受到极左政治的戕害，步入了将电影政治功能与极左结合的偏执状态，导致了电影产量骤减和电影艺术美学的封闭僵化。

（二）改革开放后的中国电影：从转型徘徊到建构中国特色电影体系

改革开放后，从20世纪80年代到90年代，再从“入世”到党的十八大召开，中国电影经历了从探索徘徊到繁荣井喷的进程。伴随着中国打开国门、全面开放，中国电影逐步建立起与中国经济社会发展相适

① 陈山.经典的建构：五六十年代中国电影理论的成熟［J］.电影艺术，1999（5）.

② 胡智锋.新中国60年电影艺术发展之路与经验启示［J］.电影艺术，2009（6）：88.

应的现代电影体系；而伴随社会的转型与革新，电影也成为思想解放与表达时代情感的重要文化与媒介载体。

1.80年代的中国电影

在以“思想解放”为时代主旋律的80年代，电影成为改革开放的关键助力者和重要生力军。作为伤痕、反思、寻根、改革等社会思潮的标志性文化领域，中国电影持续为国家的全面开放提供思想和精神动力。一方面，“文化大革命”结束后，全社会的政治和文化的反思催生了电影艺术的民族化浪潮。[①]另一方面，中国电影也在反思中坚定地走向了现代化、多样化探索之路。

这一时期的电影工业依然是国营体系，但伴随着“双百”方针的恢复与“二为”方向的确立，电影的现代化和多样化探索更为显著。全面开放与拥抱世界使得中国电影逐步摆脱师法苏联的单一模式，开始向欧美等国家的电影学习，同时引入日本、韩国、拉美等国家或地区的电影。这一理念的突破带来了众多国外经典影片的引入，其中突出的表现便是“译制片”的繁荣。“译制片”突破单一从苏联、朝鲜、越南、罗马尼亚等社会主义国家的引介，开始译制众多欧美国家电影，为中国呈现更多现代电影形象与成就，拓展了对电影的认知。

中国电影的现代化探索开启，安德烈·巴赞、克拉考尔等著名电影理论家的经典著作和理论传入国内，同时促发中国电影美学体系的建构和电影艺术的成熟。以张暖忻、李陀的《谈电影语言的现代化》为标志，电影界开始从世界电影艺术的大格局中重新审思中国电影的创作现状与美学建构，并大胆展开崭新的电影理论与实践探索。

其时，电影创作主体呈现出老中青“五代同堂”的局面，新时期的思想解放潮流使他们的创作激情重新焕发。老导演如李俊、汤晓丹、成

---

① 钟大丰.中国民族电影产业的历史和现实［J］.文艺研究，2006（7）：123.

荫、水华、凌子风、谢晋等在历史真实的呈现和现代电影语言的运用中，承继了中国电影的民族化美学传统，其作品散发出独特的影像艺术魅力，代表作有《归心似箭》《南昌起义》《西安事变》《伤逝》《骆驼祥子》《天云山传奇》《牧马人》《芙蓉镇》等；中生代导演如张暖忻、吴贻弓、胡炳榴、谢飞、吴天明、丁荫楠、郑洞天等在追求电影纪实美学风格的同时，形成散文式电影的独特美学意境，在恢复中国电影现实主义传统的同时，取得新的艺术美学突破，代表作有《沙鸥》《邻居》《巴山夜雨》《城南旧事》《乡音》《青春祭》《人到中年》《孙中山》《老井》等；而"第五代"导演如张军钊、陈凯歌、张艺谋、田壮壮、吴子牛等，虽然在影像语言上大胆突破传统，呈现出强烈的现代意识，但依然善于从中国民间艺术与传统美学思想中汲取智慧，以鲜明的民族化风格获得世界瞩目，代表作有《一个和八个》《黄土地》《红高粱》《猎场札撒》《喋血黑谷》等。

改革开放后的纪录片逐渐跳出新闻纪录片的创作惯性，展开纪录电影艺术化表达的探索，产生了《潜海姑娘》《美的旋律》《莫让年华付水流》等优秀纪录片。这一时期具有代表性的科教片有《生命与蛋白质——人工合成胰岛素》《蜜蜂王国》《细胞重建》等，具有代表性的美术片有《三个和尚》《猴子捞月》《金猴降妖》《鹿铃》等。80年代的中国影坛还见证了一批极具观众缘的电影明星的诞生，女演员中有刘晓庆、斯琴高娃、陈冲、潘虹、张瑜、李秀明等，男演员则有达式常、杨在葆、姜文、陶泽如、谢园、唐国强、周里京、郭凯敏等。

可以说，80年代中国电影虽然倾向于电影语言的革新与艺术风格的现代化探索，但其对民族文化和电影传统的继承，以及对电影民族化风格的探索都未中断，并呈现出新的艺术成就。

2. 90年代的中国电影

进入90年代，特别是党的十四大召开后，中国特色市场经济体制正式建立，经济社会的转轨给中国电影带来深刻影响。中国电影在开始向市场转型和探索的过程中产生了严重的不适应，突出表现为生产力的下降和生产关系的亟待调整。

长期在计划经济体制下发展的国有工业生产主体陷入迷茫、衰落的状态，而电影的新的市场主体在这一时期比较弱小，尚未成熟，整个电影发展经历着转型的阵痛与纠结。与此同时，电视媒体在90年代中后期的全面崛起也给传统电影带来重大冲击，观众的流失导致电影的受关注度严重下滑。

不过，这一时期的主旋律影片依然在艺术创新探索中获得较大发展，产生了《大决战》《大转折》《大进军》《焦裕禄》《孔繁森》《凤凰琴》《红河谷》《黄河绝恋》《重庆谈判》《横空出世》《离开雷锋的日子》等优秀影片。重大革命历史题材、领袖、革命英雄人物的传记片作为“主旋律”电影的最新形态再度辉煌，成就共产主义精神、新中国经典电影叙事在世纪末的再次高昂[①]；由《甲方乙方》《不见不散》《没完没了》《大腕》等掀起的“贺岁片”浪潮成为这一时期中国电影突破市场困境的一大亮点，以冯小刚为代表的电影工作者对商业娱乐片的艺术创作与市场运作方式展开创新探索；而在中国电影走向世界的整体趋向中，这一时期的中国电影也涌现出一些产生国际影响和深具人文情怀的艺术电影、独立电影，获得世界瞩目和赞誉，如张艺谋的《秋菊打官司》和谢飞的《香魂女》分获第49届威尼斯国际电影节金狮奖最佳故事片奖与第43届柏林国际电影节最佳影片金熊奖。在这一时期，中国电影初步形成主旋律电影、艺术电影、商业电影并存的局面。

在90年代中国电影的创作景观中，谢晋、谢铁骊、谢飞、黄健中、吴贻弓、吴天明、张暖忻、丁荫楠、滕文骥、李前宽、肖桂云、翟俊杰、

① 戴锦华.梅雨时节：90年代中国电影笔记之三［J］.当代电影，1994(5)：12.

孙沙等老导演持续保持着高昂的创作激情，为中国影史贡献了诸如《鸦片战争》《黑骏马》《龙年警官》《过年》《我的1919》《阙里人家》《变脸》《北京，你早》《周恩来》《九香》等杰出作品；张艺谋、陈凯歌、吴子牛、夏钢、孙周、黄建新、何群、何平、张建亚、塞夫、麦丽丝、冯小宁、陈国星、霍建起、冯小刚等中生代导演以整体性姿态强势崛起，《秋菊打官司》《菊豆》《活着》《一个都不能少》《站直啰　别趴下》《双旗镇刀客》《炮打双灯》《三毛从军记》《东归英雄传》《红河谷》《黄河绝恋》《黑眼睛》《那山那人那狗》等影片在与世界影坛的对话中显示出中国电影的美学风范、民族特质与国际水准；以娄烨、管虎、路学长、王小帅、贾樟柯等为代表的“第六代”导演及姜文等新导演在这一时期崭露头角，以鲜明的影像风格传达出对生命的独特理解和对人性的深刻反思，引发电影界高度关注。

这一时期还产生了较多优秀儿童片，如《我的九月》《豆蔻年华》《烛光里的微笑》《花季·雨季》等。纪录片、美术片、科教片中，《往事歌谣》《周恩来外交风云》《宝莲灯》《基因与转基因动物》等作品具有代表性。这一时期的中国影坛涌现出巩俐、宋春丽、奚美娟、宁静、李雪健、葛优、李保田、刘佩琦、张国立、陈道明、王志文等众多“实力演技派”电影演员。

3.进入21世纪的中国电影

进入21世纪以来，中国电影在遭遇全面危机的同时迎来新的发展机遇。中国加入WTO后，电影产业大起大落，电影生产主体以全球最强的好莱坞工业体系为模板，在从“计划”向“市场”艰难转型的过程中开始全面的产业化探索，电影产业的投资主体、内容生产主体和传播主体的生产关系调整初见成效、日益多元。

中国电影在新的市场化探索中重新发挥政治意识形态、宣传教育、艺术审美等功能，政治意识形态、产业资本、艺术美学等多维度的冲突与矛盾不断演化。这既有过去年代对电影功能认知的延续，又有新时期市场探索的因素。但更为重要的是，它为中国电影实现思想价值、艺术价值和商业价值的和谐交融留下很大的探索与创新的空间，使其在内容生产方面形成主旋律电影、艺术电影、商业电影三足鼎立并相互交融的格局。[①]它们相互借鉴、渗透、靠拢、融合的趋势有所加强，每一种均受其他种类影片的牵制、影响，也都在做出相应的调整。[②]

在“入世”和电影全面产业化改革的背景下，21世纪第一个十年里的中国电影呈现出开放、多元、交融的格局。以《生死抉择》《相伴永远》《冲出亚马逊》《邓小平》《惊涛骇浪》《张思德》《东京审判》《铁人》等为代表的传统主旋律影片保持着较高的艺术水准；《英雄》《十面埋伏》《满城尽带黄金甲》《无极》《夜宴》等中国特色的商业大片极大助推了中国电影的产业化发展；《梅兰芳》《千里走单骑》《让子弹飞》《暖》《美丽的大脚》《三峡好人》《图雅的婚事》《可可西里》《南京！南京！》《疯狂的石头》等文艺片的题材、内容、风格虽然迥异，却体现出中国新老导演对艺术品质的共同追求；《风声》《集结号》《云水谣》《十月围城》《建国大业》《唐山大地震》等融主旋律、艺术性与商业类型于一身的影片纷纷出现，使“三性”统一的中国电影创作局面逐步形成。这一时期的电影创作景观中既有丁荫楠、翟俊杰等老导演的不辍耕耘，又有张艺谋、陈凯歌、冯小刚、尹力、霍建起等中年导演的开拓创新，更映射出贾樟柯、陆川、宁浩等年轻导演的不断成熟。

这一时期，《宇宙与人》《深渊——邪教的本质》《月球探秘》《变暖的地球》等科教片，《东方巨响——两弹一星实录》《钢琴梦》《又见梅兰芳》《筑梦2008》《天赐》等纪录片较为突出。章子怡、周迅、蒋雯丽、

① 胡智锋.新中国60年电影艺术发展之路与经验启示［J］.电影艺术，2009(6)：89.

② 胡克.走向大众化的主流电影［J］.当代电影，2008(1)：10.

颜丙燕、徐静蕾、李冰冰、宋佳、佘男、刘烨、张涵予、夏雨、陈坤、邓超、黄晓明等青年演员在这一时期成功塑造了众多电影人物形象。

另外，作为新中国文化领域首部法律的《中华人民共和国电影产业促进法》也在这一时期经历了从酝酿到逐渐成形的过程，见证了中国电影产业改革发展全程。总之，尽管中国电影"产业化"的问题众多，但符合中国国情和市场规律的电影生产和传播体制已初步成形，并产生出以市场产业为主导、公共服务为补充的全新格局。

4.进入新时代的中国电影

中国特色社会主义进入新时代，中国电影在持续融入世界电影发展潮流的过程中，迎来全面喷发的时代，这是中国电影在多年的探索和积累后的一次总爆发。

电影管理工作划归中宣部直管，电影工作的管理层级及其在党和国家发展的重要地位更加突显。《中华人民共和国电影产业促进法》的通过和施行标志着中国电影产业的成熟，有助于中国电影和世界电影进行全面对话，有助于找到电影繁荣发展可持续的路径。[①]中国的民族电影产业作为国家文化产业领头羊的地位不断巩固，市场主体包括国有和民营制作机构共同扛起中国电影发展重任。

电影票房和观影人次不断突破新高，电影基础设施建设不断完善。伴随中国的城镇化和现代化发展，城市购物中心建设、人民消费水平提升与中国电影发展繁荣之间的关系更为紧密、相辅相成。无论是电影基础设施建设还是电影票房及其影响力等方面均可圈可点。

中国特色电影类型化发展取得新成就，其中，"新主流大片""喜剧片""动作片""青春片""爱情片"等类型片不断成熟，"科幻片""动画片""献礼片"等类型片取得新突破。《战狼Ⅱ》《智取威虎山》《湄

① 张宏森，胡智锋，刘俊.中国电影：从数字走向诗——2016《现代传播》年度对话［J］.现代传播（中国传媒大学学报），2016(1)：1.

公河行动》《红海行动》《烈火英雄》《我和我的祖国》《中国机长》等主旋律影片在专业评价、票房收入、观众口碑及文化影响等众多指标中均表现不俗，为中国电影实现“既叫好又叫座”积累下重要经验。《人再囧途之泰囧》(2012)、《西游降魔篇》(2013)、《中国合伙人》(2013)、《心花路放》(2014)、《归来》(2014)、《推拿》(2014)、《白日焰火》(2014)、《捉妖记》(2015)、《夏洛特烦恼》(2015)、《寻龙诀》(2015)、《烈日灼心》(2015)、《山河故人》(2015)、《美人鱼》(2016)、《百鸟朝凤》(2016)、《我不是潘金莲》(2016)、《路边野餐》(2016)、《芳华》(2017)、《我不是药神》(2018)、《唐人街探案2》(2018)、《一出好戏》(2018)、《无名之辈》(2018)、《后来的我们》(2018)、《流浪地球》(2019)、《地久天长》(2019)等影片在题材、内容、形式、风格等方面呈现出多元并存、百花齐放之势。这一时期的中国电影既有出自吴天明、张艺谋、冯小刚、王小帅、贾樟柯、娄烨、管虎、曹保平等知名导演之手的精品，又有刁亦男、文牧野、宁浩、乌尔善、毕赣、郭帆、刘若英等新生代导演的佳作，一些年轻导演在自己的“处女作”中便展现出较为成熟的导演艺术风格，锋芒毕露。

进入新时代，纪录片、美术片、科教片迎来新的发展契机，先后诞生了《旋风九日》《日本战犯忏悔备忘录》《我们诞生在中国》《我在故宫修文物》《喜马拉雅天梯》《二十二》《厉害了，我的国》《奋斗时代》等优秀纪录片作品，涌现出《西游记之大圣归来》《大鱼海棠》《风语咒》《白蛇：缘起》《哪吒之魔童降世》等优秀美术片作品，产生了《气候变化与粮食安全》《小鸭快跑》《绿色长城》等优秀科教片作品。这一时期表现较为突出的演员有黄渤、吴京、王景春、段奕宏、陈建斌、杜江、黄轩、咏梅、白百何、周冬雨等。

总之，进入新时代，中国特色电影工业体系已基本建立，中国电影的市场化探索、艺术与技术的创新正渐入佳境。

二、新中国70年电影发展的主要问题与前瞻思考

走过70年发展历程的中国电影取得了举世瞩目的成就，但也依然存在许多矛盾和难题。突出体现在如何处理“教”与“乐”、“计划”与“市场”、“传统/中国/主体性”与“现代/世界/多样性”等几组关系的问题上。如何突破困境，首先在于我们如何辩证地看待这些矛盾和难题，避免走向偏执状态，从而健康、融合发展。

（一）电影功能实现层面：“教”与“乐”的关系

电影既有宣传教化的功能，也有文化娱乐的功能。但在对电影功能的理解上，中国电影经历了电影功能单一化与多样化倾向之间的纠结与抉择。在新中国的某些历史时期，曾经过于强调电影是意识形态的重要工具，过于强调电影的宣传教化功能，忽略了电影的多元化，不仅导致电影产能被抑制，观众需求未能充分满足，还因电影多元功能的弱化，反而不利于政治意识形态功能的释放，使电影发展走向过度单一偏执的状态。

一部电影要步入“既叫好又叫座”的理想状态，便要融思想性、艺术性与商业性于一体，让观众在潜移默化中受到思想启迪和艺术熏陶。正确处理好“教”与“乐”的关系，就需要遵循电影艺术创作与传播的规律特点，善于在电影发挥其政治功能的同时，也发挥其娱乐功能。实际上，电影越是市场化程度较高，越有利于其多元功能的实现，特别是其宣传教化功能越能实现。

因此，辩证地看待“教”与“乐”的关系是解决电影功能发挥的关键：只“乐”无“教”，虽“无害”，但缺少艺术的思想性；只“教”不“乐”，虽“思想正确”，但过度保守，会使传播“无效”。那些宏大厚重

的题材与内容，如果不进行内容生产和传播运营上的商业化操作，就很难赢得市场，很难受到当今年轻人的欢迎；只有寓“教”于“乐”，才能在主流价值的传递与时尚艺术的表达之间寻找到一个平衡点，才会使观众的社会压力与审美疲劳等状态被多方面电影功能所稀释，才更有益于电影的健康发展。

作为新时代现实主义电影的力作，《我不是药神》对百姓广泛关注的社会痛点问题展开，基于真实故事又经过艺术提炼的影像呈现，产生了超越故事本身的时代共鸣，而其对善恶博弈、人性与利益复杂纠葛的艺术表达，更进一步提升了影片的现实性与思想性，释放出强烈的人性力量。与此同时，其极富动感、幽默感和视觉质感的影片风格、小人物群像式的刻画及团队化的塑造、商业类型影片元素的恰当融入等又增加了该片的观赏性与艺术性。该片不仅创造了文艺片票房纪录的新高，而且引发全社会的巨大反响，助推了医疗卫生领域重要事项的改革。

《古田军号》《决胜时刻》为“重大革命历史题材”影片树立了新的标杆，在对历史真实的艺术表达中展开了创新探索。比如在人物形象方面，两部影片均塑造了不同于以往的革命领袖毛泽东的形象。《古田军号》中的青年毛泽东是一个血气方刚、充满激情，但同时“固执”己见甚至意气用事的全新“时尚”的银幕毛泽东形象，呈现出一位伟大人物在年轻时期经历自身和事业困境时的真实精神状态，也容易为今天的年轻人所认同，所接受[①]；《决胜时刻》中的开国领袖毛泽东更加接地气，更具生活态。影片着力透过众多生活细节和情感状态的呈现，挖掘领袖人物内心世界，展现其人格魅力。如与女儿一起捕鸟时的憨态可掬，与小战士互动时的细腻体贴，为警卫员恋爱“支招”时的认真可爱，在后台与梅兰芳交谈时的谦和虔诚，聆听病中任弼时拉琴时的真情流露等，呈

① 胡智锋，陈寅.《古田军号》：历史真实的艺术创新与审美表达［J].当代电影，2019(8)：18.

现出一个有血有肉、与众不同的领袖形象。

从《智取威虎山》到《湄公河行动》《红海行动》，从《烈火英雄》到《中国机长》《攀登者》，一批中国香港的电影工作者在近些年开始尝试主旋律题材影片的拍摄，比如陈可辛、徐克、林超贤、刘伟强、李仁港等。他们将香港商业类型片的一套成熟的操作规范运用于主旋律电影创作中，创造出“主旋律商业大片”并形成了新的创作模式与美学风格。“主旋律商业大片”强调要符合商业类型电影的基本规范，中国香港导演恰在警匪片、动作片、灾难片等领域驾轻就熟，能够充分运用电影的商业元素，将电影的观赏性、娱乐性、时尚感释放到最大程度；与此同时，他们又准确把握了主旋律电影的基本精神内核，在影片中高扬主流价值观，高扬英雄主义、集体主义、爱国主义和民族精神，高扬和平反战理念和人性向善观念，从而在“教”与“乐”、政治意识形态和娱乐文化消费之间取得了平衡，赢得了市场的欢迎和年轻人的喜爱，更好地传播和弘扬了主流价值观。

（二）电影工业生产层面：“计划”与“市场”的关系

在新中国电影工业生产体系的建构过程中，计划经济体制因其“集中力量办大事”的特点为新中国电影发展发挥了独特作用，比如“八大电影厂”的建制、“样板戏”“献礼片”“新主流大片”等电影形式或类型的创生等，都曾在新中国发展的不同时期产生无与伦比的力量与价值，显现出“举国体制”的独特优势。但同时，计划体制却缺乏对市场的敏感度与适应性，特别是在中国进入改革开放新时期之后，中国电影越来越不能满足市场多样化需求，面临生存发展的严峻形势。

因此，建构中国特色的电影体系，应该认真思考“计划”与“市场”之间的关系：只“计划”不“市场”，虽然在特定时期的成就不容否定，但已经不能适应经济社会转型发展的新形势；只“市场”无“计划”，也存在许多问题，比如市场化程度更高的电影产业虽然有利于创作出更多个性化的类型片，也有利于通过研究观众喜好更好地满足观众需求，但仅仅围着市场转，也容易走向“唯利是图”的极端，放松甚至放弃对社会和文化传承的责任。目前有一些商业类型的喜剧片、动作片和青春片等，虽然在总体上无伤大雅，但却与中国的大国文化与大国气派不符。适当的“计划”并非与市场经济相悖，而是认知历史与传承民族文化的需要，是民族与国家认同的需要，是文化自信的充分体现。比如“献礼片”“重大革命历史题材影片”“新主流大片”的先后产生与持续存在，均是中国特色电影体系下传承历史与文化的价值显现。因此，市场化的电影发展仍然需要设计与“计划”，理想状态是“市场”与“计划”的和谐交融。

在新中国电影发展史上，为配合重大节庆宣传需要产生的“献礼片”，尤其是国庆献礼片，无疑是观察新中国电影在“计划”与“市场”关系上互动变迁的重要指标。1959年，为新中国成立10周年献礼的“国产新片展览月”便产生了一系列优秀影片。这些影片在严格的计划与组织下推进，在“大跃进”的时代语境下被纳入国家意识形态与国家建设工程的框架之中，最大限度地调动了新中国电影界的人力、物力与财力。虽然在当时的历史环境下，还谈不上“市场”和“商业”，但这些影片却在国家意识形态与观众审美诉求之间寻找到了平衡点：既在政治上很好地配合了国家重大庆典的宣传任务，又在艺术上满足了广大观众的审美文化乃至娱乐消费的需求。以今天的视角观察，实际上也可将其视为一种“准市场”的创作策略。诸如《青春之歌》《战火中的青春》等影片，通过个性化的性格描写、情感经历与思想成长过程的契合，将特定时代的国家意识形态诱导的需求缝合到愉悦的欣赏过程中①。

作为独具中国特色的电影文化现象，“献礼片”的发展见证了中国

① 钟大丰.国庆献礼片60年巡礼（1949—2009）[J].电影艺术，2009(5)：7.

电影从“计划”向“市场”的转型。20世纪八九十年代“献礼片”的主流是“重大革命历史题材”“领袖、英模人物传记片”等，体现出浓厚的计划与宣传色彩。长期以来，其在观众心中产生了“应景之作”“说教味浓”“观赏性弱”等刻板印象；21世纪以来，由多样化类型片汇聚放映的“国庆档”伴随“新主流大片”的类型成熟，在市场条件下为进行“献礼片”的商业化创新探索奠定了基础。在新中国成立70周年之际的“优秀国产新片展映”活动中，再次涌现出诸如《古田军号》《红星照耀中国》《决胜时刻》《我和我的祖国》《中国机长》《攀登者》等众多优秀影片，实现了“献礼片”和“主旋律”影片创新探索的一次质的飞跃。特别是《我和我的祖国》《中国机长》《攀登者》在“国庆档”形成“三足鼎立”格局，收获了票房和口碑双丰收。其中，《中国机长》《攀登者》在真实事件的影像表达中将“主旋律”与“灾难”“冒险”“奇观”等电影商业类型元素和谐融合，在强烈的视听冲击下释放人性和精神的强大力量；《我和我的祖国》作为新中国成立70周年的献礼片，以七个不同的段落故事回顾新中国发展史上的重要历史瞬间，集结中国四代七位知名导演、五十余位优秀演员及众多制作部门共同打造，以极富仪式感的设计力求激发全民的爱国主义热情，是典型的具有“计划”色彩的影片。同时，其又在与“市场”的契合中注重观众的观影体验和审美诉求。影片另辟蹊径，罕见地在重大历史题材中聚焦小人物，在对大历史下小人物的命运呈现中展现国家与百姓的密切关联，增强了影片的代入感、沉浸感。影片摒弃宏大叙事可能带来的与观众的疏离感，以微小、细腻、精致的元素运用来讲述中国故事，唤起观众的集体记忆。比如：“怀表”在“前夜”“回归”等篇章的多次、多样的呈现体现出人物的专业态度、工匠精神与家国情怀；一张“奥运门票”在“悲与喜”“得与失”“动与静”之间的来回转换，勾连起全民难忘的共同记忆，诠释出无言的人间大爱；以“白昼流星”意象对“精神扶贫”“追求梦想”展开艺术化、浪漫化表达，也有效规避了说教式、口号式的表现形式等。总体来看，2019 年国庆档“献礼片”的创新实践是对进行“计划”与“市场”关系和谐交融的一次积极且有效的探索，使“计划”中的“主旋律”“核心价值观”与“市场”下的审美文化趣味、商业类型元素及娱乐消费诉求紧密贴合。

（三）电影艺术美学层面：“传统 / 中国 / 主体性”与“现代 / 世界 / 多样性”的关系

从电影艺术美学层面来看，中国电影的发展需要处理好“传统 / 民族化”与“现代 / 全球化”、“中国”与“世界”、“主体性”与“多样性”等三组关系。

一是处理好“传统 / 民族化”与“现代 / 全球化”的关系。中国电影要始终扎根于中国的历史文化土壤，始终坚守自身的民族文化特质与精神内核，始终致力于彰显中国气派与中国风格，建构中国特色的电影体系。但需要警惕的是，在民族传统文化中既有精华也有糟粕，不能以“民族”和“传统”之名，盲目否定现代化和全球化；而追求现代化和全球化也不等于只追求时尚和差异，单纯地求新、求特、求怪往往会忽略其共通性和公共性的因素。真正属于世界的电影艺术必然是对普遍性的因素给予更多的关注与吸纳，从而获得了长久的生命力和广泛的影响力。

近些年来，影视业在推动中华优秀传统文化的创造性转化、创新性发展上不断着力，但在这方面可以称得上“现象级”的电影依然不多，对中华优秀文化资源的挖掘、创新力度依然不足。动画片《哪吒之魔童降世》则打开了一个新的局面。源于古典名著《封神演义》《西游记》的哪吒故事具有比较稳定的叙事版本和基本情节，“哪吒”的形象也是中国电影独特、鲜明的文化符号，它的电影形象融合了宗教文化、民间艺术和戏曲艺术中的诸多美学元素，具有较长的历史源流和较强的民族风格。《哪吒之魔童降世》的成功在于它既继承了传统哪吒故事和哪吒形象的基本内核与精神，又巧妙恰当地展开了富于创造性和时代感的转化与改造。比如：亦正亦邪的哪吒新形象的塑造、与敖丙亦敌亦友的微妙关系及冲突演进、家庭伦理结构中父母角色定位的全新诠释、“我命由我不由天”价值观的准确传递，极其鲜明地在高扬中华传统文化与文化自信的同时，借鉴、融合了世界商业类型电影、动漫的新元素，创造出中国特色、国际水平的优秀动画电影。

二是处理好中国与世界的关系。从以苏联电影为师到以欧美电影为师，再到建构中国特色的电影体系，新中国电影发展始终面对着如何正确处理中国与世界关系的问题。因为闭关锁国和极左政治等历史因素，中国电影曾经步入封闭偏执的状态，曾经发展到很少甚至不去借鉴国外电影的艺术经验。直到改革开放新时期，中国电影才重新站在世界电影发展的高度上审思自身发展，重新检视自身与世界的关系问题。

站在新时代的起点上，中国电影已经拥有了与世界对话的基础和实力。因此，要有面向世界、拥抱世界、传播到世界的自信与雄心，在与世界文明和国外电影艺术对话的过程中，始终保持既不妄自尊大又不妄自菲薄的健康心态，以高度的文化自信呈现中国独特的文化景观和精神气象。如在电影创作中，巧妙开发中华文化的独特符号、人物形象与传奇故事，并深挖其时代内涵与共性价值，通过转换传统思维、对接世界共同语言和融入现代思考，在传播中国传统价值的当代意义与世界贡献中收获全球观众的普遍接受和广泛认同。同时，中国电影也不应仅仅局限于呈现中国和服务中国，更应该呈现世界和服务世界，成为人类精神文化和共同情感的凝聚与升华。

《流浪地球》无疑是新时代中国电影体现大国气派、表达家国情怀、彰显大国实力的新标杆。[①]首先，《流浪地球》所关注的不只是中国的问题，而是世界性的问题。这是中国电影视角的一个重大变化，体现了其对人类生存发展与前途命运的忧思，以独特的影像艺术表达方式深刻契合了“人类命运共同体”理念，展现出中国作为负责任大国的崭新形象、使命担当和建设作用。其次，《流浪地球》为解决世界问题和人类危机提供了独特的“中国方案”。这个方案不同于好莱坞式的“逃离地球”或“毁灭地球”，而是“带着地球一起走”。根植于中华民族浓浓的家国情怀与乡愁观念，同时将“以人为本”“和谐共生”等核心价值与现代文明理念进行巧妙融合、创造性转化。这个方案没有种族偏见，更没有文化歧视，它推崇各国各民族平等和谐相处、不忘初心、记住乡愁，对地球这个人类共同家园一往情深[②]；最后，《流浪地球》在技术和艺术上的进步也凸显了中国电影工业和科学技术的实力以及中国电影艺术的独特审美意蕴。影片以精良的制作、充满想象力的先进技术手段与影像元素，为中国科幻类型电影的发展注入新的活力，同时又以独特的东方神韵、创新的艺术表达、和谐适度的审美品性展现了中国电影的魅力与特质。

三是处理好主体性与多样性的关系。在如何正确处理民族主体与世界体系之间关系的问题上，中国电影面对着究竟是以中国为主体还是以其他为主体的问题。如果不能辩证地看待这些关系，往往会导致顾此失彼、有失偏颇。

过度强调“主体性”，会对吸纳多样化、差异化产生排斥作用，走向封闭僵化之路。只有“集百家之长”，才能“成一家之言”。从“二为”“双百”到“弘扬主旋律、提倡多样化”，再到“提倡体裁、题材、

① 胡智锋.体现大国气派，表达宏大情怀［N］.人民日报，2019-02-21(16).

② 胡智锋.体现大国气派，表达宏大情怀［N］.人民日报，2019-02-21(16).

形式、手段充分发展，推动观念、内容、风格、流派切磋互鉴”[①]，正是在正确处理主体性与多样性关系的前提下，中国电影工作者才以极大的创作激情与创造力为新中国留下了丰富多彩的杰出作品。近些年来，“主旋律商业片”不断创造出新的题材类型，如与武打动作片结合的《湄公河行动》《战狼Ⅱ》，与灾难片结合的《烈火英雄》《中国机长》《攀登者》；而从《建国大业》《建党伟业》《建军大业》的“全明星阵容”到《古田军号》《决胜时刻》对领袖人物的生活化塑造，再到《我和我的祖国》以大历史下小人物的故事唤起全民记忆，“重大革命历史题材”也不断开拓出新的呈现视角与方式；文艺片、喜剧片、爱情片、青春片、科幻片、神魔片、动画片、IP改编题材片等均有不少尝试与收获。

而过度强调“多样性”，又会对民族主体和国家主体产生排斥作用。诸如崇洋媚外、媚俗低俗、随波逐流等问题若得不到根治，不仅会导致中国电影的优质度和稳定性受到极大影响，还会使中国电影品牌形象受到极大损害。因此，中国电影需要始终保持高度的文化自信，始终坚守民族化风格与本土价值，下大力气在电影创作与传播的创造性提升上，以中华文化与美学的智慧，在与世界电影的对话中彰显自身的价值与魅力，使中国电影产生对世界电影风尚与潮流的引领性效应。比如，作为“新主流电影”标杆的电影《战狼Ⅱ》在类型元素、视觉效果、技术呈现等方面展示出世界级制作水准，而在价值观上却以弘扬英雄主义、爱国主义与民族精神取胜，展现出国际语境下的中国精神、大国风范，彰显了强烈的文化自信、民族自信。

结语

回溯历史，新中国电影在各个不同时期都创造了令人难忘的影像经

① 习近平.坚持以人民为中心的创作导向 创作更多无愧于时代的优秀作品[J].电影艺术，2014(6)：6.

典，形成了超越时代的共同记忆。新中国历史与人民生活的众多景观都蕴含在这斑斓的影像世界之中，这是中国电影为新中国发展作出的独特贡献；中国电影也以其独特的民族化风范、现实主义风格及多样化创新探索，形成了中国特色的电影艺术美学体系，为新中国在世界电影舞台赢得了声誉。

如今，从总量上看，中国电影已经跃居世界第二，电影票房和银幕数量屡创新高。但从总体上看，中国电影在全球的被认知度和认同度依然不高，中国电影工业的竞争实力依然不够强大，中国电影美学体系的建构依然不够完善。可以说，中国电影虽然已经拥有比较强大的基础，但发展状况包括影片质量与电影票房等都不够稳定，与我们的理想目标和状态的差距还很大，还不能很好地适应和满足国家战略发展的需求，更无法很好地在世界电影舞台上彰显中华文化的魅力。

经历70年的发展，新中国电影已经站在从“电影大国”迈向“电影强国”的新的历史方位上。面对新时代中国电影的发展，我们需要认真思考未来中国电影所要形成的景观与效果，认真思考未来中国电影在国家体系中应该扮演的角色、呈现的形象与肩负的责任。站在新的历史方位上，中国电影的发展应该与实现“两个一百年”奋斗目标和中华民族伟大复兴的中国梦相一致。中国电影的发展不能只顾眼前的经济利益和短时的轰动效应，要始终与中国经济社会战略发展需求相吻合，实现不断提升中国电影的文化软实力来提高中华文化软实力和中华文化影响力的根本目标，为建设社会主义电影强国与文化强国谱写新时代的崭新篇章！

（本文与陈寅合作，原载于《民族艺术研究》2019年第6期，《新华文摘》2018年第8期论点摘编）

下篇

实务篇

中国电视节目生产的本土化战略与对策

中国电视节目生产的本土化问题，是在日趋激烈的媒介竞争局面已经形成的前提下提出来的。因此，它涉及三个问题：一、中国电视面临新媒体环境；二、新媒体环境下中国电视节目生产“本土化”问题；三、中国电视节目生产“本土化”进程中的几个意识。

21世纪，我们究竟面临着怎样的媒体环境？如何认识媒体环境的基本性质与功能，如何把握媒介环境中的诸多复杂的关系？尤其是对于当下正达“颠峰”状态的电视媒体来说，在未来的新媒体环境下，还能否保持今天的神气，将遭遇怎样的挑战、扮演怎样的角色？与此相关联的电视文化格局、电视创作状态、电视传播样式、电视经营方式、电视艺术形态等将会是怎样的形象？对于电视从业者及关注电视命运的人们，这些无疑是不能回避的重要课题。

我们不得不正视这样的现实：

——网络传播正在迅速地“蚕食”电视的观众与市场；

——美国在线已与时代华纳合并；

——“全球化”正在强有力地“挤压”本土文化的生存空间；

——传统的电视艺术形态、创作状态也被大规模地瓦解和颠覆；

——各种媒体相互之间的对峙、分离、独立的状态正在被打破，出现大兼并、大融合之势……

有人将这来势凶猛、融通所有传统传播媒介样式的、容量巨大包罗万象的媒体（融报纸、杂志、广播、电影、电视、娱乐于一体），称为新媒体“全媒体”和“媒介集成”，不管怎样称谓，一个崭新的新媒体环境出现在我们面前，它以不可阻挡之势，迅疾蔓延拓展着，使传统媒体（包括电视）在此环境中或黯然失色，或消解溶化，或得到新的发展机遇。

在全球迈向“信息时代”的今天，谁也不能无视“新媒体”对于人类社会生活的重大影响，即使退一步，只从媒介自身的发展历程来看，“新媒体”时代的到来，也是具有划时代意义的。从原始口语的传播、交流，经由文字、图像、影像等众多媒体的推波助澜，在世纪之交的今天，向着网络传播方向发展。但与人类历史上的几次大的传播革命相比，此次“新媒体”的崛起，不是简单的一对一的“替代”，而是更为包容、更为强烈的“融合”。

在“新媒体”环境下，中国电视应采取怎样的战略与对策？我认为应当在技术、制度、观念几个层面上做较大力度的“整合”工作。从技术上看，设备设施的数字化、制作标准的国际化、传播方式的网络化、覆盖规模的全球化是发展的大趋势。从制度上看，集团化的组织机构、产业化的经营方式、多样化的融资渠道、制作与播出分离的管理方式等应成为“制度创新”的主要内涵。从观念上看，以人为本（包括媒体从业人才为本、受众为本）的观念、以质取胜（包括精品战略、收视率的“质”）的观念、以专业化（包括频道专业化、服务对象群体专业化）为目标的观念、以本土化（包括节目内容、文化构成、审美品格、表述方式等）为追求的观念。只有朝着这个方向努力，我们的民族电视才有可能在剧烈的全球媒介竞争中立于不败之地。

“本土化”观念并非一个封闭的、停滞不动的观念，而是一个流动的跟随中国社会发展而不断发展着的概念。“本土化”体现在电视的节目内容、文化构成、审美品格与表述方式等多个方面。

1.电视节目内容的“本土化”

电视节目的内容，是电视媒体与电视观众在相互影响、相互适应、相互制约的“互动过程”中逐渐确立和发展起来的。电视媒体应当传播什么样的节目内容，与电视观众需要什么样的节目内容，是一个问题的两个方面。而中国电视节目内容的“本土化”，必须同时考虑这两个方面的问题。

当电视媒体处于相对“垄断”的地位，电视的节目内容作为相对的“稀缺资源”而与观众相处时，电视观众往往处于较为被动的接受状态。如果电视观众只能接收很少几套节目时，他们可能会从节目序曲一直看到节目的“再见”，几乎别无选择，这时就谈不上节目内容如何怎样的问题了。

当电视频道资源日渐丰富，电视的节目内容已不成为“稀缺资源”的时候，电视观众的选择空间、选择权利日渐加大，电视节目内容的改变就随之成为电视从业者首先要考虑的问题。

而当电视媒体日益国际化，电视媒体间的竞争日趋激烈之时，电视的节目内容可能成为“过剩资源”，电视观众参与节目的空间、权利就显得格外重要，而电视节目内容的“本土化”也就成为我们必须要面对并予以解决的问题。

中国电视节目内容的“本土化”，在中国电视的基本建设阶段（1958—1978）还不是一个突出问题。在中国电视的本体建设阶段（20世纪80年代以来）开始凸现。在80年代改革开放的时代潮流中，一方面我们开始引进国外的电视节目（如电视剧、电视纪录片、电视娱乐节目）；一方面我们开始了节目内容“本土化”的探索，其中电视剧、电视专题片、电视综艺文艺节目最为突出。贴近中国社会现实生活、针砭时弊、反思历史、奏响时代主旋律的一批优秀电视剧受到观众热烈欢迎；

展现祖国大好河山、讴歌人民创业成就、扫描社会生活风情的一批优秀电视专题片（“专题片”这个名称本身就非常“本土化”）也应运而生；而以电视“春节联欢晚会”为代表的电视综艺文艺节目更是异军突起，成为中国人传统春节庆典中的一道新风景、一个新民俗。

而在90年代，随着改革开放的深入，中国从计划经济体制向市场经济体制大规模“转型”的展开，中国电视经历了从电视纪实节目—电视栏目化—电视谈话类节目—电视直播节目—电视游戏娱乐节目五种节目理念、节目观念的沿革过程。毋庸置疑，这些电视节目理念、观念都不同程度地受到了国外电视理念的影响，但在引入后经过摸索和积累，也已经越来越“本土化”，越来越被中国电视观众所习惯、所接受、所喜爱。

在21世纪里，中国电视节目内容的“本土化”应迈出更大的步伐。尤其是具有品牌效应的频道、栏目和节目，应是重点开发的对象。在“两头”上下功夫应是基本思路——即代表国家、民族电视节目产品水平的“精品”和在电视观众中广受欢迎的常规电视节目，应着力建设和开掘。

2.电视“文化构成”的“本土化”

电视的“文化构成”，即电视不同价值取向、不同价值层面的构成，我们一般将电视“文化构成”笼统地划分为三大类——主流文化、精英文化与大众文化。与西方建立在市场体制基础之上的电视媒体不同的是，中国电视媒体的首要功能、基本价值取向是主流意识形态的宣传与传播，即主流文化是中国电视文化格局中最重要和最基本也是主导的文化构成。而在社会主义市场经济体制的建立过程中，大众文化也得到了空前的发展与繁荣，但中国的大众文化并不意味着简单迎合电视观众的某些趣味（包括低俗趣味），而是建立在主流文化主导的基础之上的，近几年中国电视的发展从整体上看既完成了主流文化构建的任务，也完成了大众文化传播的使命。相比较而言，精英文化中以个性化、深度化、创造性、创新性为特征的电视产品，在电视文化构成中相对比较薄弱，有待进一步开发与拓展。

3. 电视审美品格的“本土化”

世界各民族、各国家以及不同群体的美学传统与审美趣味的差异，导致了电视审美品格的差异，这是我们探讨电视审美品格“本土化”可能性的前提。

中国电视的美学传统与审美品格，与中国社会主义的美学传统与审美品格紧密相连。在20世纪50年代至70年代，以社会主义现实主义为主要创作方法，以理想主义、英雄主义为目标追求，呈现出壮美、崇高的主导美学类型。80年代，改革开放的时代精神为中国电视注入了新的美学因素，以批判现实主义为主要创作方法，以文化反思与浪漫激情的结合为主要特征，呈现出优美、和谐的主导美学类型。90年代，中国电视形式呈现“多元化”的格局，现实主义、浪漫主义与现代主义乃至后现代主义方法多元并存，以纪实主义、娱乐化、新英雄主义、平民化为新的特征，深沉、悲壮与优美、和谐及滑稽、不和谐等美学类型多元并存，审美品格呈现出多元混杂的局面。

不论怎样变化，和谐、合一依然是中国电视审美境界中最基本和最重要的类型，即在电视产品中，在对立、矛盾、冲突中追求和谐、统一、合一，这是我们民族“和合之美”美学传统的现代延续。

4. 电视“表述方式”的“本土化”

电视的表述方式，或电视的表述风格，包括电视的叙事方式、语言风格等。电视的表述方式必须要符合电视传播者、电视观众及与他们共处的特定时空之间的关系。所谓电视“表述方式”的“本土化”，即意味着电视在叙事方式、语言风格等方面，满足民族特色、地域特色及时代特色的需要。

中国电视的叙事方式建立在中国传统思维方式的深厚基础之上，如线性的逻辑思维与感性的形象思维的结合，主体情感抒发、表现与客体意象展开、再现的结合，单一视点与多元视点的结合、写实与写意的结合等都是一贯的原则。再如对情节性、故事性的重视，对现实性、教化性的重视，对完整性、统一性的重视，对整体性、群体性的重视等。

中国电视的语言风格与中国语言自身的特质密切相关，集形、音、义于一体、口语与文字相辅相成的中国语言体系（含书面语和口语），是中国文化民族特色的鲜明表征之一，在长期的历史沿革中，中国语言也呈现出丰富多彩又协调统一的地域特征（中国语言体系中众多方言的存在）。在改革开放的新的时代，外来文化尤其是外来语言，又不断充实着中国语言体系，使之呈现出时代特色。

中国电视的语言风格恰如中国电视的脸面与衣饰，是中国电视“本土化”特色最直观的一个部分。中国电视的语言风格（包括广义的电视画面、声音及照明、服饰、造型等各种电视语言手段）的锻炼与锤炼，对中国电视“本土化”有着重要的推动作用。

新媒体对于中国电视节目生产，既是一种挑战，也是一种机遇。有人对于来势凶猛的新媒体惊恐万分，有人对于中国电视面临中国加入WTO后的危机倍感焦虑，有人对于全球范围内技术、资金、人才等的竞争发出危言耸听之论，这种紧迫感、危机感是可以理解的，但认真地、理性地予以剖析后，我们也应看到，中国电视节目生产的“本土化”目标追求若能实现，中国民族电视的发展则将获得一次良好的历史机遇。

我认为，要真正抓住这次历史机遇，需确立以下几个意识。

1.“精品”意识

这里所说的“精品”，并非自吹自封的所谓“精品”，而是经过中国电视人精心构思、精心策划、精心制作的，为中国电视观众所推崇、喜爱的电视产品（包括节目、栏目与频道）。“精品”不仅要使中国电视观众喜闻乐见，也应得到世界其他地域人们的喜爱和欢迎。

2.“品牌”意识

对于思想深刻、艺术精湛、制作精良的电视节目“精品”，要努力经营，使之成为广为人们熟知的著名“品牌”。客观地看，由于经济、政治，尤其是文化差异，使中国电视精品创造著名“品牌”面临着许多困难。但我们只要不气馁，积极、主动地去经营、推广，相信应当有中国电视著名“品牌”出现在电视荧屏世界之中。

3.“本土化”与“国际化”相结合的意识

中国电视节目生产的“本土化”，并不意味着回到过去、回到传统、裹足不前、故步自封，而应与“国际化”相辅相成。“本土化”与“国际化”应当结合起来，才会使“本土化”获得更大、更多的张力与空间。

事实上，“精品”意识、“品牌”意识的确立，离不开“国际化”的眼光、视角与方式。我们应当以“国际化”的要求来处理中国电视节目生产从创意策划、创作制作、经营运作、宣传推广各个方面、各个环节的问题，才有可能使中国电视节目生产的“本土化”得到有效、可靠的发展与推动。

（原载于《文艺研究》2001 年第 4 期）

中国主流媒体面临的新环境、新形势、新任务

一、中国主流媒体面临的新环境

中国主流媒体在新形势下的发展面临着新的全球化、国家战略发展和媒体融合纵深发展的新局面，这三大局面共同构成了中国主流媒体发展的新环境，也形成了中国主流媒体内容生产创新的总体背景。

（一）全球化新环境的机遇挑战

全球化就是生产资源的全球配置与争夺。马克思最早以“世界市场”的概念将全球作为一个整体来看待研究，预想了“全球化”的雏形。伴随“地理大发现”、大国崛起的此起彼伏和全球的革命浪潮等历史进程的推进，全球化逐渐成为不可阻挡的大潮流，世界历史呈现出地理、经济、政治、文化等全方位一体化的趋势。经过两次世界大战及其后的全球政治经济博弈，世界版图被重新瓜分，资源被重新配置。从“美苏争霸”到美国“一家独大”，中国在这一历史阶段中抓住战略机遇期，快速进入全球化格局中。特别是在加入WTO之后，迅速成长并跃升为世界第二大经济体和第一大贸易国。2008年的国际金融危机和2018年的中美贸易争端又成为全球化发展的重要转折点。其中，中美贸易争端所显现出的不

仅是两国经济关系中的贸易摩擦，还有美国的逆全球化或反全球化倾向，中国则从全球化的最大受益者转而成为逆全球化的最大受害者[①]。在这种逆反趋势中，中国旗帜鲜明地扛起全球化大旗，在新环境下引领全球化发展的新方向，比如“一带一路”的合作倡议，对新的全球治理观的倡导等。

对于中国主流媒体的发展而言，全球化意味着其内容、资本、渠道、人才、技术等方面的全球性资源配置[②]。自改革开放以来，中国主流媒体在融入全球的进程中也在不断吸纳着全球媒体资源。从内容生产层面观察，在一个较长的时期，中国主流媒体的节目都在借鉴、模仿西方节目模式和样态，新闻节目中的《东方时空》《新闻调查》等节目分别借鉴了西方新闻杂志、新闻调查和脱口秀等节目模式，综艺节目中的《幸运52》《开心辞典》《中国好声音》等都是引进或借鉴的“洋版本”。不过，中国主流媒体的内容生产也从过去的“内循环”转为不断融入全球传媒市场的链条中，从合作、采购到版权引进、本土化改造，中国主流媒体的全球化进程也不断走向深广。从资本、人才、技术等层面看，海外资本虽然不能直接进入中国媒体，但也在合作中间接进入中国媒体市场。中外传媒人才之间的交流引进也成为常态，仅CGTN（中国环球电视网）就引进了大量的来自五大洲的记者、编辑、主持人等专业人才。中外技术开发合作的开放度、融合度也不断提升。

与此同时，全球化也给中国主流媒体发展带来诸多问题和挑战。一段时期里，过度依赖国外资源、崇尚西方价值的现象，比如盲目引进国

① 胡鞍钢，王蔚.推动实现“新全球化”是大势所趋［N］.解放日报，2017-01-03（10）.

② 胡智锋.新环境下中国电视的发展与创新空间［J］.新闻与写作，2018（3）：22.

外节目模式、以西方标准进行新闻内容生产等情况，严重制约和影响了中国主流媒体的自主创新能力、舆论引导力和全球竞争力，少数中国媒体甚至唯“西方”马首是瞻，丧失了正确的价值引领，也丧失了在全球媒体舞台中的话语权与影响力。可喜的是，近些年来中国主流媒体在积极因应全球化变局、适应全球媒体新环境的同时，坚守正确的价值导向，不断推进全方位的自主创新，不仅在节目制作上产生了一系列本土化创新的现象级作品，为全球传媒创新发展贡献了中国方案，而且在全球媒体话语体系构建中积极释放中国声音，为建设世界传播新秩序贡献着中国智慧。

（二）国家发展战略的迫切需求

百年来的中国历史是从苦难中奋进、崛起的历史，经历鸦片战争、推翻帝制、内外战争，中华民族重新屹立于世界民族之林。特别是新中国成立70年来，中国经历了“站起来”“富起来”“强起来”的历程。正如习近平总书记在中国共产党第十九次全国代表大会上作出的报告中指出，“今天，我们比历史上任何时期都更接近、更有信心和能力实现中华民族伟大复兴的目标”。

与此同时，由价值观差异所造成的文化冲突、由意识形态不同所导致的东西对峙以及舆论格局的“西强我弱”状态等现实存在，对中国和平崛起、中国特色社会主义制度及意识形态体系、中国主流媒体影响力等造成巨大压力，对此重要背景必须要有清醒的认识。

一是在价值观层面。价值观差异及冲突是文化冲突的突出表征，其深层次的原因是东西方文化之间的差异，是人们对人与自然、人与社会、人与人等问题的根本观念差异所导致的。由于历史、文化等因素，中西方的整体观存在着巨大差异。比如，中西医在对待生命问题上的差别虽体现的是各自医疗体系的不同，但更反映出东西方哲学文化层面的迥异。

中医的优势是全面、系统、辨证，而从现代医学上讲，其精准度、规范度相对欠缺；西医的科学性、精细化更强，却过度分析而相对机械，缺乏综合、系统、辨证的方略。可以说，中西方的价值观各有千秋，又很难融合。同时，中西方价值观分属不同体系，也很难有对错、是非之分，而一旦缺乏对话，就会引发冲突。

二是在意识形态层面。意识形态是基于价值观等因素的思想，是体现在文化、宗教、政治等方面的理念，尤其反映在政党、政权和国际政治中的输赢之争上。如果说价值观存在差异和冲突，意识形态则存在争辩、竞争，乃至对峙、博弈。西方国家和社会主义国家的意识形态分属不同体系，具有完全不同的理念，其因制度、阶级、民族、宗教等方面的理念差异而形成的严重对峙局面一直没有改变。从20世纪90年代的“和平演变”到21世纪的“颜色革命”，都是意识形态领域激烈斗争的直接显现。西方国家一直以来都没有放弃瓦解、颠覆社会主义国家的企图，这对我国的国家安全造成严重挑战和威胁，其形成的巨大压力会随着中国的和平崛起而不断增大，对峙和斗争在某些时期甚至有愈演愈烈之势，对此必须保持清醒的头脑。

三是在舆论格局层面。舆论格局的形成主要基于以大众传媒为主导的舆论营造。如今的世界传媒舆论呈现出“西强我弱”的格局，具体体现为以强势英语国家为主导。传统老牌的欧美国家媒体集团持续垄断着全球传媒舆论资源，中国主流媒体在世界舆论格局中的影响力甚微，真实的中国故事和中国形象得不到有效传播，中国在争夺国际舆论话语权中处于弱势地位，这些现实情况对中国主流媒体造成巨大的压力。

总之，国家对主流媒体抱有迫切的需求和极大的期待，期望主流媒体在传播中国价值观、维护中国意识形态、改变“西强我弱”世界舆论格局等方面有更大作为。中国主流媒体的发展是与中国国家发展战略紧密联系在一起的，其具体实践都是在围绕国家发展战略、服务国家发展需求中进行的。中国主流媒体面对国家战略发展的迫切需求，需要不断通过实践来塑造正向、立体、全面的中国，彰显中国主流媒体的新时代使命担当。

（三）媒体融合趋势的纵深发展

媒体融合趋势在近些年来经历了几个阶段的发展，从早期学界的学术论断，到其后业界的探索实践，再到宏观引导下全方位媒体融合格局的形成，媒体融合趋势不断向着纵深方向发展。早在20世纪80年代，以单纯强调介质融合的“媒介融合”概念由美国学者提出。而进入21世纪，传媒界才真正开始面对现实发展中的融合问题。2008年的全球金融危机带来了媒体界的寒冬，诸如“报纸寒冬”“电视将死”等对传统媒体的悲观论调持续若干年，而互联网的发展特别是移动互联技术的发展，则在给传统主流媒体带来前所未有挑战的同时，也带来了新技术条件下媒体融合发展的崭新前景。

媒介融合时代，传媒内容融合之快、传播形式创新之快，全方位地改变了人类媒介与传播的发展格局，乃至整个人类的认知、行为与价值结构。[①]主流媒体在新的媒介与传播格局中产生了传播力、吸引力、影响力弱化的问题，导致主流声音未能得到充分、有效的传播。长期以来，中国主流媒体主要是传统媒体，主流声音主要依靠传统媒体传播。但在媒体发展的新环境下，传统媒体的点对面式的大众化传播已经失去传播优势，而新兴媒体的点对点、强交互、跨时空等特点使其影响力不断提升，挤压着传统媒体的发展空间。另外，新兴媒体虽然在技术、互动、

① 胡智锋，刘俊.媒介融合时代　传统主流媒体如何放大主流声音［J］.北方传媒研究，2017(1)：11.

运营等层面显示出优势，但在内容生产上却良莠不齐，虚假新闻和负面报道丛生，有些甚至在价值观导向上与传统媒体和主流声音相背离、相冲突。可以说，传统媒体和新兴媒体的优劣势都很明显，媒体融合时代的机遇和挑战并存。面对新兴媒体的迅速崛起和媒体格局的结构性变化，传统主流媒体需要适应变化，摒弃故步自封，积极主动地借助新兴媒体的传播优势，与其展开良性互动，并在全媒体平台上开展探索创新，让主流声音在媒体融合的新环境中更加响亮。

近些年来，在中央的定调和指导下，中国主流媒体的媒体融合发展进入快车道。2014年，中央全面深化改革领导小组第四次会议审议通过《关于推动传统媒体和新兴媒体融合发展的指导意见》（简称《意见》），对新形势下如何推动媒体融合发展提出了明确要求，作出了具体部署。《意见》首次提出要建设新型主流媒体和新型媒体集团，构建立体多样、融合发展的现代传播体系。2018年，中央全面深化改革委员会第五次会议审议通过《关于加强县级融媒体中心建设的意见》，明确具体地对县级融媒体中心建设作出部署要求。中央意见出台后，中央与地方主流媒体加快融合步伐，积极探索新型主流媒体建设新路径。在中央主流媒体层面，通过推进媒体结构调整、创新媒体运营机制、研发全新媒体技术、打造新型内容生产系统、制作融媒体内容产品等，不断推进媒体融合向纵深发展。在地方主流媒体层面，积极建设县级融媒体中心，助力新型主流媒体在基层的创新发展。

二、中国主流媒体面临的新形势

在新环境下，中国主流媒体所面临的政治、经济、社会、文化等方面的形势都发生了显著变化，深刻影响着中国主流媒体的内容生产与创新发展。

（一）政治新形势：展现负责任形象

和平与发展依然是当今世界的主旋律，局部战争与冲突依然不可避免。在自然灾害和突发事件中的政治博弈也不断凸显，比如新冠肺炎疫情所引发的世界性问题。当今的国际政治呈现出多极化和大国之间相互博弈的基本格局，美国在国际政治格局中的主导地位在短期内不可撼动。中国在世界舞台上崛起，成为国际政治的重要一极，不断展现出负责任大国的新形象，积极贡献着全球治理的中国智慧和中国方案，如推动“一带一路”“亚投行”建设，倡导“人类命运共同体”理念，主办众多有影响力的国际活动等。但在意识形态博弈、国际舆论战中，中国却处于不利和被动的局面，迫切需要在国际传播中讲好中国故事，向世界展现中国的负责任大国形象。因此，让中国主流媒体在建构公正合理世界秩序中发挥积极作用，让中国主流媒体声音更强大，将是中国主流媒体在内容生产创新发展中的重要着力点。

从国内来看，中国特色社会主义进入新时代，在实现第一个百年奋斗目标的基础上向着建设社会主义现代化强国的目标迈进。在实现中华民族伟大复兴中国梦的奋斗进程中，需要更加凝心聚力，需要更加增强政治感召力。同时，中国还面临着将制度优势转化为治理效能的压力，面临着意识形态领域的斗争。此外，中等收入陷阱问题、老龄化和“00后”成年所带来的代际间转型问题、价值观冲突、阶层冲突等问题也是中国目前面临的重要政治考验。因此，中国主流媒体需要更加自觉地担负起政治责任，主动适应和满足国家发展战略目标需求，旗帜鲜明地弘扬主旋律，彰显主流价值，通过内容生产创新以坚定“四个自信”、提升全国人民的凝聚力和向心力。

（二）经济新形势：转向高质量发展

经济新形势体现在内外两大层面。对外，在中美贸易争端等问题上，中国面临着复杂的经济形势。对内，中国面临着产能过剩和新旧行业转型问题。同时，贫富差距增大、分配不公等问题依然掣肘着中国经济发展。

中国主流媒体需要引导人们正确判断经济总体形势，破除猜测性和负面性言论对我国经济发展的不利影响。比如，新冠肺炎疫情属于重大突发公共卫生事件，也同时在严重影响经济环境。在疫情情势趋缓后，需要统筹做好疫情防控和经济社会发展，才能保障基本民生和经济稳定，保障经济社会发展目标的实现。

当前国家之间竞争的实质是以经济和科技为核心的综合实力的竞争，主要体现为自主创新能力之争。中国如今已成为第二大经济体，但自主创新能力依然不足，长期依赖规模性增长，需要摒弃低端产能、高能耗产业，寻求新的产业增长点，在新材料、新能量、新行业中开拓新的发展空间，以新发展理念和创新驱动发展战略引领新形势下的经济发展。对于中国主流媒体而言，也需要在新形势下寻找新的增长极，借助新兴媒体和高新科技以实现创新发展。

当前中国的经济发展已从高速增长阶段迈入高质量发展阶段，中国经济的发展目标也从重速度指标转为重质量指标。对于中国媒体而言，以往的数量规模红利已成过去，单纯依靠数量规模的粗放式发展已不能适应新的发展形势。因此，向着追求高品质、高水准的集约式之路迈进，才是中国主流媒体的必由之路。

同时，新科技的发展也在深刻影响着经济形势变化，移动化、智能化的新科技趋势深刻改变了人们的日常经济生活。特别是人工智能和移动互联的更新换代、真人世界与虚拟世界的复杂关联等因技术而生的全新因素，使得科技作为核心竞争领域的态势不可逆转。主流媒体本身就是高科技的产物，在新形势下更需要处理好科技与人文的关系，既顺应科技潮流变化，积极跟进和创新应用高新科技，又不为科技所控，让科技更好地服务于媒体内容生产。

（三）社会新形势：追求美好新生活

中国特色社会主义进入新时代，中国社会的主要矛盾也发生了历史性变化，已经转化为人民日益增长的美好生活需要和不平衡不充分的发展之间的矛盾。虽然人们的收入水平和生活水准普遍有所提高，但依然不能满足人们的需求，主要是因为人们有了更高的美好生活需要。当今中国社会的中等收入群体在不断增多，人们的思想价值、态度行为等也产生了较大变化，包括生活观、养老观、育儿观、婚恋观等方面都发生着新的转变，并且极易引发社会矛盾和社会问题。

中国社会在转型期的阶层分化问题日益显著。以社会群体多种多样的差异要素进行划分的群落越来越多，如以收入状况划分的高收入群体、中等收入群体、低收入群体，还有按教育程度、社会声望、生活品质等指标的划分，等等，而人们对社交媒体越来越频繁地接触和应用，也加剧了各种各样群落的产生。每个阶层、每个群落都有自身的价值诉求、利益诉求，也有不同的话语表达、媒介表达，使得中国的社会景观和媒介景观更为多元复杂，也更增加了主流媒体传播主流价值和主流声音的难度。

因此，面对众多的社会变化，中国主流媒体面临着前所未有的挑战，需要以更加丰富多彩的内容和更为贴近民心的表达满足人们不断增长的对美好生活的需求。一方面，要以丰富的内容生产提供民生内容供给，直面就业、收入、社保、住房、医疗、教育、养老、交通、生态环境等老百姓最为关注的领域，更好地满足人们对美好生活的向往和期待。另一方面，还要通过引领社会正向价值、揭露不良现象、监控社会环境等，回应和满足人们对社会民生议题的关切。而在舆论监督和负面新闻报道方面，还要特别注意舆论引导的时机、节奏、策略等问题，“要抓住时机、把握节奏、讲究策略，从时度效着力，体现时度效要求”[①]，如果不能很好地把握传播的时机、节奏和策略，导致发声不足或过密，都可能引发社会矛盾和问题。

（四）文化新形势：提升文化软实力

中华文化本身拥有绵延不绝的强大生命力与博大精深的丰富资源，但从文化传播的角度看，中华文化对外显得缺乏活力，对内则缺乏足够强大的内生性文化认同和文化凝聚，造成文化主体性意识薄弱等问题，总体上讲就是缺乏文化自觉和文化自信，导致“精神缺钙”。从历史和现实来看，中国的文化自信和文化软实力都必须提升。

文化不自觉主要体现在：注重眼前享受和利益，没有意识到文化对国家可持续发展的重要性，对其深层次的认知不够，甚至对传统文化没有敬畏感，随意破坏。文化不自信则主要体现在两方面：一是极端自卑。以中国对人类贡献的显示度不高为由，认为西方文化什么都好、中国什么都不好。二是极端自负。以缺乏真实依据的想象或几千年的优秀传统文化来掩盖当今文化的缺乏。因此，从民族和国家的视角出发，中国文化应呈现出生动活泼、丰富多彩、蕴含丰厚的景观和状态，真正与中国的大国地位相匹配，成为实现中华民族伟大复兴的重要精神支撑。

习近平总书记曾指出要“不忘本来、吸收外来、面向未来”。对于文

① 李斌，霍小光.习近平：坚持正确方向创新方法手段　提高新闻舆论传播力引导力［EB/OL］.（2016-02-19）. http://www.xinhuanet.com//politics/2016-02/19/c_1118102868.htm.

化而言，就是要继承优秀文化传统，借鉴国外先进经验，努力实现创新发展。文化自信是国家和民族自信的重要基础。对于中国主流媒体而言，文化自信从传统文化、革命文化、当代文化中来。传统文化主要指中华几千年传承下来的文化，革命文化主要指从新民主主义革命到社会主义革命与建设的文化，当代文化主要指改革开放以来的文化。对于传统文化，需要区分其精华与糟粕，要传承中华传统优秀文化，摒弃其落后的成分，并在新的环境中对优秀传统文化进行创造性转化和创新性发展。对于革命文化，需要区分其正反两方面的经验，既要善于总结成功的、正面的经验，又要规避错误的、负面的经验。对于当代文化，需要区分其历史性和现实性，既要考虑其历史依据和衍变，又要兼顾其现实基础和影响。

从文化的种类来看，在中国主流媒体的内容生产中还始终包含着主流文化、大众文化和精英文化，始终在对主流文化、大众文化、精英文化之间的关系进行着协调、平衡和拿捏。如今，中国老百姓的文化需求越来越丰富，并向着开放、透明、多元的方向迈进。在中国主流媒体的内容生产过程中，既需要坚持主流文化的主导地位，又要满足大众文化与精英文化的表达，并兼顾地域文化和特定群体的文化等，以此建构一个和谐共生、健康活力的社会主义文化生态。

三、中国主流媒体面临的新任务

党的十八大、十九大以来，习近平总书记关于宣传思想、新闻舆论、文艺等工作的一系列重要讲话，以及中央在宣传思想文化领域的指导思想、顶层设计、方针政策等，成为新形势下中国主流媒体发展的根本遵循，也为中国主流媒体的内容生产确定了新任务。具体而言可以归纳出以下几点：

（一）高扬文化自信，彰显主流价值

文化自信是一个国家、一个民族发展中更基本、更深沉、更持久的力量。[①]在宏观导向和价值引领层面，中国主流媒体需要以高度的文化自觉和文化自信为基础，高扬社会主义核心价值观，引领新时代主流媒体的创新发展。保持高度的文化自觉和文化自信，需要中国主流媒体始终秉持“不忘本来、吸收外来、面向未来”的理念和原则，以此来凝练和彰显新时代特色的中国主流价值，努力实现守正创新、培根铸魂、凝心聚力。

一是坚守“不忘本来”理念。中华民族有着深厚文化传统，形成了富有特色的思想体系，体现了中国人几千年来积累的知识智慧和理性思辨。[②]主流媒体要对中国文化和中国价值保持高度的认同和坚定的自信，摒弃盲目跟随、崇尚外国文化和西方价值。要善于挖掘、提炼具有现代价值和意义的优秀传统文化和革命红色文化资源，以此作为媒体自主创新的重要基础，体现中华文化独特民族风范和气质。要通过不断创新的新闻报道、文艺节目、电视剧、纪录片、短视频等形式让优秀传统文化和革命红色文化鲜活起来，更好地服务于当代社会发展和民族进步。

二是秉持“吸收外来”理念。主流媒体要善于借鉴国外的先进经验，积极推动文明之间的交流互鉴，在与外国文化的交流互动中既展现开放、包容的姿态，又保持强大的文化自信和价值定力。当今世界，全球化是不可阻挡的潮流趋势。只有不断增进文明对话和交流，才能更好地凝聚“人类命运共同体”，实现文明和文化的“各美其美、美美与共”。只有善

① 习近平.决胜全面建成小康社会　夺取新时代中国特色社会主义伟大胜利——在中国共产党第十九次全国代表大会上的报告［N］.人民日报，2017-10-28.

② 习近平.在哲学社会科学工作座谈会上的讲话［N］.人民日报，2016-05-19（2）.

于吸收国外优秀文化的元素以充实丰富本国文化，才能更好地促进文化的可持续发展和创新性发展。而如果在文化互动中呈现出妄自尊大的姿态，则不利于文明的融合和多样性的释放，也将导致本国文化走向封闭、僵化的道路。同时，在文化交流中也不能搞盲目借鉴或者全盘西化，应当始终在文明互鉴中保持文化自主性，避免有失偏颇，善于立足本国国情进行本土化创新，使文化融合后的全新成果焕发新的活力。

三是坚持“面向未来”理念。一方面，主流媒体要与国家发展战略相契合，主动担当使命责任，积极服务大局，为实现“两个一百年”奋斗目标提供精神支撑和价值引领。另一方面，要实现以核心价值引领创新实践，在文化传承中创新，在文明互鉴中创新，在当代发展中创新。

（二）发挥独特优势，放大主流声音

伴随新兴媒体的崛起和国内外舆论环境的多元复杂，传统主流媒体的声音存在着弱化的现象。面对事实、真理和正能量，主流媒体应该理直气壮地放大声音，积极发挥正面舆论导向对社会的引领力和影响力，为国家建设发展营造良好的国内外舆论环境。

在移动互联网环境下，舆论场和话语场变得多元复杂，不同的媒体机构与平台也各自呈现出自身的独特优势和存在问题。比如，传统媒体擅长宏观呈现与宏大叙事表达，但又存在不接地气、传播力弱化等问题。而新兴媒体包括自媒体更偏向微观呈现与个体叙事、个性表达，并以无处不在、无时不在、无所不及的传播优势超越传统媒体，但也鱼龙混杂、乱象丛生。对于主流媒体而言，应积极发挥自身独特优势，在权威性、时效性和专业性的凸显中引领正面舆论导向。

一是立足自身独特地位，彰显权威性。主流拥有独特的不可替代的政策优势和媒体地位，积累了较强的公信力和影响力。在权威性信息的掌握与发布方面，特别是在重大主题性、突发性信息报道上拥有丰富经验和强大能力，除了掌握第一手和信源可靠的信息外，还拥有专业的采编制作态度与水准。比如在新冠肺炎疫情报道中，主流媒体对习近平总书记的重要讲话、指示的权威报道和解读，对中央决策部署、疫情防控有效措施的深入宣传，对防控一线专业人士的连续性、系列化连线采访，以及对疫区相关情况的调查采访等，使疫情防控中最具价值的信息得到公开、透明、全面、准确的报道与传播，有力地促进疫情防控整体形势产生积极变化，彰显了主流媒体的责任担当。

二是及时提供信息内容，凸显时效性。在多种媒体和平台并存的环境下，信息内容呈现出多元复杂的景观，虽然信息数量极大丰富，但信息质量却参差不齐，甚至充斥着谣言、假新闻和负面新闻，造成了舆论场的混乱。主流媒体只有“及时提供更多真实客观、观点鲜明的信息内容”[①]，才能“牢牢掌握舆论场主动权和主导权”[②]。传统主流媒体在信息报道和发布的时效性上有着独特经验，特别是电视媒体在实现直播常态化后，其信息的及时性、报道的同步性和受众的在场感等优越性得到极大释放。比如在新冠肺炎疫情报道中，“央视新闻”推出24小时不间断直播特别节目《共同战“疫”》，“央视频”开设系列慢直播，全景呈现武汉火神山、雷神山医院建设场景，以及时的反应和有效的回应来凝聚人心，鼓舞士气。

三是打造高端品质制作，展现专业性。相比新兴媒体的“用户内容生产”的个性化特点，主流媒体在内容生产上的专业品质诉求依然是其独特的优势，在新闻调查、综艺节目、电视剧、纪录片等类型中尤为凸

① 习近平：推动媒体融合向纵深发展 巩固全党全国人民共同思想基础[EB/OL].(2019-01-25). https://www.chinanews.com.cn/gn/shipin/2019/01-25/news801127.shtml.

② 习近平：推动媒体融合向纵深发展 巩固全党全国人民共同思想基础[EB/OL].(2019-01-25). https://www.chinanews.com.cn/gn/shipin/2019/01-25/news801127.shtml.

显。比如在疫情期间，央视《新闻调查》连续推出多期抗疫主题的深度报道，纪录频道制作系列短视频纪录片《武汉：我的战“疫”日记》，《元宵晚会》首次以“特别节目”形态播出，并创作出多个抗疫主题的文艺节日等，在较短的创作和制作时间里，打造有较高品质的高端作品，这是其他媒体平台难以做到的。

（三）探索融合创新，壮大主流阵地

当今的中国媒体已经形成传统媒体和新兴媒体、中央媒体和地方媒体、主流媒体和商业平台、大众化媒体和专业性媒体等共同发展的崭新格局。各种媒体和平台都拥有自身的优劣势，共同面对着新环境中的发展机遇与挑战。

对于中国主流媒体而言，需要进一步推动传统媒体和新兴媒体向着深度融合发展，进一步统筹做好中央媒体和地方媒体的融合创新工作，特别是因应移动化、智能化、社交化和视觉化的传播新趋势，以融合创新实践构建全媒体传播体系，让主流媒体的舆论阵地更强更好，牢牢占据新形势下的传播制高点。

一是进一步推动传统媒体与新兴媒体的深度融合。一方面，因应媒体融合向着纵深发展的新趋势，传统主流媒体要实现从相“加”到相“融”，建构适应融合环境下的新型话语体系、生产架构和传播模式。比如在话语表达上要努力转变传统的宣传思维，放下高姿态，更好地把握受众心理，以更接地气、更加灵活的方式传达主流声音；在生产架构上，实现采编生产流程的全新重构，以生产融媒体产品为目标；在传播方式上，打造主流媒体的全媒体矩阵，特别是建立主流媒体的移动化、社交化、视频化平台，加大传统主流媒体与移动互联网平台的融合，拓展主流媒体在移动互联网时代的传播空间。另一方面，主流媒体在借鉴、应用新兴媒体手段、形式的同时，也应主动加强与拥有一定影响力的互联网商业平台和专业化媒体的合作互动，借助这些平台的用户和专业资源、技术和运营优长等特色，壮大主流舆论阵地。

二是进一步统筹中央媒体与地方媒体的融合发展。2016年，习近平总书记先后到人民日报社、新华社、中央电视台等三大中央级主流媒体调研；2019年，中央政治局就全媒体时代和媒体融合发展举行第十二次集体学习，还把“课堂”设在人民日报社媒体融合发展的实践一线，体现了党和国家对中央级主流媒体应用新技术、建构新机制、创新新业态的高度重视，以及对中央级主流媒体走在媒体融合最前线、引领媒体融合新潮流的高度期待。中央级主流媒体只有将融合创新作为新的增长极，才能真正实现高质量发展和可持续发展，也只有在融合创新中发挥示范和引领作用，才能牢牢掌握舆论主动权和主导权。积极建设县级融媒体中心则是地方主流媒体深化媒体改革、发挥舆论影响的重要举措，可以更好地发挥地方媒体贴近实际、贴近生活和贴近群众的优势，有利于地方媒体资源的全面整合和主流舆论的有效释放，从而与中央级主流媒体形成上下联动，形成更为合理的媒体结构，拓宽主流舆论的影响范围。

（本文与陈寅合作，原载于《新闻记者》2020年第4期，《新华文摘》2020年第16期全文转载）

融合背景下传媒艺术生态格局之变

传媒艺术指自摄影术诞生以来，借助工业革命之后的科技进步、大众传媒发展和现代社会环境变化，在艺术创作、传播与接受中具有鲜明的科技性、媒介性和大众参与性的艺术形式与品类，主要包括摄影艺术、电影艺术、广播电视艺术、新媒体艺术等艺术形式，同时也包括一些经现代传媒改造了的传统艺术形式[①]。进入融合时代，传媒艺术又进一步生成传统传媒艺术和新兴传媒艺术两大族群。其中，传统传媒艺术以影院电影、传统广播艺术、传统电视艺术和传统视频艺术等艺术品类为代表，新兴传媒艺术则以网络电影（包含微电影、网络大电影）、网络综艺、网络剧、网络视频艺术、短视频艺术及其他一些融合状态的新媒体艺术品类为代表。作为一个新兴而庞大的艺术族群，传媒艺术深刻地建构和影响了人类艺术的格局和走向，成为当前人类最重要的审美对象和审美经验来源[②]。而传统传媒艺术和新兴传媒艺术在融合时代的创新发展则进一步打破了传媒艺术生态格局，形成两种形态的传媒艺术彼此交融、相互提升的全新艺术景观与发展状态。

① 胡智锋，刘俊.何谓传媒艺术［J］.现代传播（中国传媒大学学报），2014（1）：73.

② 胡智锋，刘俊.何谓传媒艺术［J］.现代传播（中国传媒大学学报），2014（1）：73.

一、融合：传媒艺术生态格局变化的重要背景

“融合”是当今传媒艺术发展的重要特征，也是探讨传媒艺术生态格局变化的重要背景。

从显性层面观察，当今传媒艺术生态格局所体现出的“融合”特征主要体现在技术融合、媒介融合和平台融合等三大层面。

（一）技术融合

技术融合主要体现在传媒艺术的制作、传播技术的融合上。以影视、视频为主要代表的传统传媒艺术的制作技术呈现为“线性”特征，即影视、视频的策划、编创、拍摄、制作等流程中都是“线性”的。影视、视频的传播也是“线性”传播模式。“线性”传播模式体现出两方面的特征，一是“线性”模式是一个无间断的流动式传播过程，雷蒙·威廉斯曾认为电视是一个持续不断的“流程”。因此，传统电视的观看行为常常出现一旦关机便接收不到节目的情况，除非电视台重播，否则便无法再次观看该节目；二是“线性”模式的互动反馈不强，尽管有收视率调查等可以参考的反馈数据，但依然不能充分把握和满足观众的内在需求，无法充分体现观众的参与感和话语权。进入互联网时代，传统制作和传播技术已经无法适应和满足受众对个性化、智能化、碎片化的全新诉求，也无法体现自身的传播优势。

而新兴传媒艺术的制作和传播技术则呈现为“非线性”特征。以数字化的电脑合成技术为主要制作手段，新兴传媒艺术从信息采集开始的所有流程环节，包括传输、编辑、制作、传播等都融合在PC（个人计算机）软件系统和信息系统当中进行处理，由一个平台合成，使得传媒艺术的制作传播由原来的“分体化”状态转变为“一体化”方式，真正实

现了实体、虚拟的杂糅，声音、图像、影像等元素的再造。新兴传媒艺术的产生使得线性的传播模式被打破，时间和空间被重新建构。比如，网络广播电视可以由观众随时播放、自由点播，节目的互动反馈机制也更为灵活有效。

互联网时代技术日新月异的发展带来了移动通信（4G/5G）、人工智能（AI）、虚拟现实（VR）、增强现实（AR）、超高清视频（4K/8K）等全新技术形式以及众多新媒体应用，也在深刻改变着传媒艺术的呈现形式，引发了传媒艺术领域的全方位变革。以新组建的中央广播电视总台为例，近两年来，其着力展开“5G+4K/8K+AI”的战略布局，以高新科技为依托，不断推进技术和艺术、技术和媒介的深度融合，率先推出全国首个上星的4K超高清频道，并在电视节目中融入人工智能技术、VR/AR技术等，以此提升舞台和视觉的效果。比如，在2020年的央视春节晚会中，首创性地打造出“4K伴随高清制作模式”和“虚拟网络互动制作模式”，从制作技术层面实现了晚会节目的全要素智能化制播。一方面，在直播拍摄中便能形成超高清和高清视频的信号同步输出，以智能联动带动实时制作，进一步提升了制播效率和视觉效果；另一方面，在节目制播过程中实现了VR视频的全环节介入和一体化呈现，使得节目的特效与内容达到无缝对接的效果。

（二）媒介融合

传统传媒艺术领域中，无论是广播、电影还是电视，都有自身独立的传播介质和媒介系统。比如，广播是以声音媒介为特色，电影和电视则形成以影像媒介为主的视听媒介系统等。而在融合时代背景下，传媒艺术的传播介质和媒介系统呈现出“你中有我、我中有你”的特征，即“媒介融合”的全新状态和格局。在融合背景下，无论是传统传媒艺术还是新兴传媒艺术，都不再是单一纯粹的媒介形态，而是融合文字、声音、图像、影像、网络等众多媒介形态，并在此基础上进一步形成多种媒介交叉融合的全新媒介形态。媒介形态的交叉融合状态不但没有损害原先传媒艺术的特色，反而为传媒艺术的创新发展注入了新的动力。比如，传统广播与网络媒介的融合使得声音媒介的独特魅力在互联网时代重新释放出来，同时其内容也获得更广泛听众的接收；传统电视艺术也在不断丰富拓展自身的融媒表现形态，打造电视与网络相融合的短视频节目、新媒体直播节目和融媒体产品等。

“媒介融合”就是突破传统传媒艺术的独立介质状态，打通原先独立单一的文字、声音、图像等媒介要素，形成彼此具有强关联性的全新媒介系统。作为融合时代传媒艺术创新发展的一种理念和路径，“媒介融合”并未将传统传媒艺术视为陈旧落后的艺术形态，而是将传统传媒艺术和新兴传媒艺术的各自优势充分有效地结合，打通原有媒介之间的边界甚至是壁垒，将传统传媒艺术和新兴传媒艺术的媒介优长充分释放、融合，进而形成全新的媒介形态与艺术形态。

（三）平台融合

传统传媒艺术拥有各自独立的传播终端和组织平台。比如，广播的终端是收音机，组织平台是广播电台；电影的终端是影院银幕，组织平台是电影制片厂或电影公司；电视的终端是电视机，组织平台是电视台。

在融合时代，传统传媒艺术彼此分隔、壁垒森严的终端平台格局被打破，呈现出终端和平台多元化的全新格局。从接收终端来看，一档电视节目或一部电影都可以由多个终端共享，在传统电视端、网络端、移动互联网端等终端同时播放，形成“多屏共振”的平台融合新局面。从组织平台来看，以中央广播电视总台的组建为标志，全国大部分的广播电台和电视台在合并后实现了优势资源的共享，同时大力推进新媒体平台的建设，促进多媒体融合形态的创新发展。而在地方上，县级融媒体中心的建设方兴未艾。长久以来，县级行政区划的媒体建设冗杂重复，不仅没能很好地发挥其平台功能，还产生资源浪费等诸多弊端。融媒体中心的建设则将原先彼此独立的报纸、广播、电视、网站等组织平台融合，并重点发挥微博、微信公众号、客户端和短视频等新兴媒体平台的独特作用，让地方媒体的声音能够有效到达基层百姓身边。

平台的有效融合有助于拓展传媒艺术的传播范围，增强传媒艺术的传播力度，特别是"多屏共振"的全新格局使得传媒艺术真正实现了"无时不在、无处不在、无所不及、无人不用"的状态，使传媒艺术的优质内容得到更好的释放。

二、新格局：传统传媒艺术和新兴传媒艺术的融合发展

在新环境下，传媒艺术呈现出传统传媒艺术和新兴传媒艺术、线上和线下相融合的全新生态格局。从电影、电视和视频艺术的发展路径来观察，其传统形态和新兴形态在并存发展的基础上，实现了技术、媒介和平台等方面的相互融合，并呈现出融合发展后的全新状态。

（一）电影艺术的融合发展

在高新科技和互联网的介入下，电影在融合发展中呈现出全新景观，先后诞生电视电影、微电影和网络大电影等新兴电影艺术形式，其自身的制作、放映和宣推等方面都产生较大的变化，迎来融合发展的新机遇。

1. 技术融合下的电影艺术发展

在融合背景下，高新技术不断介入电影制作领域。从胶片时代到数字化时代，影院电影的前期拍摄和后期剪辑等环节均实现了向数字化的全面转型，使影院电影完成了制作技术上的一次华丽转身。此外，特效

技术、工业化生产标准的不断提升成为影院电影品质的重要保障，4K超高清技术、5G技术等全新技术形式也引发影院电影的创新探索。比如，2019年《此时此刻——共庆新中国70华诞》在全国70家影院同步播出，这是我国首次将4K超高清信号引入院线；国家大剧院原创民族舞剧《天路》也实现了全球首次“4K+5G”影院直播。

高新技术还在不断融入电影放映领域，促使电影传播技术不断创新升级。比如，4K修复技术使得众多经典老电影焕发了全新的风采，带给观众全新的视觉体验；激光数字电影放映技术、高技术格式放映技术、巨幕系统技术等电影技术的高速发展也不断刷新着影院电影的创新纪录。

2.媒介融合下的电影艺术发展

电影和其之后产生的电视、网络等新兴媒介形态相融合，不仅使传统的影院电影在不涉及版权的情况下呈现在电视屏幕和网络平台上，使观众可以随时随地观赏自己喜爱的电影作品，而且还诞生了电视电影、微电影、网络大电影等全新的电影艺术形式，这些新的艺术形式均为传统影院电影和电视媒介、网络媒介、移动社交媒介等相融合的产物。

电视电影、微电影、网络大电影等全新电影艺术形式在不同时期都产生了较大的影响力，并以其独特的制作传播特征、艺术审美特色等成为电影艺术的重要组成部分。电视电影从20世纪90年代末开始伴随着中央电视台电影频道的发展而形成，是电影和电视媒介深度融合的产物。也就是说，电影不只是在电视媒介上播放而已，它们之间的艺术和媒介元素在交流碰撞后产生了积极的化学反应，生成了独特的艺术成果。同样，进入21世纪以来，先后诞生的微电影和网络大电影也丰富了传统电影的融媒表现形态，成为极具发展潜力的艺术品类，满足了受众的多元化需求。

在2020年新冠肺炎疫情期间，院线电影遭遇冲击，而网络和电影的融合则一定程度上满足了受众的观影需求。比如，院线电影《囧妈》在网上免费播出，网络大电影的票房收入有所突破等。但从总体上看，新兴的电影形态均未对传统影院电影造成根本性的冲击和挑战。这也进一步说明了融合背景下传统影院电影和新兴网络电影是相互提升、共同发展的。从目前状态来看，网络电影尚处于发展初期，但其和影院电影都具有各自优势，都是不可替代的电影艺术形态，而网络电影作为一股极具潜力的力量更不容忽视。

3.平台融合下的电影艺术发展

传统影院电影是由电影制片厂拍摄出品，并在电影院播放的艺术形态。但进入融合时代，电影的组织平台形成了国营电影制片公司、民营电影制片公司和互联网电影公司“三足鼎立”式的基本生产格局与制片模式。以乐视影业、阿里影业、腾讯影业、淘票票影业、豆瓣影业、小米影业、58影业、猫眼娱乐、爱奇艺影业等为代表的互联网电影公司正成为中国电影产业的重要力量。

电影的放映格局也发生显著变化，突出表现在众多个性化、人性化的观影服务在技术创新中不断拓展与优化。比如，点播影院、点播院线的出现及其逐步地规范化，“24小时影院”“移动电影院”等观影服务的陆续推出等。

电影的宣发渠道逐渐向互联网社交平台迁移，短视频平台、新媒体直播平台（如“直播带货”等）、票务平台和微信公众号平台（如影评和评分等）等都呈现出深度融合的状态，为电影拓展了消费市场和宣发渠道。

（二）电视艺术的融合发展

传统电视是典型的线性传播，其在新环境下已不具备传播优势，特别是在移动互联网时代，传统电视端的受众大量流失。而传统电视在与互联网的交融中，逐渐呈现出数字化、智能化、融合化、视频化等全新特征。一方面，网络综艺、网络剧等新兴艺术品类在融合中产生、发展、成熟；另一方面，传统电视自身也在融合中获得发展的全新契机。

1.技术融合下的电视艺术发展

从技术角度看，人工智能技术不断介入电视终端的创新，不断满足观众的个性化、智能化、互动化收视诉求。以8K超高清技术为代表的显示技术的大幅提升和逐步普及，将会带动观众重回电视大屏端，以高端优质的视觉效果增强观众的收视体验，重构电视审美特质和电视生态格局。AR、VR技术不仅使实体和虚拟的结合在电视屏幕上得以实现，而且极大提升了电视的影像表现力和艺术魅力。比如，在近几年的央视春晚中，每年都会有技术和艺术深度融合的创意类节目亮相，呈现出沉浸式视听效果和奇观化美学风格。

2.媒介融合下的电视艺术发展

从媒介角度看，“台网融合”“大小屏协同联动”成为当下传统电视获得全新发展契机的重要战略选择，传统电视的内容不仅能在网络媒介上得到全面呈现，而且还产生了诸多全新样态，达到了更好的传播效果。在电视节目的基础上推出融媒体产品成为电视融合创新的常态化举措，集合文字、图像、影像、网络等多元媒介，进而形成全新的融合形态电视节目，为传统电视获得新媒介环境下的广泛关注发挥了独特而有效的作用。比如，中央广播电视总台在疫情期间推出24小时不间断播出的融媒体直播节目，并在“央视频”“央视新闻客户端”以及“抖音”“快手”等短视频平台同步播出，打破了传统电视直播的样态和方式；“央视春晚”在自身IP基础上推出衍生性融媒体节目《春晚进行时》《@春晚》等，有效规避了传统电视交互性不强的弊端，拓展了春晚的内容呈现和传播的形式；文化类电视节目《经典咏流传》则在结合电视媒介所呈现内容的基础上，推出包括“H5”“微信公众号文章”“短视频”“音频”等在内的融媒体产品序列，使节目中的每一首诗歌都能在新媒体平台实现多点到达，产生裂变式、跨屏式传播效应。

另一方面，传统电视在与网络媒介深度融合的过程中也诞生了全新的艺术品类，比如网络综艺和网络剧等。网络综艺和网络剧的产生体现着电视媒介与网络媒介的有机结合，其一方面脱胎于电视综艺和电视剧，与电视有着较深的历史渊源。另一方面又凭借着网络媒介的思维和特性，逐渐形成了自身独特的规律与特色、价值与功能、风格与趣味，有着自身独特的优势和巨大发展潜力。近些年来，网络综艺先后涌现出《乐队的夏天》《幸福三重奏》《妻子的浪漫旅行》《忘不了餐厅》《这！就是灌篮》《令人心动的offer》《一本好书》《见字如面》等众多高质量节目，网络剧也先后产生《大军师司马懿之军师联盟》《延禧攻略》《如懿传》《长安十二时辰》《陈情令》《庆余年》《白夜追凶》《最好的我们》等优秀作品，以优质且多样的内容与内涵满足了观众的多元化观赏诉求。

3.平台融合下的电视艺术发展

从平台角度看，传统电视节目是由电视台制作播出的，但伴随观众对电视节目数量和质量的需求越来越高，电视内容生产的平台不断拓展，社会传媒制作机构、互联网公司、新媒体平台等纷纷加入电视节目制作的行列。电视制作平台的深入合作和深度融合也不断促进着电视节目品质的提升，极大激发了电视行业创新创造的活力。

以“央视频”的推出为代表，它标志着传统电视行业正向着互联网平台迈进，展开供给侧结构性调整和改革。2019年年底，首个国家级5G新媒体平台“央视频”正式上线，建立了由传统电视平台打造的社交化短视频平台。新的平台突破传统电视以频道为聚合、为栏目节目为结构的平台形式，在充分体现传统电视在直播技术、视听效果、内容资源等方面优势的基础上，形成以社交账号为聚合、以视频类别为结构的全新平台形式。

（三）视频艺术的融合发展

传统视频主要包括家庭影像、组织机构影像（宣传片）等，其存在于社会的各个领域，满足的是特定范围和特定群体的需求，主要以线下的内容和呈现为主，属于社会化而非媒体化的视频形式。而传统视频与互联网的深度融合则产生了以网络视频、短视频、互动视频等为代表的新兴视频形态。

1. 技术融合下的视频艺术发展

从技术角度看，视频技术和移动互联网技术的快速发展和广泛普及，为社会化视频的专业化、媒体化奠定了重要基础。以往需要通过高端数码摄像设备和视频拍摄剪辑技术才能创作视频的情况已经发生根本性变化，依靠个人智能手机等设备便能进行拍摄和传播，成功降低了大众创作艺术、欣赏艺术、分享艺术的门槛，为圆梦“人人都是艺术家”创造了技术条件[①]。

2. 媒介融合下的视频艺术发展

从媒介角度看，传统视频主要通过群体传播媒介和组织传播媒介进行传播，只有一部分优质或特殊的视频可以在电视、网络等大众传播媒介播放，大部分视频散落于民间，发挥着特定的媒介作用。

进入融合时代，这些社会化视频经互联网媒介渠道成为网络视频、短视频等新兴视频形态，由社会化视频升级为媒体化视频，甚至可能变身“网红”视频。网络视频、短视频的出现生成了全新的影像艺术效果，产生更为广泛的社会影响力，为个人和社会机构提供了全新的发展机会。

伴随创作门槛的不断降低和交互感的不断提升，互动视频也成为

① 胡智锋：抖音为艺术带来了全新的参与、体验与分享［EB/OL］.（2019-08-28）.http://baijiahao.baidu.com/s?id=1643101155346857731&wfr=spider&for=pc.

视频创新的一大亮点。近年来，爱奇艺、腾讯视频、哔哩哔哩等网络视频平台都开始探索互动视频，使互动视频成为视频融合发展的一大潜力领域。

3.平台融合下的视频艺术发展

从平台角度看，网络视频平台、短视频平台、直播平台的发展方兴未艾，已经成为极具影响力和传播力的新兴视频平台。从个人到组织机构，乃至媒体机构等都纷纷入驻以短视频为代表的新兴视频平台，以此拓展自身的传播范围和社会影响。在平台的聚合下，网络视频和短视频形成了类别化的传播形态，涉及资讯、知识、文娱、生活等广泛领域，展现出包罗万象的全新视频景观。

以短视频平台为代表的新兴视频平台成为文化艺术类视频内容的重要展示和传播平台。据抖音数据报告，2019年，音乐、美术、舞蹈、书法、戏曲、影视等艺术类别的短视频数量破亿，艺术类视频播放量超5431亿次，被点赞169亿[①]。同时，中华文化的国际传播力也透过新兴视频平台得到显著提升。抖音、快手等纷纷推出海外版，其拓展海外市场的实践取得积极效果。短视频艺术作品以其生动鲜活、个性突出等特色成功突破文化交流障碍，达成了中华文化和中国故事的有效传播。比如，李子柒的美食文化短视频在海外获得极大关注，以新兴视频形态的方式有效释放了中国文化的独特魅力。截至2019年12月，李子柒在YouTube上的粉丝数近800万，100多个短视频的播放量大都在500万以上。[②]2020年，经典歌曲《一剪梅》也通过网友个人的短视频在海外社交平台引起模仿传播的热潮。

---

① 于帆.抖音发布2019数据报告：非遗、艺术等知识获用户百亿次点赞[EB/OL].(2020-01-14).http://www.ihchina.cn/news_1_details/20494.html.

② 第45次《中国互联网络发展状况统计报告》[EB/OL].(2020-04-28).http://www.cac.gov.cn/2020-04/27/c_1589535470378587.htm.

从艺术审美的视角来审视网络视频、短视频等新兴视频形态，它们不一定都具有艺术价值和审美价值，但其很多内容的创意、构思、叙事、呈现等都已达到准艺术状态，甚至有些已经足以和传统视频相媲美。同时，新兴视频形态以其独特的传播优势更为有效地促进了中国文化艺术的广泛推广，成为文化艺术样态在当代的最佳传播载体和方式之一。

三、辩证看待传媒艺术生态格局之变及其未来发展

（一）看待传统传媒艺术和新兴传媒艺术的两种片面倾向

面对传媒艺术生态发展的全新景观和格局，人们对待传统传媒艺术和新兴传媒艺术的态度和观念发生了一定程度的分歧，形成了对传统传媒艺术和新兴传媒艺术持有迥异观点的“传统派”和“现代派”。

“传统派”站在传统传媒艺术是主流和主导的立场上，盲目否定现代的新兴传媒艺术，认为新兴传媒艺术的内容品质和艺术水准不高，甚至还不具备艺术审美价值。一些网络大电影粗制滥造、天马行空，一些网络视频、短视频显得比较浅薄低俗，一些网络剧不如电视剧的内容扎实，一些网络综艺也没有电视综艺的内涵丰富等。新兴传媒艺术领域迎合市场和追求流量的商业化倾向较为明显，遮蔽了新兴传媒艺术的艺术属性和审美属性。

“现代派”从全新的角度观察传媒艺术，但又盲目认为传统传媒艺术都已经过气了，只有新兴传媒艺术才能代表传媒艺术的未来趋势和潮流。比如，“电视将死”的论调便曾经甚嚣尘上。2020年，新冠肺炎疫情给影视行业造成较大的负面影响和冲击，所有影院无法正常营业，影视剧拍摄无法正常进行，一定数量的影视企业因无法维持基本生存而注销关

闭。而新兴传媒艺术则在互联网中获得发展的广阔空间，在疫情期间更是发挥着独特的传播作用。

于是，便对以影视为代表的传统传媒艺术的发展前景更加悲观。

传统传媒艺术确实一度陷入创新发展的困境，其制作理念、方式、手法等较为陈旧、落后，传播的介质、渠道和方法等较为单一、传统。疫情期间更是暴露了传统传媒艺术的短板与不足。有媒体甚至以“严冬未过，又遇春寒”来形容疫情下的影视行业。但与此同时，新环境在给传统传媒艺术带来困难和挑战的同时，也带来融合发展的机遇。以融合发展理念为驱动力，传统传媒艺术在借助互联网优长的基础上，不断推进技术融合、媒介融合和平台融合，在与新兴传媒艺术融合发展中获得更大的创新发展空间。

融合发展是当今传媒艺术发展不可逆转的潮流和趋势，面对传媒艺术在融合时代的全新生态格局，“传统派”和“现代派”的观点都不够全面，甚至有失偏颇，不利于辩证看待传媒艺术的融合发展。

（二）辩证看待传媒艺术生态格局的变化

传统传媒艺术的内容制作生产经验相对成熟、体系相对完备，但其理念和方式较为保守、陈旧、落后，面对着社会和受众的全新需求，已经跟不上发展趋势，在疫情特殊时期甚至面临着前所未有的危机。因此，传统传媒艺术亟须升级换代。比如，8K 超高清技术驱动着电视的内涵和外延不断朝着更深刻的情状进行内和外的双向构建[①]。但传统传媒艺术也不可能完全被取代。比如，电视在全新的终端和技术下释放出独特魅力，影院电影在聚合式观赏方面、在生活文化的消费方式上仍然具有独特作用，家庭或机构的传统视频作品作为内部群体化的分享，

① 胡智锋，雷盛廷.技术驱动下的审美、媒介、接受：对8K超高清电视的观察与思考［J］.编辑之友，2020(4)：53.

虽然没有完全社交化、网络化，但其内容样态和传播方式呈现出别具一格的特色。

新兴传媒艺术代表着当今融合时代传媒艺术的时尚前沿趋势，体现着最新技术、媒介、平台融合的形态与成果，但也确实存在内容和艺术品质参差不齐等问题，其发展的基础还相对薄弱，内涵品质还相对浅薄，甚至存在经验不足、制作低劣、叙事功底不够扎实等不够成熟的表现，与传统传媒艺术在艺术和审美层面还存在一定差距。但要看到新兴传媒艺术所存在的问题是新生力量必然经历的阶段性问题，需要肯定新兴传媒艺术在成长中的进步和成果。

总之，要看到传统传媒艺术和新兴传媒艺术各自的优长和问题，认识到在融合背景下，传统传媒艺术和新兴传媒艺术的创新发展是相辅相成、彼此促进的。比如从影院电影和网络电影的关系来看，一方面，影院电影是无法被替代的。影院消费和互联网视听消费并不是非此即彼的关系，电影工业的可观投入决定了必须由线下和线上多渠道发行来支撑产业可持续发展，单纯依靠互联网发行是难以收回成本的[①]。另一方面，网络电影已成为中国电影业的一个重要部分和另一个发展方向，与院线电影同等重要，而不再是院线电影的补充，未来网络电影的增长将成为电影产业的重要增量[②]。

传统传媒艺术和新兴传媒艺术的关系不是简单的谁消灭谁、谁替代谁的问题，而是在融合中不断深化、相互提升的问题。面对融合背景下传媒艺术的发展变化，需要辩证看待传统传媒艺术和新兴传媒艺术的各自优长和问题，以免由于观念偏颇而阻碍传媒艺术的融合创新发展。传统传媒艺术和新兴传媒艺术只有在扬长避短中实现融合创新发展，才能

---

① 志静.互联网视听并不能取代影院电影［N］.光明日报，2020-05-12(2).

② 法兰西胶片.吴曼芳：电影学院学生不拍网络电影是伪命题［EB/OL］.(2020-06-14).http://zhuanlan.zhihu.com/p/148292414.

不断生成全新的传媒艺术景观和内涵，促使传媒艺术族群焕发出更大的艺术活力和光华！

（本文与陈寅合作，原载于《社会科学战线》2021年第4期，《新华文摘》2021年第14期全文转载）

免费开放：国家公共文化服务体系的发展与创新

2011年1月，国家文化部与财政部共同发布《关于推进全国美术馆、公共图书馆、文化馆（站）免费开放工作的意见》，这是继全国博物馆免费开放后，国家推动公共文化服务体系建设的又一重大战略举措。一年多来，全国各级美术馆、图书馆、文化馆（站）全方位地快速推进免费开放，引爆了令人瞩目的社会反响与文化效应，受到国内外各方的积极评价，成为当前中国文化领域中最受关注的一个话题与景观之一。

从2006年杭州图书馆试点免费开放开始，继之2008年全国博物馆实施免费开放，再到2011年美术馆、图书馆、文化馆的免费开放，短短几年间，免费开放完成了从全球理念到中国实践的发展历程。这一方面有力推动了国家公共文化服务体系的发展与创新，开启了基本公共文化服务均等普惠的“免费时代”；另一方面也显露出在传统文化事业向国家公共文化服务体系转型过程中一些亟待解决的现实问题。因此，免费开放在中国如何实现科学发展、特色发展、全面发展，的确是关乎国家公共文化服务体系建设发展与创新的时代性命题。

一、免费开放的全球理念与中国实践

纵观全球，伴随着“从‘新公共管理’的‘政府再造’运动到‘新公共服务’引发的‘服务型政府’建设”①进程，免费开放逐渐成为各国公共文化机构向公民提供基本公共文化服务的通行做法。但是，由于各国公共文化制度设计理念与模式的差异性，不同国家关于公共文化机构免费开放的理念认知和实践方式并不统一，存在着多样性。

（一）免费开放的全球理念

第一种是基于“政府主导”公共文化服务模式的免费开放。这一模式强调为全体公民免费提供基本文化产品与服务是政府不可推卸的文化责任，是服务型政府的必然内涵。“实现文化民主”是法国文化价值观的重要构成，立足于传承本国文化、提升公民文化素养的国家需要，着眼于体现基本公共文化服务的均等享有，政府负责提供公共文化机构免费开放所需的资金。为此，法国由政府管理的文化设施定期免费开放，比如在1996年就确立了包括卢浮宫在内的国立博物馆，每月第一个周日免费开放。此外，在国庆日、文化遗产日、博物馆日等特殊节庆日，均免费开放。在萨克奇执政法国期间，还专门面向18岁以下的青少年实行免费开放，其文化培育的用意十分明显。

第二种是基于“民间主导”公共文化服务模式的免费开放。公共文化机构将免费开放视为保障公民文化权利的一种重要体现，作为社会资金支撑的公共文化服务实施主体，非政府组织与非营利机构更加注重从体现公民权利的公共需求出发，以均等共享普惠的免费服务来凸显基本公共文化产品的“非营利性”，彰显公共文化机构的社会担当和精英文

① 陈威.完备的公共文化服务体系研究［M］.深圳：深圳报业集团出版社，2010：7.

化立场。美国政府更多的是一种“便利提供者”的角色。美国公益性文化机构的资金来源，大多依靠基金和慈善家的捐助，博物馆资金来源的40%以上是企业和个人捐赠。出于人性化的需求立场，美国博物馆、公共图书馆等公共文化机构的免费服务已经从免费参观、免费阅读、免费下载、免费上网的基本服务，拓展到免费复印、免费文献传递、免费饮水的更大范围，向对象化、人性化的深度和广度延伸。

第三种是基于“政府与社会双轨并行”公共文化服务模式的免费开放。虽然凯恩斯主义和福利社会制度受到了广泛的质疑，但是依然对欧洲国家文化制度的设计留有深刻影响，使得公共文化在强调保障公民文化权益的同时，体现出鲜明的“文化福利”的色彩。政府部门承担着赞助人的角色，负责宏观调控与有限资助，公益性机构则自主运营和自筹资金，政府与公益性机构之间保持着“一臂间隔”，形成了“政府与社会双轨并行”的机制。例如，英国博物馆免费开放10年来，参观人数由2001年的720万人次增长至2011年的1800万人次，每年间接地为英国带来约10亿英镑（约合98亿人民币）的旅游收入。[①]这不仅深刻影响了英国文化行业的发展，而且极大地改变了世界游客对文化遗产的认识。

（二）免费开放的中国实践

以上述各国政府在公共文化政策与服务体系中扮演的角色与功能来区分，形成了目前全球文化政策的三种基本模式：建筑师模式（以法国文化政策为代表）、便利提供者模式（以美国文化政策为代表）、赞助者模式（以英国文化政策为代表）。[②]与之不同的是，中国国家公共服务体

① 李慧君.英国博物馆免费开放走过10年历程　艰辛多争议多［EB/OL］.(2011-12-21).https://www.chinanews.com.cn/cul/2011/12-21/3549312.shtml.

② 王列生，郭全中，肖庆.国家公共文化服务体系论［M］.北京：文化艺术出版社，2009：227.

系的主体是由政府兴办的各级公共文化机构——博物馆、美术馆、图书馆、文化馆（站）等，政府进行投资与管理，实施的是上下贯通的管控体制。因此，中国公共文化机构的免费开放，并不可能是全球公共文化理念与模式在中国的简单搬演，而是在吸收借鉴全球经验和通行惯例的基础上，基于我国现实国情以及国家公共文化服务体系的发展现状所制定的文化政策；也并非计划经济时代文化事业的简单延续，而是依据新时期公民基本文化权益不断变化的现实需要，通过免费开放推动国家公共文化服务体系建设的创新与转型，为之注入全新的时代内涵和发展理念。总而言之，中国文化政策赋予免费开放如此特殊而显要的地位与期待，是基于当前极为迫切的文化建设需求。

第一，免费开放是建设文化强国的时代需求。随着全球第二大经济实体地位的确立，中国的政治与经济影响力与日俱增。然而中国文化软实力却明显不足，文化创新能力、国际传播力、竞争力与影响力的薄弱严重制约了国家形象的塑造。为此，《中共中央关于深化文化体制改革　推动社会主义文化大发展大繁荣若干重大问题的决定》与《国家“十二五”时期文化改革发展规划纲要》先后从国家文化发展战略的高度，提出了“建设社会主义文化强国”的战略目标。基于这一宏伟目标的需要，公共文化机构的免费开放，不仅充分体现了公共文化服务公益性、基本性、均等性、便利性的基本要求，而且对于提升全民族文明素质，增强国家文化软实力，进而为弘扬中华文化，塑造正面健康的国家形象，具有深远的意义。

第二，免费开放是构建和谐社会的社会需求。当前，我国正处于社会转型的关键时期，社会结构趋向分层化与碎片化，不同阶层之间利益诉求日益多元。迷信、邪教、反社会、反国家、反人类等恶性突发事件时有发生，频频发生的重大自然灾害使得社会危机感加重，社会心理与情绪出现了非常复杂的纠葛与矛盾，催生了一系列不容小觑的社会矛盾与问题。公共文化机构的免费开放，可以充分发挥传播知识、传播文明、健康娱乐的主渠道功能，有利于引导人们积极参与健康有益的知识教育、社会交往与公共文化活动，营造积极向上的社会氛围；还有利于凝聚民心，抑制和克服负面的社会心态，化解社会矛盾，使公共文化机构成为抚慰人心、和谐人心的精神家园；更有利于社会主义核心价值体系的传播与认同，引领社会思潮，巩固社会思想道德基础，营造安定团结、稳定和谐的发展局面。

第三，免费开放是营造健康文化生态的文化需求。伴随着经济全球化与社会转型的进程，中国在精神文化领域出现了多种价值观博弈与融合的文化语境，出现了主流文化传播乏力、精英文化影响的式微、大众文化导向偏离的趋势，各种淫秽、色情、恐怖、暴力的低俗文化泛滥，严重破坏了文化生态。推进公共文化机构免费开放，既有利于在全球文化与本土文化的交流碰撞中矫正文化失衡，恢复和重建良好的文化自信，也有利于在不同文化价值取向碰撞中实现凸显主流价值的引领，培育与增强符合时代发展方向的文化自觉；还有利于在多元文化形态的交叉与融通中传播先进文化，传承民族优秀文化，引导大众文化，提升社会成员的文化素养，树立与塑造文化自强的信念。

基于上述认识，在中国，公共文化机构的免费开放，其意义绝非免去一张门票、免收借书证费用那么简单。作为建设社会主义文化强国、深入贯彻科学发展观、构建和谐社会的战略举措与重大文化民生工程，从博物馆免费开放到美术馆、图书馆、文化馆免费开放，文化新政先后及时出台、全力推进，充分展示了国家层面加强公共文化服务体系建设的决心、信心与战略部署，标志着国家公共文化服务体系在完成了初级阶段后，开始进入制度设计、体制改革、机制创新综合配套改革的新时期。

免费开放，尤其是美术馆、图书馆、文化馆的免费开放，是国家公共文化服务体系建设中具有历史意义的里程碑，不亚于教育领域的免除义务教育学杂费与农业领域的免除农业税，堪称新中国成立以来具有划时代意义的重大文化政策之一。

二、免费开放面临的问题与挑战

截止到2010年底，我国免费开放的博物馆达到1893个，占全国博物馆总量的77.7%，全年接待观众31959万人次，占全国博物馆参观人次的78.6%。截止到2011年底，全国共有公共图书馆2952个（其中县级公共图书2570个），文化馆3285个（其中县级文化馆2906个），乡镇（街道）文化站40390个（其中乡镇综合文化站34139个）。[①]如此庞大的公共文化机构，称得上是全球覆盖人口与公共文化机构最多的免费开放，其复杂性与挑战性不容低估。国家公共文化服务体系建设尚处于基本达标的初级阶段，公共文化服务内容、水平和质量存在着明显的区域差异。超大体量免费开放的深度推进，势必深层次地触及中国现有文化管理体制，使各级公共文化机构承受着设施条件、服务内容与能力、管理运行效率、保障措施等方面的巨大压力，导致了一些亟待解决的矛盾与问题。

第一，基础设施条件薄弱。“十一五”时期，中央投资实施的县级图书馆、文化馆建设和乡镇综合文化站设施建设工程，填补了县乡两级文化设施建设的空白，实现了县县有文化馆、图书馆，乡乡有文化站，极大地改善与提高了基层文化机构的设施水平。但是，由于历史欠账过重，地级市、县乡基层尤其是中西部地区的公共文化机构基础设施总体水平

① “十六大”以来全国公共文化设施建设情况［EB/OL］.(2012-09-25). https://www.mct.gov.cn/whzx/bnsj/cws/201209/t20120925_827906.html.

依然较弱，布局不尽合理，条件落后、设施陈旧、功能不全，环境较差，基本服务项目与阵地活动难以正常开展。实施免费开放后，入馆人数激增，原本薄弱的设施条件首当其冲，面临着严重的硬件不够、条件不足的突出问题。

第二，内容供需矛盾突出。如果说设施问题更多的带有区域性特点，那么服务需求与内容供给能力之间的矛盾则是公共文化机构普遍存在的突出问题，集中表现为现有公共文化机构可以免费提供的内容总量严重不足与供需错位的双重矛盾。比如图书馆方面，图书文献资料品种数量少、内容陈旧、更新缓慢、新增资源不足；电子阅览室设备老化、数量不足，电子文献资源总量有限。再如文化馆方面，活动内容陈旧、类型单一，体现出当前社会发展的时代性、时尚感缺失，吸引力明显不足，难以满足当前日益丰富的多元化文化需求。

第三，管理难度与运行成本加大。免费开放后，公共文化机构的水费、电费、保安、保洁物管费以及设备维护等运行成本均大幅度增长；而且随着公共区域的管理及服务范围扩大，场馆内服务、指引、疏导的工作强度也明显加大，对现有内部管理运行机制形成了挑战。公共文化机构在服务理念、服务能力、专业素质、运行效率等多个方面所出现的不适应、不协调、不完善，直接影响了免费服务的质量和效率。

第四，保障政策与措施不足。虽然从中央到地方各级政府的经费保障政策已经出台，经费划拨已经逐层到位，但是具体落实到各级机构实现标准化的免费开放，依然存在着额度不等的资金缺口，经费保障机制尚在磨合期。另外，与免费开放工作全方位对接的组织保障、人员保障、政策保障等配套措施也尚未完善与健全，各地还处于探索和试行阶段。

上述问题的出现，说明了免费开放进程中政府、公共文化机构与社会需求三者之间存在的不平衡、不协调。一方面是政府和社会需求对于免费开放期待较高，而公共文化机构由于设施水平、服务内容、能力的不足，导致现实提供能力不足造成的落差；另一方面是公共文化机构对于政府免费开放资金政策保障的期待较高，而政府实际保障投入不能一步到位之间的矛盾。

固然，问题的形成并非某一方面的因素，但是，公共文化经费投入总量长期不足是不可回避的主要原因。尽管我国文化事业的投入总量逐年上升，但是在国家财政总支出中所占比例始终较低（见表2），已经连续10年维持在0.4%左右，2010年更是降到了0.36%（见图8）。[①]这一比重远远低于其他公共服务行业在国家财政支出中的比例，如教育事业费13.67%、卫生事业费5.14%、科技事业费3.57%。

表2　国家文化事业财政拨款比例

年份	国家财政总支出（亿元）	文化事业费（亿元）	占国家财政比重（%）
2000	15 879.44	63.16	0.40
2001	18 844	70.99	0.38
2002	22 012	83.66	0.38
2003	26 768	94.03	0.35
2004	28 360	113.66	0.40
2005	33 708.12	133.82	0.40
2006	40 213.2	158.03	0.39
2007	49 565.4	198.96	0.40
2008	62 427	248.04	0.40
2009	75 873.6	292.32	0.39

① 近几年我国文化投入情况及对策建议[EB/OL].(2011-08-23).http://zwgk.mct.gov.cn/zfxxgkml/tjxx/202012/t20201204_906400.html.

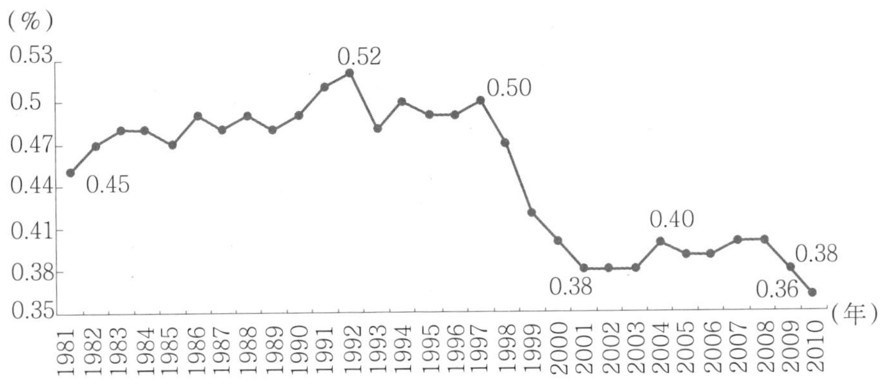

图 8　历年文化事业费占财政支出的比重情况（%）

在投入方式上，中央财政投入主要以重大文化工程与专项经费为主，一次性投入多、持续性投入少、硬件投入多、软件投入少，这导致了公共文化机构业务经费缺口较大。如图书馆方面，2009年全国公共图书馆购书经费总计104 404万元，在全年606 630万元的经费总支出中约占17%。其中，财政划拨的购书专项经费为32 332万元，在222 355万元的财政拨款中仅占到15%，全国人均购书费0.782元，其中河北、福建、广东、四川、贵州、陕西、宁夏等省2009年人均购书费反而比2008年有所降低。许多省地级市图书馆的购书费基本上只有二三十万元，青海省更是只有2.1万元。各地区县级公共图书馆平均每馆购书经费为7.7万元，甘肃、青海等省只有4000元—5000元。2010年全国人均图书册量为0.44册，距国际图书联合会人均1.5册—2.5册标准差距巨大。至于文化馆方面，2009年财政拨款中，业务活动专项经费为18 044万元，平均每个馆50万/年。地市级文化馆2862个，业务活动专项经费的财政拨款为25 593万元，平均9万/年。乡镇文化站38 740个，业务活动专项经费的财政拨款为57 720万元，平均1.5万/年。2011年中央财政投入18个亿的资金用于美术馆、图书馆、文化馆第一阶段的免费开放，初步缓解了资金困难，但是立足于免费开放可持续发展的需求，依然需要在现有中央与地方分权承担的基础上，进一步健全与完善免费开放的经费保障机制。[①]

三、未来推动免费开放科学发展的若干思考

当前，社会对于免费开放的认知还处于“冷接触”和“热接触”交叉混杂的阶段，无论是博物馆的参观行为、图书馆的阅读行为，还是文化馆的文化参与行为还没形成普遍的、日常化的行为方式。免费开放并不是一个短期的工程计划，而是国家公共文化服务体系确保基本公共服务的长期内容。这需要客观认识到国民文化素养参差不齐的现状，科学把握好当下轰动效应与可持续长久效应的关系。从积极的角度看，免费开放催生的压力、挑战与问题进一步确认了推动国家公共文化服务体系创新发展的方向与重点：其一，深化公共文化机构内部体制机制改革，增强公共文化服务能力、管理水平与运行效能。其二，加大对公共文化机构的投入，不断完善与提升公共文化设施功能。其三，以丰富的文化内容、新颖多元的服务手段提升公共文化服务的吸引力，满足不断发展的日益多样化的文化需求。其四，探索建立科学合理的保障机制，确保免费开放避免前热后冷，实现可持续发展。其目的在于通过公共文化机构免费开放的长久开展与深入实施，不断提升公共文化服务吸引力、竞争力、生命力！

（一）以公众满意度为核心，增强免费开放的吸引力

法国曾于2008年1月1日至6月30日对国有的14家博物馆进行了免费开放试验，结果发现，真正持续入馆参观的大多数是老顾客。2010年

① “十一五”以来我国文化事业费投入情况分析［EB/OL］.（2011-01-05）. https://www.mct.gov.cn/whzx/bnsj/cws/201111/t20111128_827873.htm.

10月，《人民日报》与人民网共同实施了一项图书馆认知与使用情况读者问卷调查，结果显示，在影响因素中，馆藏匮乏、更新慢、服务差、环境不舒适等都占据相当的比例（见图9）。[①]

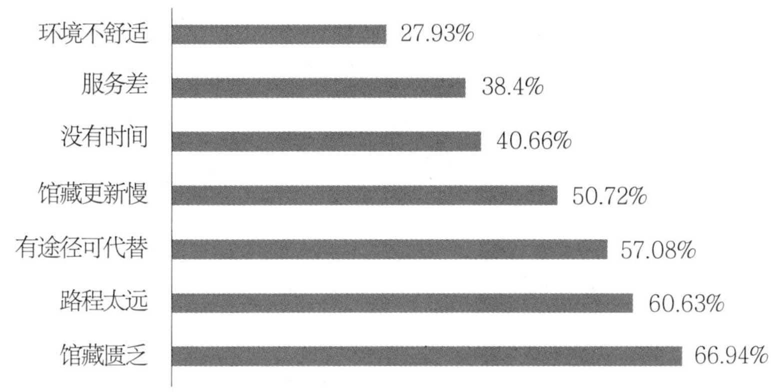

图9　不去图书馆的主要原因（多选）

可见，价格并非影响人们参与、接纳公共文化服务行为最主要的因素，免费并不能长久吸引公众参与，真正能够保持免费开放吸引力的是优质、高效、便捷的服务所创造的公众满意度。换言之，只有免费而缺乏令人满意的服务，并不是免费开放的宗旨所在。公众满意度意味着公共文化机构的一种价值转型，不是将免费开放简单理解为自上而下的文化权利赋予，而是将其理解为功能与定位的深化与拓展，从获得政府认可的政绩价值起点向社会认可的满意度价值取向转变。

（1）在发展理念上，免费开放需要引领时代、关注时下、聚焦时尚。时代建构了公共文化服务最宏大的政治、经济、社会、文化背景，只有免费开放的内涵体现了当前时代最富普遍意义的价值取向、精神气质、心理状态和情感状态，它才会为人们所关注、所记忆，引领时代。关注

① 网络调查图书馆生存状况：陷入转型之困［EB/OL］.（2010-11-04）.http://media.sohu.com/20101104/n277149065.shtml.

时下意味着免费开放在基本公共服务的常态化供给中需要从当下切入，从时下人们普遍熟悉甚至现在发生的某些现象、动态、问题入手，满足百姓最迫切、最期待的文化需求。当然，基本公共文化服务的定位并不意味着免费开放可以脱离一个时期比较前沿、比较新锐的文化潮流与时尚，如果善于从文化时尚中选取有益于吸引大众进行文化参与的内容，一定可以赋予免费开放与时俱进的文化活力。

（2）在功能定位上，免费开放需要注重物理空间、知识空间、文化空间的拓展与深化。其一是物理空间的人性化。物理空间是公共文化机构最重要也是最为基础的物质空间，免费开放首先是物理空间的自由进入，这种“自由”不仅意味着取消限制性条件的零门槛，而且包含着以人为本的空间需求，环境优美、设施齐备、使用便利、流程顺畅，具有人性化的舒适度。其二是知识空间的吸引力。作为知识集聚和文化传播的阵地与平台，公共文化机构的主要功能是知识空间的构造。营造一个可以充分满足人们获取知识、了解信息，在群体中交流学习，成长自我的知识平台，是提升免费开放满意度的关键所在。其三是文化空间的认同感。在物理空间、知识空间之上，公共文化机构最重要的空间是精神家园的营造。免费开放应该致力于为国家、社会和民众构筑一个具有文化生态意义的文化空间、精神家园。心理层面的归属感、认同感、受尊重感、幸福感才是公共文化滋养民心、塑造灵魂的根本。

（二）以创新服务内容与方式为路径，提升免费开放的竞争力

实现零门槛进入、基本服务免费只是实现了“免费开门”——免费开放的第一步；更为重要的是，如何吸引广大服务对象愿意来和常来？如何让公众满意而归？在文化产品日益丰富、文化娱乐方式日益多元、文化服务日益深化的当下，免费开放只有不断创新服务内容与方式，提

升开放的品牌化水平、标准化水平、数字化水平，才能真正打造公共文化免费服务的竞争力。

（1）创新服务内容，丰富主题，提升免费开放的品牌化水平。第一，按照有主题、成系列、树品牌的思路创新服务内容。内容创新实际上是对服务资源构成方式的调整与优化，主要有两种方式：一种是增量创新，不断设计增加新的服务项目，比如展品、文献、活动等；另一种是存量创新，盘活资源，对已有服务内容进行新的整合，提高便利性。无论哪一种创新，都应根据服务对象的需求，遵循品质优先、突出特色的原则，强化主题，形成系列、保持规模，进行持续的内容创新。如此，方有可能培育形成具有中国特色、区域特色、文化特色的公共文化服务品牌。第二，按照人性化、对象化、主体化的方式创新服务。免费开放迫切需要公共文化服务机构转变观念，始终坚持贯彻“以人为本”的理念，贴近生活、贴近实际、贴近群众，既提供雅俗共赏的普适性内容，也提供雅俗分赏的对象化内容。并且注重开展面向未成年人、残疾人、弱势群体、农民工的对象化免费服务，探索建立帮扶机制，引导服务对象成为参与公共文化创造的主体。

（2）创立指标体系，加强评估，提升免费开放的标准化水平。国家“十二五”文化改革发展纲要中特别指出要“制定公共文化服务指标体系和绩效考核办法，明确服务标准和服务规范，加强评估考核”。这意味着免费开放需要健全基本服务项目，确立基本服务标准，包括基础设施标准、服务项目标准、内容标准、效果评估标准等一系列标准体系，如场次、册数、人次，形成标准化、规范化的免费服务。指标体系中不仅包括来自政府自上而下的“投入与产出”绩效评估，确认公共文化机构的职责履行状态；也包括来自科学的对于服务对象的满意度评估，对人们使用图书馆、文化馆的行为特征、频次、偏好及其影响因素开展统计分析，以此调节与提供服务内容与服务方式。

（3）创新服务方式，加强技术应用，提升免费开放的数字化水平。现代公共文化服务体系离不开现代化科技手段的支撑。当前，全球化文化生产与传播正在体现出数字化、网络化、个性化、互动化的新趋势，网络、手机等新媒体、新载体的出现，既为公共文化服务提供了新的服务手段和传播载体，也对传统场馆服务形成了冲击与挑战。因此，免费开放在巩固和提升场馆服务的同时，必须强化数字服务的理念。一是将传统的文化资源比如图书文献、文艺指导转化成数字资源，将数字服务发展成为免费开放的新方式；二是根据城市年轻群体的需求，根据数字技术的传播特性开发相应的服务内容，凸显其便利性、互动化、个性化。

（三）深化改革，完善制度设计，保障免费开放的生命力

免费开放是一个涉及国家公共文化服务体系创新的系统工程，它实施与推进的广度和深度，取决于制度层面改革创新的力度。在公共文化服务体系建设的制度层面，人员、资金、设施是三个最重要的结构性因素。所以，完善以人员、资金、设施三大要素为主体的制度设计，是决定免费开放能否持久推进下去的重要体制保障。

（1）加强公共文化服务人才队伍建设。历经多年的积累与发展，中国虽然已经拥有一支数量庞大的文化队伍，但是从人员素质和专业能力方面看，普遍存在着编制不足、学历偏低、中高级职称人员偏少等专业人才严重匮乏的问题。为此，国家明确提出要建设一支宏大的文化人才队伍，在战略高度制定了文化人才发展的总体规划，免费开放无疑提供了积极推动公共文化服务人才队伍建设的有利时机。一方面建立健全人员在职培训机制，强化服务能力与服务意识，优化提升已有人员的专业素质，逐步实行公共文化服务职业资格准入制度，培养造就一批有热情、懂专业、深入基层、服务群众的公共文化服务专业人才队伍；另一方面健全完善基层文化组织与管理队伍建设，采取多种方式，选派、配备、

聘任基层文化组织者引导组织提供文化服务。另外，还需要完善发展公共文化服务志愿者服务体系，形成文化组织员、辅导员、指导员多个层级，并探索建立文化志愿者奖励补贴机制。

（2）健全免费开放的资金保障机制。从全国各地免费开放资金保障方案的情况看，中央与各级财政投入资金初步实现了保障场馆免费开放、基本服务免费提供的任务。但是，随着免费开放的深入，一些深层次的经费需求会浮出水面，原先测算的经费投入标准和方式也需要根据新的发展进行动态调整。因此，需要遵循统筹规划、重点保障、分类支持、体现实效的原则，完善免费开放的资金保障机制。一是加大资金投入总量，按照免费开放的发展目标、规模和实施效果，核定支撑免费开放可持续发展的经费保障。二是在中央专项资金基础上，为地方财政加大投入、社会资金有效注入提供制度保障。

（3）完善文化基础设施建设。网络设施是公共文化服务体系的物质基础，没有布局合理、功能适用的文化设施与服务网络，免费开放的优质服务也就无从保证与提升。完善文化基础设施建设应兼顾基础公共文化设施运营管理的科学化、标准化与新建公共文化设施的集群化、多功能化。在实现均等覆盖、基础服务网点均衡分布的基础上，按照新增、改造两种发展方式，推进公共文化设施合理增长与功能提升。一是新增一批——根据整体布局与特色需求，新建一批功能先进、体量可观、设施现代的公共文化设施。尝试新建综合公共文化功能聚集区，降低公民的出行成本和出行时间，提高文化设施的使用率。二是改造一批——对基层文化设施进行规范化、标准化改造，不断提高软硬件水平，重点加强功能建设，通过科学管理和运营，提高人性化、增加便利性，缩短公众参与享有公共文化服务的交通时间成本，提高免费开放的效率和品质。

作为一项利国利民的文化惠民工程，免费开放的中国实践才刚刚起步，中国理念仍在探索中。我们相信，从浪潮式推进的热运行中平静下来的免费开放，将逐渐淡化其仪式性的文化景观标签，进而成为中国亿万百姓日常生活中一种自然而然、习之不察的文化生活方式。我们更期待，在国际标准与中国国情、国家标准与区域实际、文化共性与行业特色的多种格局中找准定位，深入实施与持续推进免费开放，以富有中国特色与东方智慧的伟大实践与文化创新，在国家公共文化服务体系发展、提升国家文化软实力、建设文化强国的历史进程中焕发出持久的生命力。

［本文与杨乘虎合作，原载于《清华大学学报（哲学社会科学版）》2018 年第 3 期，《社会科学文摘》2018 年第 7 期全文转载］

内容、机构、人才与收益：论当前媒介融合时代的电视活力

——兼对“电视之死”的回应

美国马萨诸塞州理工大学的浦尔教授最早提出“媒介融合”概念时，恐怕不会想到日后的世界会如此迅速而深刻地走向数字化生存、全媒体生存。毋庸置疑，全球范围内，新媒体已蔚然成为当前及可预见的未来里最热络、最具潜力、饱富渗透力的媒介。①现代传媒的发展是动态开放、没有止境的，当现代传媒发展至媒介融合时代，新媒体的崛起使得传媒越发成为整个人类的生存手段和存在方式，并越加全方位地改变着人类社会的权力结构。②

在如此一个新媒体时代，“电视将死”的“预言”不绝于耳，在各种“判断”中，电视消逝的期限从数十年、十数年到数年不等。这些推断，有一些事实依据。例如，就国内而言，《中国视听新媒体发展报告（2013）》显示，北京地区的电视开机率从3年前的70%下降至30%，而且收看电视的主流人群为40岁以上的人群，电视似乎面临着用户大量

① 胡智锋，刘俊.主体·诉求·渠道·类型：四重维度论如何提高中国传媒的国际传播力［J］.新闻与传播研究，2013(4)：5-24，126.

② 刘俊.传媒艺术刍论［D］.北京：中国传媒大学，2014：17.

流失和老龄化加剧两大不可克服的障碍；根据CSM全国测量仪的数据，2014年上半年，全国观众人均每天收看电视的时长跌破160分钟，为159.86分钟，较去年同期减少2.5分钟，与2011年上半年和2012年上半年相比，更是下降5分钟以上，另外15到34岁人群的电视收视时长是45岁以上人群的一半①。再如就海外而言，根据2014年4月一份针对24 000名美国成年民众的调查结果，Netflix（美国奈飞公司）或Hulu（美国一个视频网站）等网络视频网站的订户更倾向于停止付费收看有线电视，退订率是普通电视用户的三倍。截止到2014年7月，Netflix注册用户总数达到了5005万，其中4799万是付费用户。相比之下，美国最大的付费电视运营商康卡斯特公司用户总数是2200万左右。②其实“电视之死”预言与判断，是人类媒介样态发展的自然结果——电影崛起曾让人们惊呼摄影将死，电视崛起曾让人们惊呼电影与广播将死；如果将领域拉开、历史推远，摄影的诞生还曾让人们笃定绘画必将灭亡；等等。

但人类实践的发展不断表明，在媒介样态发展的问题上，“二元对立”式非此即彼的简单断定，向来难以取得胜利。如摄影、电影、广播等历经人类实践淘洗，却依然是人类主要的传媒样态，人们对不同的媒介样式总有着特殊的需求，典型的媒介样式也总是以其独特性而为历史所保留。就电视而言，虽然其自身要因应新的媒介环境不断主动调适，但其命运也应大抵如此。

在新旧之辨中，没有完全的、纯粹的新与旧之隔，新的形式往往先包含于旧的形式中，而旧的形式也会以其优质成分彰示其存在的合理性，新的形式和旧的形式还会不断互动，逐渐使自己趋利避害，二者都会重

① 何兴煌.在媒体融合大变局中抢占战略制高点［J］.电视研究，2014（11）：17-19.

② 李宇.由“电视消亡论”刍议媒体演进中的新旧之争及特点［J］.新闻春秋，2014（4）：56-60.

新被组织、被赋予新的意义、呈现出新的价值，最终共同形成一种再次稳定的结构。[①]在这一大的逻辑背景下，我们有必要从电视内容、电视台、电视人、电视收益等四个角度谈一谈媒介融合时代，电视的活力何在与电视是否“将死”。

一、电视内容：多元终端呈现的，依然多是电视的内容

（一）各终端收视的内容，多来自电视内容

当前对“电视之死”判断的一个重要支撑，便是电视机终端开机率和收视率的下降，人们不再热衷于看电视，而是都在看电脑、看手机、看ipad。以电视机终端开机率和收视率下降为论据来判断电视整体的问题，着实有些以偏概全了；这种开机率和收视率的下降，或许只能在预言“电视机将死”的问题还能起到一些效果，而不能凿定“电视将死”。

仅从生活经验便可知，人们在电脑、手机、iPad等多终端上观看的内容，大量来自电视台制作或首播的内容，比如时下热播的国内外电视剧和电视综艺节目，以及重大电视新闻和精品电视纪录片等。专门为新媒体制作的、与电视毫无关联的网络剧、网络综艺和网络新闻，一方面它们毕竟远不能完全替代电视内容成为收视主流，另一方面它们的制作理念依然多是电视的，虽然我们并不否认这些网络文艺样态近年来的迅猛发展。

腾讯大数据的统计（见表3、表4）也印证了这一点，以综艺节目

① 刘俊.传媒艺术刍论［D］.北京：中国传媒大学，2014：45-46.

为例，电视台制作或首播的综艺节目在网络上的播放量十分惊人，其中《中国好声音第三季》的网络播放高达38.40亿。而且电视综艺节目较之网络自制综艺节目，在总体网络播放量上有绝对优势，网络播放量排名第一位的网络自制综艺节目《大牌驾到》，只能排在电视综艺节目网络播放量的第7位；况且网络自制综艺不比电视综艺节目，它没有电视收视贡献，而电视综艺同时拥有电视和网络双重收视贡献，其总量也会更大。当然，网络自制综艺节目的表现也已算不错，网络播放量前五位的节目均过亿，只是在可预见的将来它还无法撼动电视综艺节目的总体收视地位乃至影响力。

由此看来，如果将电视内容的网络收视计算到电视内容的收视中，电视的整体收视状况依然是惊人的，从一定程度上说甚至是大幅上升的，融媒时代我们还不能仅以“传统电视机终端”的开机率和收视率下降来判断电视的整体状况。

表3　2014年电视综艺节目网络播放量前十名

排序	节目名称	播出卫视	网络平台	播放量
1	中国好声音3	浙江卫视	腾讯视频独播	38.40亿
2	爸爸去哪儿2	湖南卫视	爱奇艺+芒果TV	23.45亿
3	奔跑吧兄弟	浙江卫视	全网	19.49亿
4	爸爸回来了	浙江卫视	全网	12.10亿
5	中国好舞蹈	浙江卫视	腾讯视频独播	7.60亿
6	十二道锋味	浙江卫视	腾讯视频独播	7.56亿
7	笑傲江湖	东方卫视	全网	7.13亿
8	我是歌手2	湖南卫视	乐视+芒果TV	6.46亿
9	中国好歌曲	央视三套	腾讯视频独播	4.76亿
10	变形计7	湖南卫视	腾讯视频独播	4.72亿

数据来源：六大视频网站+芒果TV截至2014年12月24日前公开数据的总结；《奔跑吧兄弟》仍在播出，取前11期全网播放量。

表 4 2014 年网络自制综艺节目播放量前五位

序号	节目名称	网络平台	播放量
1	大牌驾到	腾讯视频	7.20 亿
2	HI 歌	腾讯视频	3.10 亿
3	你正常吗	腾讯视频	3.00 亿
4	大鹏嘚吧嘚	搜狐视频	2.30 亿
5	娱乐猛回头	爱奇艺	1.70 亿

数据来源：腾讯视频、搜狐视频、优酷、爱奇艺、乐视公开数据的总结，截止时间为12月24日。

况且，即便是电视机开机率问题，似乎当前也并不绝对像前文所引《中国视听新媒体发展报告（2013）》中提及的由70%下降到30%那么严重。根据歌华有线（负责北京地区有线广播电视网络建设开发、经营、管理和维护的网络运营商）的数据，随着高清交互节目内容的不断丰富，北京地区有线电视用户每日每户平均收视时长几年来持续增长，从2012年的192分钟已经上升到2014年的206分钟，2014年11月12日的平均收视时长为221分钟。数据还显示，北京地区高清交互用户近两年平均每日开机率稳定，保持在60%以上，2014年11月1日至11月12日，北京地区高清交互电视用户日均开机率为65.11%。[①]根据索福瑞2013年的调查显示，无论是北京地区还是全国范围，电视开机率一直保持在20%—30%之间，从未高达过70%，也从未大幅下降过。12.8亿，是中国电视的受众规模；80.7%，是每天在家看电视的受众比例，“这表明今天的电视依然是最大、最有影响力的媒体类型”。[②]

① 收视数据实时采集分析系统建成 北京电视开机率并未下降［EB/OL］.（2014-11-15）.http://media.people.com.cn/n/2014/1115/c40606-26027531.html.

② 刘玮.电视开机率并未大幅下降［EB/OL］.（2013-10-17）.http://www.bjnews.com.cn/detail/155146959414732.html.

（二）多终端热议的话题，多来自电视内容

更甚，在媒介融合时代，不仅电视内容在整体收视问题上不落下风，而且电视制作或首播的内容还常常引领社会话题和舆论。一些话题虽然是通过网络收视和网络平台热炒起来，继而引发了全社会的关注，但这些话题的来源依然多是电视内容。

比如，2013—2014年中国电视综艺内容生产的多节目类型集体爆发，成为中国电视综艺内容生产具有标志性意义的拐点，产生了多样态的“现象级”电视节目，如歌唱类的《中国好声音》《我是歌手》《中国好歌曲》、户外类的《奔跑吧兄弟》、达人类的《最强大脑》《出彩中国人》、文化类的《中国汉字听写大会》《汉字英雄》、演讲类的《开讲啦》、生存类的《百万粉丝》《这就是生活》、运动类的《星跳水立方》、农家类的《囍从天降》，等等，它们所引发的对达人、励志、原创、明星、怀旧、城乡、文化、环境、公益等话题的网络热追、热议、热捧，无疑都来源于电视综艺的内容。

（三）在重大媒介事件中，电视直播的仪式感难以取代

丹尼尔·戴杨和伊莱休·卡茨曾以“媒介事件”来框定重大事件的电视直播，并视对重大事件（如“加冕”“征服”“竞赛”）的电视直播为一种大众“节日”。[①]大众经常等待着这种电视直播的“节日”，等待一种大众同时同刻的对“视觉奇观”的分享，无论是等待一场足球比赛、一场选秀决赛、一个盛大晚会、一次国家仪式、一个特殊时刻，都是如此。借由电视直播的这种“媒介事件”，大众可以组成本尼迪克特·安德

① 戴杨，卡茨.媒介事件：历史的现场直播［M］.麻争旗，译.北京：北京广播学院出版社，2000.

森所言的“想象的共同体”，大众会产生一种虽然“素未谋面”但却“休戚与共”之感。[①]总之，电视直播由于其同时同刻的共享性、无可复制的瞬息性、无远弗届的传播性，成为人们的一种观看仪式，甚至是生活仪式。

很显然，当下虽然大众可以通过多终端的收视体验这种“媒介事件”的仪式感和“想象的共同体”的分享感，但终端上所呈现的内容还多是“电视”直播，在电脑、手机、iPad上收看的还是电视媒体的呈现，如中央电视台的春晚直播、奥运会开幕式直播、世界杯直播、APEC（Asia-Pacific Economic Cooperation，亚太经济合作组织）直播，等等。中国的意识形态、传媒工具和社会生态的交织具有特殊性，网络新媒体本身还几乎没有能力、也难以得到授权组织如此高品质的大型直播，在可预见的将来网络新媒体也难以独立地进行高品质的“媒介事件”直播。在中国，掌握着核心内容的电视，在平台提供的新媒体面前，依然具有活力，难称迅速消亡。

这也是为什么我们现在常常说在“新媒体环境”下如何如何，因为新旧媒介内容的转交，似乎不像新的媒介环境的营造那样迅速。即便新的技术出现，旧的媒介依然常常占有“内容”优势，旧媒介的内容包裹在新媒介所营造的“环境”之中。如黄鸣奋先生所言，“数字技术出现之后，新的环境（即作为媒体的计算机网络）被创造出来，电视又成为网络的内容，网络则充当电视的外部环境。”[②]

① 安德森.想象的共同体：民族主义的起源与散布［M］.吴叡人，译.上海：上海人民出版社，2011.

② 黄鸣奋.新媒体与西方数码艺术理论［M］.上海：学林出版社，2009：19.

二、电视台：进行组织重构的电视台可以依然保持活力

行文至此，我们并非是要站在历史发展的对立面，无视新媒体快速崛起对媒介格局甚至人类生态的改变，我们也不是站在传统媒体的一端去企图阻碍新媒体的发展。恰恰相反，媒介融合时代，“融合”本身就意味着非此即彼的“二元判断”并不适宜，传统媒体与新媒体最终会相互交融、难分彼此，这将是未来媒介融合时代的发展趋势。

在我国，电视台存在样态的发展从来都是动态的、不断调适的：最初电视台更多地作为原始的播出平台存在；随着电视业发展，制作+播出成为电视台的存在样态，这又经历了“节目为主导→栏目为主导→频道为主导”的过程；如今，媒介融合时代，电视台又面临新的存在样态的调整，这就需要摸索新的组织方式。

因应媒介融合时代的发展趋势，传统电视台若想继续保持活力，并最终为电视整体的活力护航，其思维方式必须也是媒介融合的，要勇于打破惯性思维与现行机制。这体现在组织结构的重构上，要进行跨部门、跨区域、跨领域重构的尝试，摸索一种多元并轨的组织重构方式。

这其中，特别要打破传统电视生产部门与新媒体部门的区分与界限，将两大类部门的人员调配和运行机制相融合。电视生产部门中既要有传统的“电视”人才，也要有“新媒体”人才；既需要“电视”人才了悟“新媒体”运作的理念与方式，也需要“新媒体”人才懂得“电视”表达的思维与手段，两类人才在内容生产中最终合二为一。“电视台的‘新媒体’部门必须与传统的采编团队深度融合。新媒体部门不应该作为一个外部团队，而是作为一个统一的支撑平台与原来的编辑部门进行整体支

撑和整合。”[①]电视台可以转变为全媒体集团，按照融媒要求和思维分出不同部门，各个部门既有电视生产的任务，也有新媒体生产（还包括传播与营销）的任务，二者交融才得以创作出最终产品，获得价值。[②]总之这是一个生产力决定生产关系，生产关系反作用于生产力的根本逻辑。

其实更为重要的是，我国的电视台作为具有特殊身份背景的存在，一级电视台与一级政府直接挂钩，其强大的政治和社会资源与地位绝不可小视，这种资源和地位非特殊情况下也难以撼动。因此，电视台如果能切实做到上述思维、惯性与行为方式的转变，并在媒介融合时代里主动而成功地转型，转型而成的全媒体集团，可以有效保障电视台的功能、价值与活力。毕竟，一个不争的事实是，在普通民众的观念里，较之于新媒体传媒机构，如“中央电视台”“CCTV”的标识依然被视为传媒领域的代表性符号（甚至是最具代表性的符号），中央电视台的人员、节目、活动依然被视为一种极具号召力、吸引力和向心力的品牌。从步入网络新媒体时代至今，虽然有民众通过网络发表对类似“中央电视台”“CCTV”的调侃，但对普通民众而言，品牌电视台（央视和几大领军卫视）的认知度和影响力，似乎并未有太大的下降；反倒是因为品牌综艺节目和电视剧等的频频推出，中央电视台、湖南卫视、江苏卫视、浙江卫视、东方卫视、北京卫视等的认知度和影响力常有间断性地提升。

三、电视人：电视人才结构将会动态变化，但高端电视人才依然抢手

只要电视内容依然具有竞争力，就需要电视人进行内容生产，只是

① 参见中央电视台副台长何宗于2014年8月27日在“BIRTV台长论坛”上的报告。

② 胡智锋，刘俊.生产、传播、营销：打造媒介融合时代电视媒体新主体[J].电视研究，2014(11)：7-9.

我们对电视人才的需求和电视人才结构将是动态变化的。从现实状况来看，我们对电视人才的需求逐渐从“量”的层面到“质”的层面，“电视蓝领化”现象普遍呈现的同时是对高端电视人才的渴求；从未来发展来看，吸收了电视人思维和手法的“泛影像”生产与创作人才，或许会成为未来改变人才结构的重要力量。

（一）现状：“电视蓝领化”的背后是对高端电视人才的渴求

关于当前电视业者的现状，一方面，我们看到，传统电视人的收入相对比在下降，一些传统电视制作人、主持人、管理者纷纷跳槽[①]，而留守的传统电视人整体上似乎正在从精英变成蓝领。另一方面，如果说电视内容或者说比照电视思维的制作方式，依然是各类影像呈现的主流的话，我们看到在高端或精品大制作的纪录片、电视剧、电视综艺中，依然急需各种专业化的高端电视人才。而高端精品大制作，也是电视在内容生产方面应对新媒体环境挑战的重要筹码，专业化、高水准的电视人才依然能够借此有效实现自身价值和自我满足。

特别是如今在电视生产与传播高度专业化的时代，我们还急需优质的电视节目经营人才、电视的新媒体运营人才、电视的艺人管理人才、电视前期策划统筹人才、电视后期特效人才等高端专业化人才。这也体现了媒介融合时代，我们所急需的电视人才的结构发生了变化。

总之，能够胜任高端大制作生产、传播各环节的各类精英电视人才，依然紧俏并抢手，由高端电视人才创制出的精品电视内容依然收视火爆且引领社会话题。人才是一个领域发展的核心推动力，我们对电视人才的迫切需求，似乎正是电视活力的一种体现。其实，无论是电视人才的

① 赵昱，王小娟.从电视人跳槽新媒体看人才机制创新［J］.视听界，2013(2)：72-73.

跳槽，还是电视业者的蓝领化，从根本上并不能代表传媒领域不再需要电视人，而是一种新媒体环境下人才结构性转型与重构的必然过程；人才结构在动态发展的调适中重新定位，才有可能重归新的平衡。

（二）未来：吸收了电视人思维和手法的“泛影像”生产与创作人才或成主流

当然，在未来，电视人才不再都固守于电视也是必然的、合理的。而且未来我们也很可能从“电视内容”的概念走向“泛影像”的概念，“泛影像”同时包括大电影影像、电视影像、新媒体自制影像（含微电影）。前者大电影影像如今更多作为艺术内容而非大众传媒内容存在，所以若以此视角，后两者（电视影像、新媒体自制影像）将是“泛影像”的主流。

很显然，新媒体自制影像生产虽然有其因应新媒体手段与渠道的“特殊性”，但当前并在未来很长一段时间内，它还难以显示出拍摄与呈现等生产方面的显著“独立性”，以及与电视的鲜明差别，至少不会像电视明显区别于电影那样有质的差别，还是多遵从电视影像的具体生产方式与思维。这也是由于新媒体屏幕的大小、观看的环境和观者的心态，以及日常化和大众化的传媒属性等都更接近电视。因此，未来很长一段时间，主流的“泛影像”生产者，不可避免地更多以类似传统电视人的思维来进行创制，而不是以其他选择；即便创作出来的不再叫“电视”作品，但电视人思维的一种长时段影响力，也似乎能说明一些电视活力的问题。当然，我们最终期待的是影像不朽，永远有优秀的人才来创造它。

四、电视收益：品牌电视媒体和现象级节目，依然享有高额商业回报

（一）电视收益危机的背后：品牌电视媒体收益稳定，现象级节目收益不断上扬

较之于近年来新媒体收益的不断提升，电视行业收益的总体增长并不乐观。其中，虽然电视广告收入仍居首位，而且其他媒介形态的广告收入一时无法撼动电视广告（2014年数据依然如此），但电视广告增长总体呈下降状态，与此同时新媒体广告的总体收入和增长速度不断提升。

不过，具体到品牌电视媒体、电视台制作或首播的现象级电视节目，其商业回报却并非如此，从这些方面说，电视收益依然有独具的、难以撼动的实力与活力。品牌电视媒体如中央电视台、湖南卫视、江苏卫视、浙江卫视、东方卫视等，其年度广告收益不断增长或平稳保持，其中中央电视台坐拥平台优势更是收益不菲，广告招标大会也常常是媒体热议的话题。目前，央视“招标+承包代理+区域代理”的稳定三角形，共同支撑起央视超过300亿元的广告经营盘子。2014年，湖南卫视的广告创收目标是70亿元，1—9月已完成54亿元，按照每月平均6亿元的进账速度，完成目标不是问题。江苏卫视、浙江卫视、东方卫视也都保证了广告创收以20%以上的增速发展。对于一线卫视来说，每年购剧、覆盖、季播项目、租赁卫星传输等的基本投入在20亿元以上，这种投入一旦上去就下不来，而手握黄金资源的一线卫视也确保了广告创收的持续增长。即便是第三梯队省级卫视频道也只是出现了少量下滑的趋势，短时间内不会影响整体广告花费的增长。省级卫视频道仍是今明两年支撑电视增长的主力军，广告花费份额在电视板块中会缓慢提高，省级地面频道和

城市台的广告投放份额将在整体电视板块中降低。[①]

而现象级电视节目如《中国好声音》《奔跑吧兄弟》《我是歌手》《中国梦想秀》《梦想合唱团》《中国汉字听写大会》等近两年崛起的品牌，如《新闻联播》《星光大道》《快乐大本营》等传统品牌，以及如2014巴西世界杯转播等“时令性”节目，近年来也无疑都是商业回报的赢家，这也是网络自制综艺节目和其他相关内容当前远远无法企及的。腾讯大数据的数据（见表5）对此有所印证。

表5　2013年、2014年电视综艺节目总冠名价格前五位

2013年					2014年				
排序	节目	平台	数额	冠名商	排序	节目	平台	数额	冠名商
1	星光大道	央视三套	3.40亿	汇源果汁	1	爸爸去哪儿2	湖南卫视	3.12亿	伊利QQ星
2	非诚勿扰	江苏卫视	3.00亿	步步高	2	中国好声音3	浙江卫视	2.50亿	加多宝
3	中国好声音2	浙江卫视	2.00亿	加多宝	3	非诚勿扰	江苏卫视	2.40亿	韩束BB霜
4	中国梦想秀	浙江卫视	1.70亿	雅迪电动车、香飘飘	4	我是歌手2	湖南卫视	2.35亿	立白洗衣液
5	梦想合唱团	央视一套	1.70亿	洋河酒业	5	快乐大本营	湖南卫视	1.93亿	VIVO智能手机

数据说明：节目冠名费来自媒体公开数据的总结。

需要说明的是，导致表面上电视业收入下降的原因有很多，比如

① 李芸.2014年度全国电视广告发展报告［EB/OL］.（2015-01-26）.http://www.znds.com/article-2527-1.html.

二三流电视媒体的影响力不足与下降，比如在电视媒体内部非专业人员的占比过高等，这些问题导致在数量上一平均，电视业的收益便从总体上被拉平；作为体制机制问题，许多类似问题如果处理不好，必然会影响到品牌电视媒体和现象级节目的收益。

（二）宏观变革与微观尝试：对电视传媒收益进行深层提升

当然，要深层次解决电视传媒的收益问题，持续保持电视传媒的收益活力，特别需要在宏观和微观的如下两个方面着力。一则，在宏观的所有制层面，未来需要考虑股份制、混合所有制问题，以及其所带来的组织结构的变化。这不是依靠传统电视运营模式和组织方式所能完成的。未来需要建立稳定的多元投资融资渠道，重视资本运作对传统电视媒体的重要性。所有制的变化将会使电视台的组织架构发生巨大变化，节目运营、市场运营不仅仅是一种电视台内部的套层关系问题，而是可能是混合所有制下形成的新的组织架构。“一旦国有传媒企业的股权结构实现多元化，尤其是国有股不再控股，就必然意味着在传媒企业的管理层任命等重大决策方面产生一系列的变化，传媒企业的体制制约必将大大缓解，其市场化能力也必将大大增强，而这将使其从根本上建立起真正的现代企业制度，成为真正的市场主体。”①

二则，在微观的具体操作层面，传统电视传媒机构需要以开放的姿态，主动使自己的内容生产和组织运营方式，切实和彻底地适应新媒体的传播和盈利模式，以持续保证传统电视内容的新媒体传播力、认知度和收益效果。最近，电视新闻方面，如地方电视传媒“电视问政”样态因引入新媒体手段而火爆；纪录片方面，如江苏卫视全媒体大型纪录片《你所不知道的中国》的新媒体运营与传播创新；电视综艺节目和电视剧

① 郭全中：2014年传媒改革发展十大关键词［EB/OL］.（2014-02-07）. http://culture.people.com.cn/n/2014/0207/c172318-24292763.html.

方面，如现象级节目和剧作借助新媒体造势发力等，都在上述方面取得一定效果，实现收益目标。

结语：未来新旧媒体混合、兼容而共生的格局

在媒介融合时代，作为传统媒体的电视，依然有持续发展的基础。摆在传统电视媒体面前的问题，是如何继续保持电视的活力。对于解决之道，一方面，在中国，可以继续借助其拥有的政治和社会资源，不断谋划；另一方面，更需要破除其“惯性思维”，饱具创新与“再创业”的意识，不把与新媒体的融合只是看作传统电视媒体的“脱困”，而更应以全新的理念看待传媒与传播。

从根本上说，无论新旧媒体，其发展都在于对用户（受众）的占有和控制，未来不管以何种形式，只要传统媒体能够在与新媒体融合中，继续保持对用户的强势占有和控制，它必然会持续保持发展的活力，电视便“不死”。当然，反之亦然。

或者说，未来当电视携其内容、人才与机构影响力优势而更为积极地走向互联网，也便同时是互联网走向电视的过程。当电视更为积极地与互联网融合，互联网也更为积极地与电视融合，我们未来很可能根本就难以分辨何为电视、何为互联网；也不便说究竟电视是媒介融合的“积极的主体”，还是互联网是媒介融合的“积极的主体”，无论是从内容、机构、人才、收益的哪一个方面进行判定，二者都会以一种混合、兼容的状态存在。这种融合的过程，也一时难有统一的、一致的模式与样本，如此融合的过程对电视与互联网而言都既是开放的、饱具创新空间的，也需要二者同时积极发力、不懈调适。

与混合、兼容状态相对应的，是我们对未来媒介融合时代的传媒格局也需要关注一种“整体性”，比如整个传媒产业链的开发、传媒机构

的整合程度和能力，等等。例如，虽然通过前文数据，我们看到网络自制综艺节目无论收视情况还是收益情况，都远不及电视综艺节目，但这并不等于说二者无法交融和共生，像热播热议的文化类节目《汉字英雄》便是爱奇艺和河南卫视联合制作的节目，双方按照1:1比例投资，两个不同属性的媒体共享收入分成。如果这种模式效果明显且被固定下来，未来可能会有更多电视台，展开类似于与新媒体的多样而灵活的合作，这种合作可能贯穿产品/节目的策划、生产、传播、营销、接受与反馈的“整体全流程”中。

在这一混合、兼容的状态中，我们也不便以胜负心态让“电视”和“新媒体”决出一个高下，而是可以以一种“共生之心”面对“融合之局”。“融合”的要义本身，本不在于你争我夺、四分五裂的“二元对立”，而更多地在于相辅相成、共进共成的“去元相通”。从更加宏大的视野来看，媒介融合是人类创新与进步的最新表征，也会代表着人类前进的齿轮永不停歇，它是一股永远向前的力，裹挟着人类民族、国家、社会与文化的前行。这股代表人类进步最新表征的力量，当然应该成为推进人类繁荣共生的“正力量”，而不是苛求高低决裂之果的“负力量”。当然，再进一步来看，媒介融合从根本上不会仅仅是媒体的工具式融合，而最终更会是一个文章开头所言的人类“生存手段”“生存方式”“权力结构”问题。

当然，在电视与新媒体的融合过程中，也不是一帆风顺的，从电视角度来看，便会发现一些障碍。比如，传统的电视媒体担当“喉舌”重任，而新媒体是用公司化、产业化的方式在运作，在这种角色的纠结中，传统广电要面临的是不同体制之间的完全竞争、充分的竞争，甚至是恶性的竞争。比如，和视频网站的合作，电视台是体制内机构，而视频网站属于完全商业化的社会机构，运作机制完全不同。台网联动听起来挺简单，但因为机制的不同，在财务等很多方面的对接上存在极大的困难。

最后需要说明的是，关于新旧媒体更迭的判断，永远不会仅在于数据这个伪“最大客观性”上，也不只在于风风火火的表层现象，而更在于考察一种长时段的、新旧媒体不同的生存规律与形态演进规律，以及它是否能够引发传媒外部的种种领域的全新生态。

（本文与刘俊合作，原载于《编辑之友》2015 年第 3 期，《新华文摘》2015 年第 12 期论点摘编）

中国影视行业如何形成世界级竞争力

当前，影视文化正面临着全球化、媒体高度融合化的新环境，世界影视文化版图正在发生微妙的调整，影视行业自身的生态格局也在重新洗牌。能否在这一轮全球性的影视行业、影视文化版图的洗牌、调整中占领主动，是各国、各地区影视文化软实力提升面临的重要任务。而在影视文化软实力的诸多构成要素中，竞争力又是最为现实、最为显著的要素。因此，什么是影视文化的竞争力，我国影视文化竞争力有哪些独特优势，如何提升我国影视文化的竞争力，就成了提升我国影视文化软实力必须思考的问题。

一、影视文化竞争力的内涵

影视文化竞争力指的是特定国家或地区的影视在生产、运营、传播等方面所具有的综合的比较优势。不同视角有不同的解读和不同的划分类别，简而言之，指的是影视文化硬件资源和软件资源所具有的比较优势，或者可以细分为影视文化在物质、制度和精神三个层面所具有的比较优势。

影视文化硬件资源主要包括影视生产、运营、传播所涉及的设施、场所、平台、设备等，软件资源主要包括体制机制、价值观念与人才储备等。一般而言，硬件的实力水准往往与一个国家的综合国力成正向关系，因为硬件的储备、购置、建设和发展都必须有强大的经济实力做后盾。之所以说美国是世界电影第一强国，是因为无论是影院的数量、银幕的数量、著名影视制作公司数量、影视拍摄制作技术先进程度及其研发水准等在世界上都是首屈一指的。软件则不尽然，其实力水平与国家的综合国力未必成正向关系，例如印度的电影、伊朗的电影、罗马尼亚的电影、荷兰的电视综艺节目等在世界影视格局中占据重要的地位，但这不是因为它们国家的综合国力有多么强大，而更多则是受益于他们影视的创意、理念、水准、价值观等软件因素的独特、先进等比较优势。硬件优势可以依靠经济发展在短时间内迅速提升，但是软件优势则需要一个长期的培育过程，不可能一蹴而就，甚至还有可能欲速则不达，适得其反。

评估影视文化竞争力，要从物质、制度与精神三个层面来看。物质层面指的是保证影视生产、运营、传播的物质基础、物质条件和物质手段，包括影视作品本身的技术质量、设备空间基础条件、资本来源等的比较优势；制度层面指的是体制机制的制度保障优势，包括与影视事业、产业发展相关的体制、制度、政策、举措等的比较优势；精神层面指的是影视作品所表现的价值观念或思想、情感乃至趣味、格调等所体现出的深刻性、前沿性、时尚性等的比较优势。这三个层面的竞争力相对独立又彼此联系，互有影响。物质层面的竞争力是前提，意味着影视在技术、设备、场地、资金等条件上的充裕程度；如果说物质层面的竞争力相当于影视的生产力，那么制度层面的竞争力就相当于影视的生产关系，包括影视创作在立项、审查、机构管理、市场监控、产业调配等方面体现出的便利性、有效性的水准；而精神层面的竞争力更多是指涉人的精神世界，包括影视对于自然、社会、历史及人性等所揭示和表达出的观察、体验与思考等，所达到的高度、广度与深度，或者对于影视艺术审美与娱乐潮流时尚的引领等，以及由此所引发的震撼力、普遍性、独特性、时尚性等的比较优势。以美国为例，美国被称为世界影视第一强国，拥有不可比拟的强大竞争力，首先得益于其雄厚的物质基础条件，包括先进的科技水平、雄厚的资本力量、覆盖广阔的影院放映空间，以及发达的电视播出平台、制作技术、传播基础等；同时美国也拥有经过长期探索积累起来的较为高效有序的影视体制与机制，相关的法律、法规，政策监管也较为全面且体系相对完备，为影视市场化的生产、运营与传播提供了相对自由、公平的有效保障；在此基础上，美国从全球挖掘与调度各方面人才，从不同历史文化资源中吸纳先进思想、故事与异域元素，锻造出具有较强普遍性、独特性与时尚性的人文情境、思想、情感与趣味，有时借助强力的高科技创新手段，带来前所未有的视听新体验。这就是美国好莱坞及各大传媒集团的竞争力所在。

二、从世界影视发展看我国影视文化竞争力的独特优势

从全球影视发展史上看，影视文化竞争力始终保持领先的是超级大国美国，不论是影视科技水准、生产能力、市场规模、传播与影响等，都占据着无可争辩的霸主地位。而历史上，法国、苏联、英国、德国、意大利、日本、韩国等也分别在特定时期或在某些方面表现出了相当的竞争实力，显现出一定的独特和比较优势。法国作为最早发明电影的国家，在1895年到1910年间曾经处于世界电影领先地位。百代公司摄制的舞台纪录片、喜剧片和新闻纪录片在这一时期控制了整个世界电影市场。1910年后，因美国和德国电影的崛起，法国领先地位有所削弱，但其影片产量仍居世界首位，在国际市场，法国影片仍占绝对优势。直到

第一次世界大战爆发。[①] 此后，不再领先的法国电影在世界电影发展中的影响力依旧很大，时常以其大胆的艺术探索创新，引领着世界电影创作风潮，如20世纪20年代初的印象电影流派，20世纪20年代至30年代的先锋派电影（达达主义和超现实主义电影），20世纪50年代末的“新浪潮”，此外，法国的“作者电影”“真实电影”“政治电影”对世界电影的影响也很大。苏联电影无论是在理论探索还是艺术创作上，都在世界电影史上留下了浓墨重彩的一笔，涌现出了许多经典作品，对我国的电影影响很大。英国电影中早期出现的布莱顿学派、20世纪20年代末掀起的纪录电影运动、20世纪50年代末掀起的自由电影运动等，在世界电影史上具有很大的影响力。此外，日本的动漫，一战时期的德国电影，二战后期的意大利新现实主义电影，21世纪以来的韩国电视剧、英国电视剧及电视综艺节目，荷兰、以色列的电视综艺节目模式研发等，都在世界影视历史上具有重要的地位，具有独具的优势。

中国电影在20世纪三四十年代，一方面从美欧学习创作技法及市场化运营模式，另一方面更是与中国的社会现实及历史文化紧密相连，形成了以批判现实主义为主导功能、以影戏为主要叙事模式的创作生产体系，以颇具特色的东方神韵与气质，自立于世界影坛。20世纪五六十年代，中国电影尽管遭遇了“左”的文艺思潮的干扰，但总体看在民族电影体系建构上特色鲜明，成为世界电影的独特风景。改革开放以来，中国电影重新打开国门，开始与世界进行对话，以第五代导演的崛起为代表在世界影坛再领风骚。从20世纪90年代开始，中国电影启动了从计划经济向市场经济为主导转型的体制改革，这一改革使中国电影进入潮起潮落的局面与状态。20多年来，波峰与低谷、成功与挫败、光荣与困顿同在，真是一言难尽。经过20多年的转型阵痛与积累，我们可以看到中

① 左芳.法国电影经典［M］.北京：对外经济贸易大学出版社，2006.

国电影近年来迎来了产业发展的大好局面，从电影生产能力、创作数量，到市场规模，如影院数量、观影人数、票房收益等，都有了快速而巨大的发展。从数字上看我国已然成为电影大国，当然电影大国不等于电影强国，不论是创作生产水准，还是人均电影消费水平等与发达国家相比，还有不小差距。[①]中国台湾与中国香港电影在特定的空间与时间中，也以其特殊的气质，为世界影坛所瞩目。仅从类型片生产来看，中国台湾的文艺片、中国香港的武侠片，就是别具一格的类型创造。从产业规模来看，中国香港电影甚至一度总产值超过印度，跃居世界第二位。[②]

中国电视从1958年诞生之初到“文化大革命”这近20年间，一直处于相对封闭的环境，承担的主要是宣传功能，具有强烈的意识形态色彩，我们将这个阶段称为“宣传品”为主导的时期。改革开放以后20年间，中国电视媒体、电视工作者开始自觉地探索具有中国特色的、富有电视自身独特传媒与艺术特质的形式、内容与观念，我们把这个阶段称为“作品”为主导的时期。20世纪90年代中后期以来，中国电视的市场化、产业化步伐开始迈开并逐渐加速，收视率、市场份额、品牌价值、产业链等日渐成为电视发展所关注的重点，我们把这一阶段称为“产品”为主导的时期。[③]目前，中国电视与中国电影非常相似的状况是，从电视生产、电视消费等规模来看，已经是世界上名副其实的电视大国；但从创新能力、传播能力及效益与效率等方面看，与发达国家和地区相比，还有不小差距，远未达到电视强国的水准。

中国影视在历史发展中，一方面受国内政治、社会、艺术和市场等多重因素影响，呈现出阶段性特质，另一方面受世界影视潮流影响，呈

---

① 璩静，高蕾.“中国电影迎来难得的发展机遇”：国家新闻出版广电总局解读支持电影发展八项经济政策［N］.中国文化报，2014-07-30(1/2).

② 参考百度百科“华语电影”词条。

③ 胡智锋，周建新.从“宣传品”、“作品”到“产品”：中国电视50年节目创新的三个发展阶段［J］.现代传播（中国传媒大学学报），2008(4)：1-6.

现出或合流或分流的形貌。与其他国家和地区的影视发展相比，中国影视的竞争力，或者说中国影视独特的比较优势体现在哪些方面？笔者认为，如果说中国影视有其特别的竞争力，那么概括起来，至少体现在以下几个方面：

第一，体制优势。中国影视的发展在很长一段时间内深受事业体制的推动，即便今天的中国电视依然是事业和产业两种体制同步并行。依靠行政力量推动事业发展的“举国体制”，可以“集中力量办大事”，这是其突出的优势。以“四级办电视”政策的推出及效应为例，1983年3月31日召开的第十一次全国广播电视工作会议上推出了“四级办广播电视”的政策。按照这一政策，除了中央和省级办广播电台、电视台以外，凡是具备条件的省辖市、县级市都可以根据当地的需要和可能开办广播电台、电视台。此后三四年间，中国广播电视台站数量从原来数十家迅速扩张到数千家。尽管今天看，这一政策或许没有按照市场规律来进行安排，但是不用这种方式来推动，中国电视今天很难能够达到如此的规模、体量、作用。再如中国电影的发展，同样离不开国家体制与政策的扶持，近年来《国务院办公厅关于促进电影产业繁荣发展的指导意见》、财政部等七部委联合出台的《关于支持电影发展若干经济政策的通知》等，为中国电影尤其是电影产业的快速发展提供了强有力的制度保障。

第二，经济优势。影视发展离不开所在国家地区的经济发展状态。中国近年来已然成为全球第二大经济体，这为影视硬件设备建设、技术研发、平台建设、渠道拓展、资本投入等都提供了较为雄厚的经济基础。

第三，资源优势。几千年没有间断的历史与文化传承，是中国影视取之不尽用之不竭的宝贵资源。不论是天人合一、道法自然、敬天悯人的独特宇宙观、自然观、历史观，还是丰富多样的文化艺术积淀，包括神话、小说、戏剧、故事、民间文艺等都为影视艺术创作提供了源源不断的素材。

第四，市场优势。中国目前是第二大电影消费市场、第三大电影生产大国，也是世界第一大电视剧生产和消费国家、世界重要的电视综艺节目消费国家。中国有巨大的观众群和潜在的观众群，而且随着经济生活水平的提高，这个群体会越来越大，影视消费需求的数量、层次和能力还有巨大的上升空间。值得注意的是，互联网、移动互联网的发展也带来了影视市场的拓展。截至2015年6月，互联网普及率为48.8%，我国网民总数已达6.68亿人，手机网民规模达5.94亿。[①]网民的收听、收看习惯为影视发展提出了更多更新的要求，也带来了新的发展机遇，包括生产、传播更多的可能性，客观上刺激了影视的发展繁荣。中国影视市场巨大的潜力，已经吸引了全世界的目光。中国电影市场甚至成为一些好莱坞影片的救命稻草，这些影片在欧美市场票房十分惨淡，一旦进入中国电影市场，就有可能被营救，因此，中美合拍片、影片中植入中国元素、邀请中国演员加入等手法越来越频繁地出现好莱坞电影中。再看中国电视，全球大大小小的电视节展上，中国电视媒体因为其强大的消费能力和购买需求，受到著名电视节目研发制作公司的青睐，这也进一步推动了包括电视节目模式研发在内的全球电视产业的发展。

第五，人才优势。这得益于几个方面的支持：一是人口总量。我国至今依然是全球人口最多的国家，而且人力相对成本还不算太高，如横店影视拍摄基地的群众演员，在全球都堪称一大景观。二是专业教育。改革开放以来尤其是近些年来，影视教育从少数几所专业院校，扩展到数百所院校，影视生产创作所需的专业人才来源日益丰富。三是非专业教育。影视是个庞大的产业事业体系，除一部分直接从事影视生产创作的专业人才外，还需大量相关人才的支撑。我国高等教育及中等教育院

① 高亢.我国网民数量已达6.68亿人[EB/OL].(2015-07-23). http://www.gov.cn/xinwen/2015-07/23/content_2901770.htm.

校众多、专业齐备，可满足影视生产制作、运营、传播等各方面需求。

当然，这些优势都是相对而言的，同一个方面优势把握不好，就可能走向反面。就上述几个方面来说，事业体制优势在于可以借助行政力量推动，而过度依赖行政调配，则可能出现“大锅饭”，无法调动从业者的积极性，久而久之就失去活力。经济繁荣对于影视物质基础的夯实是优势，但过度满足于资本、技术的运转，又可能忽略人文精神。历史文化资源悠久丰厚是优势，但过度沉湎在传统中，又可能良莠不分，也可能消化不良，或者不能很好地做现代化处理。市场规模大是优势，但过度依赖市场规模，可能出现数量大于品质的问题。人才总量足够是优势，但过度铺摊子，又可能会出现精英匮乏。因此，要把可能的优势巩固下来，并谨防优势滑落为劣势，还需要影视业戒骄戒躁，继续保持努力奋进的状态。

三、我国影视文化竞争力存在的问题及对策思考

对影视文化竞争力的评价至少有两个层面，一是影视自身实力，二是影视的社会贡献度。影视自身实力包括影视的规模、质量、效益等，社会贡献度则包括对于国家、社会、文化及国际传播等方面的价值意义等。综合起来看，我国影视文化的竞争力存在哪些突出问题呢？笔者把它简要概括为：创意不足，产业不大，文化不强。创意不足主要体现为影视在内容、形式、类型、样态、技艺等方面缺乏原创，缺乏引领潮流的能力；产业不大主要体现为影视生产、制作、运营、传播的机构组织、产值、效益等普遍偏小，缺少可以在国内外同行业叫得响的品牌；文化不强主要体现为核心价值不够清晰，符号特色不够突出，思想冲击力与审美感染力不够强烈。

导致这些问题的原因何在，或者说是什么因素制约着我国影视竞争

力的提高？笔者认为，这里有多种原因或因素。从物质层面看，与发达国家和地区相比，我国影视科技基础比较薄弱，影视生产、制作的各方面条件有限，资本的投入也相对不足；从制度层面看，传统计划经济的管理模式依然是影视主导模式，从大的制度安排到具体的机制运行，都与市场化运作存在着冲突矛盾，这对于影视生产力的释放，影视产业的做大做强都造成很多束缚；从精神层面看，我们自己的核心价值，不论是对传统文化，还是现当代文化，都缺乏清晰、明确的梳理，也很难形成全民族共识，这就使得影视在传达、表现价值观方面经常陷入混乱或困顿状态。同时，影视业普遍急躁、急功近利的利益诉求，也使得创新环境不佳，创新创意得不到足够的理解、包容和支持，美国导演詹姆斯·卡梅隆拍摄《泰坦尼克号》后休整了十多年才推出《阿凡达》，这样十年磨一剑的情形在我们影视业几乎是不可想象的。

如何解决这些问题，进而切实提高中国影视的竞争力？笔者认为，至少在以下几个方面需进一步发力。一是政策更加有力。应把中国影视竞争力的提高作为国家文化战略的一项重要内容，在税收、融资等方面给予更大支持，尤其是支持农村地区、少数民族地区等不发达地区的影视设备升级、技术更新、场地改造扩建。同时对于为国家形象的国际传播作出突出贡献的影视创作，也要给以更大力度的奖励。二是市场更加开放。充分发挥市场主体作用，放宽政府管制，更大激活影视产业的生产要素，支持组建、培育影视航母型企业，进而打造中国民族影视产业品牌。三是教育更加强化。既大规模地培养影视基础性人才，又花大气力强化高水平影视专业精英人才培养，以及创意型人才、复合型人才，尤其是跨学科、跨院校乃至跨国联合培养高端影视人才，制定适合人才自由流动、吸引海内外优秀人才的切实可行的人力资源保障体系。四是环境更加优化。包括激励科技研发与应用，鼓励高校、企业、政府协同合作，提高影视科技原创力。同时以更加积极的姿态鼓励群众性影视文化活动的展开，特别是鼓励开展引领社会正能量的影视文化批评，以此净化影视文化生态。还要搭建更加有效的影视节展平台，开展多层次国际合作，为中国影视“走出去”打好基础。最重要的是营造激励创新、包容失败、丰富多样、健康良性的影视文化环境。

（本文与周建新合作，原载于《人民论坛·学术前沿》2015 年第 19 期，《新华文摘》2016 年第 4 期全文转载）

传播力：中国影视文化软实力提升的重要保障

影视传播力是推动影视文化走向世界的重要力量，是决定一个国家、民族、地区影视文化覆盖和影响范围的关键因素，也是衡量一个国家、民族、地区影视文化软实力最为显著的指标。影视传播力直接关系着影视文化软实力影响范围的广度和深度，是整个影视文化软实力体系的重要保障。因此，何谓影视传播力，我国影视传播力历史与现状如何以及如何提升我国影视传播力，是提升我国影视文化软实力必须要思考的问题。

一、何谓影视传播力

影视传播力是指影视（包括影视内容和影视文化）通过一定的渠道和方式，在空间、区域、范围的到达与覆盖能力。影视传播力既包含影视在本国、本民族、本地区的对内传播能力，也包含影视跨国、跨地区、跨民族的影视对外传播能力或影视国际传播能力。影视传播力由影视的传播主体、传播内容、传播渠道和传播对象等四部分组成。

（一）传播主体

影视的传播主体可以分为政府主体、商业主体、公共主体和个人主体等四种类型。一是政府主体，通常指以国家和政府为影视传播的主体，如由代表某个国家或政府的机构、组织作为影视传播的主体。我们通常所说的某国家、某地区的影视传播大多属于这一类。二是商业主体，包括以市场化作为手段，以产业目标为主要诉求的影视传播主体。包括影视制作机构、商业性媒体等。三是公共主体，一般指的是独立的、公益性的影视传播主体。包括公益性的影视平台、节展等。四是个人主体，即以个人身份参与的影视传播主体。

（二）传播渠道

影视的传播渠道是指影视传播的手段和方法。影视传播渠道是影视传播力的物质基础和物质保证。影视传播渠道既包括具体的影视播出渠道，如电影剧场院线播映、电视频道播出、卫星传送、互联网播放、电影节展展映等；也包括更深层次的影视内容、版权、产品、文化等交流、交易渠道，如节目交换、电影节展评奖、文化交流、商业合作及市场交易等。

（三）传播内容

影视的传播内容包括影视产品和影视文化。影视产品是指具体可见的影视内容产品，如电影、电视剧、电视纪录片以及电视综艺、节目版权等影视作品、产品。影视文化则包括以一种影视产品为中心衍生出的社会性文化，包括与影视产品相关的各类鉴赏批评、学术研究、社会性评论以及相关联的产业等，如影视教育、影视大赛、影视节展节庆、影视贸易及影视小镇等。

（四）传播对象

影视的传播对象是指影视传播所到达和覆盖的不同类型的接收者。

不同地区在自然地理、社会文化的接近度各异，因此可划分成不同的影视传播对象。按照自然地理的空间分布划分，影视在世界范围内的传播对象可分为亚洲地区、欧洲地区、北美地区、拉美地区等；按照文化接近度划分，影视在世界范围内的传播对象可划分为中华文化区、伊斯兰文化区和基督教文化区等。

综上，影视传播力指涉的是影视在传播主体、渠道、内容、对象等方面到达、覆盖范围和程度的能力。

二、建设提升影视传播力的重要意义

建设提升影视传播力至少可以从理论和现实两个视角探取其意义：从理论视角来看，影视传播力的建设是影视文化软实力的重要保障；从现实视角来看，影视传播力的强弱是决定一个国家能否成为影视强国的不可或缺的能力。

（一）影视传播力是提升影视文化软实力的重要保障

从理论视角来看，影视传播力是提升影视文化软实力的重要保障。影视文化软实力由艺术的原创力、产业的竞争力、空间的传播力、思想的影响力和价值的引领力等五个要素构成。这五种力量紧密相关，形成有机的系统，而影视传播力是影视文化软实力的重要保障和关键中介。

在影视文化软实力的“五力”体系中，原创力是战略起点，竞争力是实现基础，原创力与竞争力是影视文化软实力实现和提升的前提和条件；影响力是主要动力，引领力是发展目标，二者共同构成了影视文化软实力的努力方向及最终效果。而影视传播力则是串联前提条件和最终方向的关键中介，作为影视文化软实力的“筋骨”，勾连起整个体系，起到承上启下的重要保障作用。这“五力”紧密联系，不可或缺。没有影视传播力，影视原创力只能是“孤芳自赏”式的“自娱自乐”，无法产生国际竞争力，遑论影响力与引领力；影视传播力的主体是影视，如果失去了影视原创力，影视创作无法形成国际竞争力，影视的传播力则是无源之水、无本之木；影视在一个地区的影响力、引领力，必须以影视的原创力、竞争力、传播力为基础和依托。因此，影视文化软实力的实现与提升，“五力”密不可分，不可偏废，而在这其中，影视传播力作为整个体系的“筋骨”，是整个系统的重要保障，只有“筋壮骨强”才能实现影视文化软实力的真正提升。

（二）影视传播力是影视强国的必备能力

从现实视角来看，影视传播力是影视强国的必备能力。比照全球其他影视强国，我国的影视传播力处于相对弱势地位。这些影视强国、大国对影视传播力在各个层面都进行了战略性部署。可见，影视强国离不开影视传播力的强大支撑。这些世界影视强国在影视传播力建设上积累的经验，值得我们参照和借鉴。

目前世界上影视传播力最强的国家当属美国。在世界电影史上，美国电影起步较早，以好莱坞大片为代表的个人英雄主义电影，随着全球化背景下美国经济、政治势力的扩张而风靡全球。随着影片的国际传播，美国影视明星、“奥斯卡”奖等好莱坞电影文化随之传向世界各地，也潜移默化地让崇尚个人英雄主义的“美国梦”价值观影响着全世界的观众。除此之外，欧洲、韩国、日本、印度等一些影视传播力强国或地区也不甘落后。以电视剧、综艺节目版权为主要输出形态的韩国影视，以动漫、电视剧为主要载体的日本影视以及以宝莱坞电影为代表的印度影视等都在世界上不遗余力地推广和传播，取得了广泛的国际影响力。

上述不少影视强国，高度重视影视传播力的意义和价值，分别在政策、主体、产品、受众等多个方面进行布局：

在政策上，从国家战略高度布局影视传播力建设。这些国家将影视国际传播能力建设作为国家战略，在政策、立法、机构设置和投资等方面向文化产业尤其是文化创意出口方面倾斜。如美国在第二次世界大战（简称二战）以后，就制定和发布《国家安全战略》，提出文化输出的战略，使得美国成为最早的文化输出国家[①]。又如韩国在1998年提出了“文化立国”的口号，先后制定了有关文化产业的综合性法规《文化产业振兴基本法》，成立文化产业振兴院、“文化产业支援机构协议会”等机构和组织，并在财政预算上大力扶植文化产业[②]，大力推进韩国影视文化“走出去”。

在传播主体上，以政府主导、市场为主的多元主体为主要模式。以韩国为例，韩国政府设立文化产业振兴院，集中管理和扶持中小文化创意产业，在政府资金管理和投、融资方面支援文化企业发展。法国则设有国家电影中心（CNC），对本国电影在国内和国际市场上的推广予以助力。这些机构整合了政府的政策优势，集中输送给市场参与者，在政府与企业之间搭建起了桥梁，激活了市场主体。而在影视工业高度市场化、产业化的美国，资本的力量则更成为推动影视国际传播的主要力量，其影响力甚至超过了政府主导的官方媒体。

在产品上，以主力文化产品打造国际品牌。美国好莱坞电影大片、欧洲艺术电影、韩国电视剧、印度歌舞电影等为世界观众所熟知、接受，成为国际性的影视文化符号和影视文化品牌。这些主力产品、文化品牌的成功绝不仅仅依靠运气或偶然，而是由这些国家根据自身文化传统、艺术风格和影视工业实力精心选择并持续打造而成的。依托这些国际性

---

① 张子扬，傅琼.国家力量在韩剧国际传播中的作用及启示［J］.电视研究，2016(9)：75-77.

② 张子扬.传承主体文化　拓展文化版图　借鉴创新　打造国家电视剧生产旗舰［J］.当代电视，2009(4)：67-69.

的影视文化品牌以及围绕这些品牌所形成的影视文化，这些国家的影视传播力得到飞跃式的发展。

在受众上，以差异化传播策略锁定目标市场。在坚持本土价值的同时注重差异化，是这些影视传播力强国的共同特征。在影视国际传播中，他们十分重视目标国家、地区观众的文化风俗、接受习惯和接受偏好，并能根据目标受众的文化传统，有针对性地打造差异化影视产品，从而实现传播力的最大化。以好莱坞电影在中国的传播为例，有融合中国传统文化打造的《花木兰》《功夫熊猫》等作品；也有通过在中国取景、邀请中国演员参与创作以及推出中国特殊版本等方式包装的《变形金刚4》等影视产品。这些内容及产品无疑赚取了中国观众的关注，甚至出现了《变形金刚4》在美国本土票房口碑双失利，却在中国打破票房纪录的境况。[①]无独有偶，韩国以中国、日本作为目标市场，开发了“韩剧”这一品牌产品。如韩剧《冬季恋歌》，该剧“目的非常明确，就是要做一部日本年轻观众认可的时尚剧，剧中的服饰、饮食等人文因素，都是‘高于生活’的艺术提炼和表达，为的就是吸引日本的青年观众”。[③]

总之，增强影视传播力一方面从理论视角来看，是提升影视文化软实力的极为关键的重要环节，另一方面从现实视角来看，也是打造影视强国的必由之路，因此具有重要且长远的战略意义。

三、中国影视传播力的发展历程

我国影视传播力伴随着影视文化的发展由弱到强稳步提升。在新中国成立前的20世纪三四十年代，诞生之初的中国电影无论是对内传播还

① 史兴庆.《变形金刚4》刺痛中国电影［N］.人民日报（海外版），2014-07-04(7).

② 张子扬.“韩流”启示录［J］.中国电视，2013(1)：24-26.

是对外传播，其内容、渠道都相当单薄。当时的国内影院数量稀少，不足以支撑电影产业发展，甚至出现了“拍摄完成的影片无法进入影院的尴尬局面”[①]。尽管如此，中国电影人还是对中国电影的海外传播和中国电影的传播力建设做出了一定的探索和成绩。夏衍先生1939年曾发表短文《中国电影到海外去》[②]，呼吁通过电影形式进行抗击日寇的宣传，证明了当时的中国电影人已经意识到中国电影传播力建设的重要性。这一时期的传播渠道以个人带出放映、海外评奖为主，以华侨华人为主要传播对象，所覆盖和传播的地区多为华侨华人聚集的印度尼西亚、菲律宾、泰国、越南等东南亚国家及地区，只有少数影片曾在欧美等国上映。虽然这一时期中国电影只有零星的海外传播，影视传播力也相当薄弱，但还是在国际上产生了一些影响：联华公司出品的《渔光曲》在1935年获得第一届莫斯科影展荣誉奖，为中国电影获得了第一个国际奖项；文华公司1948年出品的《假凤虚凰》第一次译配成为英语，输出到英、美两国放映。[③]这些中国电影人、电影作品在国际传播上做出的努力与尝试，开启了中国影视传播力建设的序幕。

新中国成立以后，中国电影发展开辟出了新的道路。党和政府高度重视电影和电视工作，颁布了一系列的政策来扶持和鼓励影视传播力的建设。总结新中国电影、电视发展路径，我们用“三品”予以概括，即由“宣传品”到“作品”再到“产品”的发展历程。[④]从影视国际传播的

① 孙向辉，张岚.中国电影的国际传播：历史、现状与对策［M］//胡正荣，李继东，姬德强.中国国际传播发展报告（2014）.北京：社会科学文献出版社，2014：131.

② 李亦中.中国电影的国际传播路程与路径［J］.现代传播（中国传媒大学学报），2011(3)：56.

③ 李亦中.中国电影的国际传播路程与路径［J］.现代传播（中国传媒大学学报），2011(3)：56.

④ 胡智锋，周建新.从“宣传品”、“作品”到“产品”：中国电视50年节目创新的三个发展阶段［J］.现代传播（中国传媒大学学报），2008(4)：1-6.

传播动力和主要形态上看，沿着“三品”的足迹，新中国影视国际传播经历了“宣传”—“交流”—“流通”这样一条轨迹：那就是以政治“宣传”为主要诉求的“宣传品”时期、以国际“评奖交流”为主要动力的“作品”时期和以市场化“商业流通”为主要传播形态的“产品”时期。

（一）以“宣传”为主导的“宣传品”时期

从新中国成立到20世纪80年代初，以“宣传”为主是中国影视和中国影视对外传播的最主要特征。一方面，新中国亟须通过影视向世界发出新的声音，宣传中国革命的成功经验；另一方面，在冷战背景下，新中国也亟须通过影视来团结和鼓励同在社会主义阵营的国家。因此，当时中国电影的主导思想是强调为政治服务、突出政治宣传的作用，中国电影的国际传播自然也呈现出了极其强烈的“宣传品”特征。这一时期的出国影片选择多为革命战争题材和社会主义建设题材，目的是宣传我国革命建设的成就与经验和我国人民革命的精神面貌。这一时期的中国电影国际传播多在政府间进行，虽然已经开始了商业渠道的探索，但是本着宣传效应第一的理念，中国电影在海外的传播不以营利为目的，商业价值被淡化。虽然“十七年”电影多有参与国际评奖和展映，但是其传播局限于社会主义阵营内，加之国内政治运动的冲击，这一时期的中国电影产生的国际影响较弱。中国电视肇始于1958年，从诞生之初就提出了“立足北京，面对世界”的外宣方针①。受制于当时的经济、技术等方面的因素，当时中国电视的国际传播是以节目寄送为主要方式，面向第三世界国家，内容多为反映我国社会主义建设和人民生产生活以及祖国自然风光的影片，行业内部将这些影片称为

① 刘习良.中国电视史［M］.北京：中国广播电视出版社，2007：38.

“出国片”[①]。可见，“宣传品”时期中国影视的国际传播，以政治宣传和团结国际社会主义阵营为主要诉求，渠道上以政府间的交流为主，技术较为落后。传播对象面向和覆盖的主要是亚、非、拉及东欧等第三世界社会主义阵营国家，覆盖区域性差异明显，国际影响力较为有限。

（二）以“交流”为主导的“作品”时期

20世纪80年代中期到世纪之交，中国影视的国际传播进入了以“交流”为主要特征的“作品”时期。这一时期的影视国际传播的主要动力是国际交流和评奖。在改革开放背景下，中国电影和电影人走出去，开始与日本、中国香港、中国台湾等国家和地区合作进行电影拍摄。频繁地参与到戛纳电影节、柏林电影节等世界A级电影节的展映和评奖活动中，《黄土地》《红高粱》等一大批影片在国际上获奖，陈凯歌、张艺谋等中国电影导演开始在国际上引起关注，并产生影响。在电视方面，随着电视成为我国第一大媒介，中国电视的国际传播力也快速增长，特别是与国际上知名电视机构开展合作，推出了《丝绸之路》《长江》《黄河》等许多合拍片[②]。在渠道建设上，借鉴当时先进的卫星技术，我国电视信号实现了海外发射。以此为契机，央视国际频道、黄河电视台等专业外宣频道“走出去”，直接面向世界发出中国声音。

在“大外宣”思想的指导下，这一时期中国影视的国际传播在内容上一方面继续重视政治宣传尤其是“一国两制”政策的宣传，另一方面在内容上更加注重影片的艺术性和文化内涵。以政府主导的国际合作、合拍交流与影视节展评奖成为这一时期中国影视走向世界的最主要渠道。中国影视的受众也不再局限于第三世界的社会主义国家，而是以更加积极主动的姿态，敲开了欧洲、美国、日本等影视文化和影视工业相对较

① 刘习良.中国电视史［M］.北京：中国广播电视出版社，2007：37.

② 刘习良.中国电视史［M］.北京：中国广播电视出版社，2007：247.

为发达地区和国家的大门，并开始与这些国家的主流媒体展开合作。随着中国影视市场化、产业化的探索，中国影视的国际传播功能从“对外宣传”开始向文化交流和商业推广过渡。

（三）以“流通”为主导的“产品”时期

21世纪以来，我国影视在国际传播上进入“产品”时期。国内影视以“产业化”的方式与国际市场对接，电影、电视剧等影视内容以突出的“产品”属性进入了国际的影视发行流通领域。通过销售、订制、合拍、共同投资等方式，我国的电影、电视产品逐渐进入国际高端市场。2002年出品的电影《英雄》成功打入美国主流市场，其“商业化海外推广不仅收获了票房和口碑，同时也改写了中国电影对外输出的历史。《十面埋伏》（2004）、《无极》（2005）、《满城尽带黄金甲》（2006）等影片均在国际市场获得了过亿元人民币的票房”[①]。电视剧方面，2010年《苍穹之昴》成为日本NHK卫星高清频道的开年大剧。2013年《媳妇的美好时代》被译制成斯瓦希里语版本在坦桑尼亚国家电视台黄金时段播出。通过网络渠道，美国版《甄嬛传》登录美国著名视频网站Netflix。[②]据统计，2016年中国影视产品和服务贸易出口额达6亿美元。[③]

在渠道建设上，北京国际电影节、上海国际电影节等影视节展的覆盖面与影响力进一步加大。以满足海外观众需求、向海外观众提供服务为主要目标而建设的长城平台、CGTN（中国环球电视网）等国际化节目

---

① 孙向辉，张岚.中国电影的国际传播：历史、现状与对策［M］//胡正荣，李继东，姬德强.中国国际传播发展报告（2014）.北京：社会科学文献出版社，2014：137.

② 张斌，莫茵.从产品到资本：国产电视剧“走出去”的路径探索［J］.中国电视，2016（11）：50.

③ 马海燕.2016年中国电影海外销售收入超38亿　连续四年增长［EB/OL］.（2017-07-21）. https://www.chinanews.com.cn/cul/2017/07-21/8284481.shtml.

平台将我国影视国际传播提升到新的高度。这一时期中国影视传播的参与主体更加多元。除了官方机构外，华策影视、博纳影业、华谊兄弟等民营企业和资本的加入为影视国际传播注入了新的活力。新媒体平台成为当下国际传播的新的突破口，在字幕组和网友的推荐下，2017年的电视剧《楚乔传》在全球最大的视频平台YouTube上引发了“追剧热潮”，不但获得了大批海外“粉丝”，还在一些国家掀起了“汉语热”[①]。这一时期，我国影视已经逐渐融入和参与到国际主流文化产业市场竞争中来，并开始占有一定的份额。

四、我国影视传播力建设的主要问题和影响因素

尽管我国影视传播力建设获得了巨大的成绩，但影视的国际传播能力仍然较弱。从自身来看，我国影视传播力在对内传播与对外传播方面呈现出不均等的态势：对内传播上，我国的国内影视在覆盖率、观众人数和市场规模上都是世界名副其实的大国，但在影视的国际传播上，我国的影视传播力并不强。从国际的角度来看，我国影视传播力与世界大国地位并不相符：尽管我国影视传播力在发展历程中逐渐形成了独特的政策优势、渠道优势和资源优势，但是相比起美国、欧洲和韩日等影视国际传播强势国家或地区，我国的传播力建设还有不小的差距。作为联合国五大常任理事国、世界第二大经济体，我国影视全球覆盖和影响的范围却相对有限，这与我国的世界大国地位极不相称。我国影视传播力存在着哪些问题和不足呢？结合我国影视传播力建设实际，我们认为，我国影视传播力的薄弱环节在国际传播。在我国影视国际传播方面存在

① 李佳赟，胡小丽.《楚乔传》海外热播“中国故事”引发追剧潮[EB/OL].(2017-08-24). http://ent.cnr.cn/zx/20170824/t20170824_523916085.shtml.

着“看不懂”“讲不清”“达不到”“吃不透”等问题。

“看不懂”是指我国影视在语言与文化符号层面，不能够将中国语言和文化符号转化成易于海外受众理解的语言和符号。由于在字幕翻译、配音译制和文化符号表达上不够到位，我国一些影视作品的语言、文化及背后的逻辑不能让海外观众很好地理解，使得很多海外观众面对中国影视作品时“看不懂”。

“讲不清”是指我国影视在中国故事的表达层面，不够清晰到位、不能准确地描述中国的国家影视形象。我国影视对于建构一个怎样的国家影视形象、如何表达这样的形象认识尚不够清晰，表述尚不够到位，出现了不能够真实、准确、生动地反映我国发展建设的实际面貌的情况，有的影视作品在表达上甚至会出现与预期相反的效果。

“达不到”是指我国影视在渠道层面，不能够准确覆盖和到达特定地区的特定人群。整体来看，我国影视在世界上有效覆盖的地区、国家的范围较为狭窄，区域性差异较为明显；有效覆盖人群的数量较少，覆盖人群的年龄、层次较为局限，未能实现全面、深度、有效的覆盖和到达。

“吃不透”是指我国影视在受众层面，不能深入了解、吃透目标国家、区域观众的观赏习惯和实际需求。我国影视的国际传播在策略、产品和传播方式上较多采取的是“一刀切”的粗放形式，缺乏对于目标区域、国家受众风俗文化、渠道使用习惯和收视喜好的深入了解和掌握，这就导致了我国影视在国际传播过程中的偶然性、不确定性增强，难以对传播效果做出准确的预测和评估。

导致这些问题的原因何在，或者说是什么因素制约着我国影视传播力的提高？我们认为，至少有以下五个方面的因素影响和制约着我国影视传播力的发展。

第一，语言因素。语言是影视国际传播中的第一堵隔离交流的“防火墙”，解决不好语言问题，就不可能实现影视的国际传播。而在影视中，解决语言问题的第一步就是要做好影视的译制、译配工作。好的译制与译配，不但能够增强观众对于影片的理解，还能够增强观众对于汉语、对于中国文化的兴趣。译制与译配工作在我国影视传播中尚待提高，尤其是一些英语以外的小语种的译制还做得很不到位。缺乏相关专业人才、组织和机构，对于译配的效果也缺乏有效的评估机制，这让语言成为影视国际传播中的障碍。

第二，文化因素。文化因素是指影视内容背后的历史背景以及更深层次的价值观念。文化因素是一个国家、民族的人们长久以来所形成的世界观、价值观和审美观的体现。这里面既包含着诸如和平友爱、尊老爱幼、爱国主义等人类共通的文化与价值，也包含着各个国家、民族地区自身所特有的区域文化。本土文化与本土价值是影视文化软实力的源泉与动力，中国影视的国际传播必须凸显和张扬中国传统文化和主流价值。但是在影视跨文化传播中，如果不能够适应他国的文化和习惯，就很难让观众理解和接受，形成巨大的“文化折扣”，有时甚至会引起他国观众的反感。这就要求影视在国际传播过程中尊重异域文化，并在体现人类共同价值的基础上突出本土文化，形成本土独特的艺术语言与影视视听语言。

第三，渠道和技术因素。影视传播力的建设离不开传播渠道。影视传播力的渠道建设包括硬件和软件两个方面。硬件渠道包括卫星电视、数字传输和移动互联网等基于技术手段所搭建的通信方式和传播通道；软件渠道包括合作协议、院线交流、影视节展、团队合作、商业销售以及资本运营等影视国际交流、交易方式与平台。我国的硬件渠道建设在世界上处于领先水平，但是在软件渠道建设上，平台建设还有待提高。

第四，市场和产业因素。在影视高度产业化、市场化的今天，市场和产业因素在路径、规模上都制约着影视国际传播能力。我国影视产业处于世界前列，但是这样的市场规模并未有效地转化成影视的传播力。

近年来，我国与美国、韩国等影视强国的合作日益加深，国际合拍、国际投资等不断增多，影视国际传播产业的整体水平得到较大提升，但真正叫好又叫座的尤其是在国际上产生巨大影响的影视剧产品屈指可数。让市场和产业需要的优质“产品”进入国际流通市场，这是提升我国影视传播力的必然之路。

第五，政治和外交因素。政治和外交因素直接决定着影视国际传播的背景与环境。一方面，政治局势与国际关系的变化主导着国家间国际传播的政策与方向。影视文化软实力必须与国家发展战略布局相适应、相配合。另一方面，影视国际传播能够促进国家间的交流与交往。影视国际传播既是政治走向与国际关系的“晴雨表”，又是外交关系的“催化剂”，既在一定程度上反映着国际交往的状态，又对于改善和引导我国在其他国家人民心目中的国家形象起到非常关键的作用。从国际上看，无论是美国还是韩国，其影视国际传播策略无不带有强烈的政治和外交色彩。

五、如何提升我国影视传播力

面对这些问题，该如何改进并进而提升我国影视传播力呢？我们认为，影视传播力是一个综合概念，涉及因素众多，因此影视传播力的提升不是依靠某一个部门或仅仅通过改善某一个环节就能实现的。影视传播力作为影视软实力的重要组成部分，关系着中华文化的影视表达和国家形象的影视塑造，是讲好中国故事的关键因素，必须要站在国家战略的高度予以充分的重视和把握。提升我国影视传播力需要从全局性、针对性、接近性、有效性等四个方面入手。

第一，树立影视传播力建设的全局性思维。所谓全局性，即影视传播力建设应配合国家发展战略，从综合而全面的角度来提升和推进。一是应着眼于国家发展的全局进行布局。习近平总书记多次强调，“要精心做好对外宣传工作，创新对外宣传方式，着力打造融通中外的新概念新范畴新表述，讲好中国故事，传播好中国声音”[①]。“讲好中国故事、传播好中国声音”，就必须重视影视传播力的建设。“一带一路”倡议为中国影视的海外传播提供了新的方向，应当以此为契机将影视文化传播力的建设作为国家文化战略布局的一部分，在政策上予以扶持、鼓励和引导。二是整合机构资源。影视传播力的构成要素众多，涉及部门较广，迫切需要整合机构资源，集中力量扶持文化创意产业发展。三是要建立世界级渠道平台。在平台建设上，要以国家的高度，建立有内容、覆盖广、有效果的世界级传播平台。

第二，制定影视对外传播的针对性策略。所谓针对性，即面向不同区域、不同国家、不同文化背景的受众，有侧重地进行与之相适应的影视传播。准确定位影视对外传播文化圈，有针对地开展对外传播，这对于影视传播力建设尤为重要。根据地理距离、文化相近性和所处的社会发展程度，我国影视对外传播所覆盖的区域大体可分为五个“文化圈”。由近及远依次是：（1）港澳台文化圈。包括中国香港、中国澳门、中国台湾等沿海特区和省份，是中国影视对外传播的“桥头堡”。（2）亚洲儒家文化圈。包括日韩、东南亚等国家或地区。这些国家或地区在历史上大多都有儒家文化传统，对于我国的影视艺术的接纳程度较高。（3）世界华语文化圈。包括世界范围内华侨、华人及其覆盖的地区和范围。华人和华侨遍布全球，对于中国特色影视内容和产品的需求巨大，是中国影视打开国际市场的突破口。（4）欧美文化圈。包括欧洲、美国等国家或地区。这些国家或地区的经济发达，影视艺术起步较早，市场和产业水平较为先进，在世界上处于垄断地位，突破难度较大。（5）拉美——

① 习近平.习近平谈治国理政［M］.北京：外文出版社，2014：162.

非洲文化圈。包括拉美、非洲等地理位置较远，与我国文化差异较大的国家。这些国家虽然距我国较遥远，但有着深厚而牢固的传统友谊，在历史进程和社会发展上与我国有许多共通之处。这五个文化圈在生活方式、文化习俗、经济发展水平等方面各不相同，观众观看影视作品的类型、方式和评价机制也各不相同。应针对不同文化圈的影视受众，选取不同的内容，采用差异化方式，实现传播效果的最大化。

第三，注重影视国际传播的接近性表达。所谓接近性，即影视国际传播与对象受众在文化传统、话语习俗、经济发展状况、媒介使用情况等方面相一致的程度。接近不代表一味地迎合，而是根据不同地区的特点，将本土内容与国际表达相结合，更好地讲好中国故事。接近性包括两方面，一是文化上的接近性。从世界范围来看，文化有东方与西方之分、传统与现代之分。表现传统东方历史的影视作品，对于受儒家文化滋养的亚洲文化圈观众较易接受；体现现代社会转型与传统文化相冲突、融合的影视作品，则往往更加能获得拉美、非洲等面临着同样现实境况的发展中国家观众的喜爱，《媳妇的美好时代》在非洲的流行就是有力的证明。二是媒介使用习惯的接近性。不同国家、地区，不同性别、年龄和社会阶层的观众，在渠道的选择上具有不同的偏好。因此，在影视国际传播中应注重渠道的对接与融合。近年来，我国新媒体发展突飞猛进，与西方国家相比，在技术上、人才上和新媒体文化上都并不落后，这为中国影视的国际传播搭建了新的平台，应充分利用这样的技术优势，打开欧美等发达地区的影视市场。

第四，增强影视国际传播的有效性考察。所谓有效性，即影视的最终传播效果与传播预期效果的一致程度。一方面，影视传播的有效性要求影视不但要“讲清楚”，让观众“听得到”，还要让观众“听得懂”。在国际传播中，“听得懂”的基础是影视译制与译配，而搞好影视译制最需要的是人才。除了传统的译制机构和语言类高校对人才的培养与输出外，近年来活跃在互联网上的“字幕组”也是一支不可忽视的影视译制力量，“专业高效的国外字幕翻译组的出现，也说明外国人对中国电视剧的兴趣正在快速推进”[①]。应充分动员和发挥社会各领域的人才力量，增强影视译制尤其是小语种译制的能力。另一方面，影视传播的有效性需要通过收集传播效果的具体数据进行观测和评估。影视国际传播既要坚持“以我为主”，将我们的声音、我们的故事、我们的文化传播出去；也要了解海外观众真正希望听到我们“说什么”“怎么说”。只有了解到海外观众最真实的意见，才能真正实现我国影视国际传播的有效性。因此，通过相关高校、研究机构，建立长期有效的调研机制，形成对海外观众的需求及反馈进行全面而持续的信息收集机制，是影视传播力建设的必备条件。

影视传播力作为中国影视文化软实力的重要保障，是中国影视实现全球影响的基础。影视传播力的保障、发展和提升，是影视内容和影视文化“走出去”的前提。我国具有丰富的影视内容和影视文化资源，也具有先进的技术和渠道，更具有潜力巨大且前景广阔的市场，如果以全局性、战略性的高度来整合这些资源优势，从而提升影视国际传播的针对性、接近性和有效性，相信中国的影视传播力一定能创造出全新的局面。

（本文与杨宾合作，原载于《社会科学文摘》2018 年第 7 期）

① 王珏. 中国电视剧打造“华流”黄金期［N］. 人民日报，2017-05-11（19）.

中国影视文化创意产业的三大问题

纵观世界电影、电视的发展历程，不同时期对影视的认知、解读和观念都体现着特定时代的内涵与特征。早期的影视被视为娱乐，后来又被视为艺术，再后来更被视为文化工业，当今影视则已经成为一种集艺术、商业、文化等综合元素与功能于一体的影视文化创意产业。

影视文化创意产业是指以影视媒介为载体，生产和传播具有特定文化价值、表达民族或个人创造力的文化产品，形成具有规模经济和范围经济效益且产生较大文化影响的一种现代产业形态。中国影视文化创意产业的核心在于生产和传播具有中国文化传统和价值、表达中华民族和华人独特创造力的影视文化产品。

影视文化创意产业以其强烈的艺术感染力、突出的产业推动力及巨大的文化传播力，在政治、经济和社会发展中扮演着不可或缺、不可替代的独特角色，成为提升国家软实力的重要组成部分。因此，世界各国对影视创意产业的发展都给予了高度的重视，英国、美国、澳大利亚等国家从20世纪八九十年代就出台了一系列整合影视等文化创意产业的战略与政策。对于发展中的大国——中国来说，经过30多年的改革开放，其经济建设、政治改革和社会发展等各个方面都取得了举世瞩目的成就，尤其是在经济上已经步入世界大国之列，但其文化软实力与中国政治、经济地位相比则明显是“软肋”，特别是文化的国际竞争力与传播力严重滞后，这已经受到政府和社会各界的高度关注。近两年来，中国政府已先后颁发了《文化产业振兴规划》《关于促进电影产业繁荣发展的指导意见》等重要文件和“加快推进三网融合”等决议，将影视业提升到了国家发展战略层面的高度，因此，建设与推进中国影视文化创意产业，成为具有战略意义的时代命题。

建设与推进中国影视文化创意产业，离不开对现存问题进行深入观察与冷静思考。笔者认为，当前中国影视文化创意产业主要存在着三大问题：创意不足、文化不强、产业不大。

一、创意不足是中国影视文化创意产业的基本问题

创意的源头和本质是人的创造力，目前中国影视文化创意产业存在的创意不足，主要体现在“创造力激发的屏障”、“创造力表达的偏执”与“创造力保护的虚弱”三个方面。

1. 创造力激发的屏障

创造力是一种极具个人化的、奇妙的、超验性的理念和想法，同时又蕴含着特定的历史文化与时代价值，其迸发需要自由、开放、活跃的环境。审视中国影视文化创意产业的生存环境，影响创造力激发的屏障至少存在三个：

第一，宣传教化屏障。长期以来，中国影视过多地、片面地强调刻板、僵化的宣传教化，不少影视作品忽略艺术创作的规律，简单化地在作品中贴标签、喊口号，泯灭了创造力的激发。第二，创作观念屏障。很多影视从业者习惯于墨守成规，在创作观念上更多地模仿一些固有的理念和方式，视野狭窄却又故步自封，呈现出封闭保守的状态。可以说，没有对国内外多种创作观念充分借鉴、吸收与消化，只是拘泥于狭窄封闭的创作窠臼，不可能有创造力的迸发。第三，商业利益屏障。影视是

产业，影视产品是商品，但同时也必须要看到影视是特殊产业，影视产品是特殊商品，因为影视蕴含着丰富的精神与文化内涵，对社会的精神文明和文化建设具有重要的影响，所以，社会效益应该永远放在首位来考虑。我们注意到，在推动影视产业化的进程中，许多从业者被直接的商业利益所诱惑，常常急功近利，甚至唯利是图，这无疑对创造力的激发带来很大损伤。

2.创造力表达的偏执

如果说创造力激发更多地来自创造主体的外在生存环境，那么，创造力的实现则直接体现为创造力的表达。在这方面我们常常陷于某种阶段性的偏执状态。

新中国影视60多年来在创造力的表达上大致经历了几个阶段：从新中国成立之初到“文化大革命”开始的17年中，主要的借鉴对象是苏联，电影为政治服务，发挥团结人民和教育人民的宣传作用是主要的目标追求，在表达模式上基本上体现为命题作文的宣传教化模式；“文化大革命”十年则将这种模式推向极致，成为现实政治斗争的舆论工具；改革开放初期，在表达模式上逐渐开始打开国门，向欧洲艺术电影借鉴学习，纪实美学的模式成为主要表达模式；20世纪90年代之后，尤其是加入WTO之后，以美国好莱坞为代表的表达模式对中国影视产生了巨大的影响，尤以好莱坞大片的表达模式为甚。不可否认，这其中有不少影视艺术家在表达上创造了既具有民族特色和时代精神，也具有个人风格的样态和方式，但从整体上看，每个发展阶段的表达都或多或少存在着一些偏执，要么倒向苏联模式，要么倒向欧洲模式，要么倒向美国好莱坞模式。这表明，创造力表达还远远不够充分，尚需继续努力建构与我们拥有悠久历史文化传统的大国地位相称的创造力表达模式。

3.创造力保护的虚弱

创造力是人类极为脆弱的稀缺资源，需要完善和有效的法律保护。

美国、英国等发达国家有关版权保护和实施机制的历史积淀较长，相对完备健全，尤其是影视业版权保护的法规政策较为精细完善。

由于历史的因素，新中国的影视业主要与意识形态宣传的任务紧密相连，计划经济时代对个体创造力的版权保护尚未纳入视野，如果有版权，那也只能更多地归属于国家和集体。20世纪90年代中后期以来，随着产业市场化的推进，个人创造力的版权和利益的保护日益得到重视，但由于计划经济的传统体制机制和市场化产业化体制机制的冲突，到底如何建立起符合中国国情的版权保护体系，是一个令人困惑的难题，也是一项摆在我们面前需要逐步完成的、复杂艰巨的任务。概括地说，“创意不足”是中国影视文化创意产业建设的基本问题。这一问题的解决需要营造创造力激发的外部环境；需要克服种种偏执，建构与大国地位相称的创造力表达模式；需要克服种种虚弱，建立起中国特色的创造力保护体系。

二、文化不强是中国影视文化创意产业的核心问题

作为一种文化形态，影视的独特魅力在于其功能的丰富复杂性与影响的多元广泛性。目前，中国影视文化创意产业存在着文化不强这一核心问题，主要体现在“多样性不够”、“共同价值缺失”和“传播效果不佳”三个方面。

1. 多样性不够

影视文化具有多样性的特质，特别是在价值观念多元化、社会阶层多级化的当今中国。从影视的取向上看，可以划分为主流文化、精英文化、大众文化、边缘文化等；[①]从影视的性质上看，影视文化可以划分为

① 胡智锋.影视文化三论（上）[J].现代传播（中国传媒大学学报），2000(5)：43-49.

媒介文化、艺术文化、娱乐文化等；从空间维度看，影视文化可以划分为民族文化、种族文化、区域文化等；从时间维度看，影视文化可以划分为历史文化、现实文化和超验文化；从影视表达的题材来看，影视文化几乎涉及社会生活的方方面面；从影视的规模和类型来看，影视文化可以呈现出大、中、小等规模和日益多样化的类型；从影视的需求看，影视文化的首要任务是满足越来越多样化的市场需求。

中国影视文化创意产业存在的核心问题之一恰恰在于对这种多样性认识不足、重视不够和支持不力。长期以来，中国影视习惯于简单化的角色定位、单一化的主题表达、统一化的文化样式和功利化的评判标准，对业已多元化的影视文化样态缺乏必要的宽容度与鉴赏力。近年来，虽然中国影视题材、类型越来越趋于多样化，但与实际的市场需求和发达国家相比还有相当的差距。这表现为历史话题多，现实话题少；宏大叙事多，个性化叙事少；主流文化多，关注弱势群体、边缘群体的边缘文化少；商业性大片多，艺术性中小片少。

2. 共同价值缺失

任何影视文化都是在特定的社会制度和历史文化传统下产生的，并传播具有民族性、地域性的价值理念。中国影视文化创意产业理应传播中国特有的文化传统与价值理念，展示熔铸了时代精神的中华文化，但绝不能因此而忽视了敬畏自然和生命、追求自由和幸福、追求真善美等人类共同价值的表达和诉求。

随着全球化进程的不断推进和新技术的广泛应用，影视已成为一种跨越国界、种族的文化样式，由此，一些跨国影视公司在其影视中熔铸和彰显更多的共同价值理念，从而实现规模经济效益和范围经济效应，在世界范围内和多媒介平台营销其产品和服务。我们关注到，在很长一段时间内，中国影视产品过多地关注本土价值，过多地宣泄狭隘的民族情绪，或为了赢得国际认可而不惜媚洋、自贬。具体说来，这个问题存在着两个误区：要么就是媚洋式地自贬，似乎只有如此才能获取国际认可，这无疑是一种文化投机；要么就是封闭式的自恋，似乎只有这样才能算得上本土化，这无疑是一种文化自闭。由是观之，真正的突破在于从悠久的民族文化和本土文化中发现和挖掘出具有人类共同价值的意义与内涵，既保持中国文化的风采和神韵，又超越民族与本土，获得人类共享、全球共赏的共同文化价值。

3. 传播效果不佳

目前在影视传播效果上存在三种标准或取向：一是商业评价，二是专业评价，三是文化评价。

从商业评价来看，改革开放以来，尤其是近十几年来，中国影视有不少大制作获得了较好的商业价值，取得了令人满意的市场回报。从专业评价来看，不少影视作品获得了国外的大奖，为中国影视赢得了专业的声誉，体现了中国影视创作生产的专业水准。从文化评价来看，有一些影视作品以厚重的内涵与积淀彰显了民族本土文化的魅力。但我们也注意到，这三种评价的指向不尽相同，实际的传播效果也相当复杂。其中，有的影视作品获得了极好的商业与市场回报，却遭到专业领域的抨击和否定；有的获得了专业领域的喝彩和认同，却遭遇商业市场的淘汰和失败。而不论是商业评价还是专业评价，我们必须正视一个现实，那就是文化传播的乏力，也就是说，我们或许可以获得较高的商业评价与专业评价，但是能够彰显民族本土文化魅力、塑造积极正面的国家和民族形象的优秀影视作品极端匮乏。这是目前中国影视文化创意产业影响力和传播力不足、传播效果不佳的突出表征。

综上所述，“文化不强”是中国影视文化创意产业的核心问题。这一问题的解决需要克服单一与偏狭，形成多样性的生产创作格局；需要克服自贬与自恋，从悠久丰厚的民族本土文化中开掘共同价值；需要克服唯市场、唯专业的取向，强化中国影视的文化传播力，进而对国家文化软实力的整体提升作出积极贡献。

三、产业不大是中国影视文化创意产业的关键问题

当今发达国家的影视文化创意产业更加链条化、体系化、规模化和全球化。与之相比，目前中国影视文化创意产业存在产业不大这一关键问题，主要体现在“产业价值链不够完善”“竞争不够充分”“资本不够雄厚”三个方面。

1.产业价值链不够完善

完整的产业价值链体现在影视生产与传播的前期、中期和后期全过程中，即前期的市场调研、中期的生产流程、后期的延伸开发，它们环环相扣，形成了一个完整的产业价值链。产业价值链的整合、重组和完善是成熟的影视文化创意产业的重要标志，即在充分深化、细化的基础上，推进创意、制作与流通的纵向一体化及跨行业的水平和垂直整合，将稀缺的创意通过充分的前期调研予以深化，通过充分的生产流程的分工与合作予以细化，通过多阶段、多窗口、多层次的传播进行充分开发，拓展出诸如主题公园、玩具游戏、新媒介相关产品和服务等衍生产品，并以此构建体系完备、规模巨大和全球化的现代产业群，进而完善产业价值链、降低成本和风险，最大限度地发挥规模经济和范围经济效益。目前，中国影视业不论是前期的市场调研，还是中期的生产流程，乃至后期的衍生开发，都存在着要么粗放型运作、要么小作坊式运作的问题，在产业价值链的各个环节上都远远不够充分，需要在发展中逐步健全和完善。

2.竞争不够充分

自由、平等、有效、积极的市场竞争是现代产业的典型特点和发展动力，但中国影视文化创意产业脱胎于条块分割式的行业格局。其中，

行政等级观念、地方保护主义、狭隘的行业部门利益都严重地扭曲和妨碍着有效的市场竞争，不利于良性竞争规则与氛围的培育和形成，很容易导致权力经济干预、商业信誉缺失、市场结构失衡、潜规则蔓延、市场绩效低下等结果。

3.资本不够雄厚

影视属于高投入、高风险的行业。据《纽约时报》报道，《阿凡达》的制作和宣传成本可能高达五亿美元，[①]而像这样成功的影片只占好莱坞每年产出总量的20%左右。这表明，资源、资产和资金成为影视资本运作极为关键的要素。在这一方面，目前中国影视文化创意产业存在如下问题：资源挖掘和整合不力，特别是对人力资源的重视不够；资产实力不强，特别是对无形资产关注不够；资金运作不到位，特别是在吸纳社会资金、拓宽融资渠道、丰富与创新融资手段上缺乏稳固而有效的机制体制。归纳说来，“产业不大”是中国影视文化创意产业建设的关键问题，这一问题的解决需要克服种种残缺，完善产业价值链；需要克服种种失衡，促使充分竞争；需要克服种种薄弱，构建强有力的资本运作体系。从大的历史发展进程来看，中国影视文化创意产业尚处于发展的初期阶段，上述问题的存在是不可避免的。随着中国经济社会发展的整体推进，我们相信，以本土化、国际化和专业化的发展理念为引领，未来的中国影视文化创意产业一定能走出一条既符合中国国情、融入民族智慧，又符合影视发展规律，兼具世界意义的中国特色发展道路。

（本文与李继东合作，原载于《现代传播（中国传媒大学学报）》2010年第6期，《新华文摘》2010年第21期全文转载）

① 张悦.卡梅隆《阿凡达》盈利揭秘　花5亿美元还是能赚［EB/OL］.（2009-11-11）.http://ent.sina.com.cn/m/f/2009-11-11/00482765240.shtml.

中国广播影视产业未来发展的五个重要问题

中国广播影视产业作为文化产业中最具活力和影响力的产业类型，一直在文化产业的发展中扮演龙头的角色，发挥领军的作用。如何看待过去若干年广播影视产业发展的整体状况？如何对它的发展进行评价？中国广播影视产业未来将会面临什么样的情况，又将呈现出什么样的发展态势？本文将在对中国广播影视产业发展现状进行评价的基础上，探讨未来发展的五个重要问题。

一、中国广播影视产业发展的现状

谈到中国广播影视产业的现状，就不得不提中国文化产业的现状问题。关于文化产业，民间有很多笑谈。有的认为文化产业并没有真正增加产业的能力，只是在做表面文章，甚至是一个带有骗术色彩的领域；还有的认为所谓文化产业就是“政府要政绩，商人要地皮，专家要课题”。不可否认，在过去的几年间，我们国家从上到下都形成了对文化产业的狂热推动，各地出现了文化产业狂飙突进的发展态势。政府的强力推动，企业的热衷支持，还有某些科研机构和高校“专家”的盲目跟进，都可能导致公众产生“文化产业虚火过旺”的感受。那么我们应当怎么评价上述情况，继而怎么看待中国广播影视产业目前的格局？

我个人认为，从整体格局来看，中国广播影视产业大体上有四种类型：

第一种是有产业，无文化。最典型的就是打着文化产业的旗号，圈地建设所谓的文化产业园区。这些园区实质上是在经营房地产，或者从事一些其他的商业交易和贸易，基本没有什么文化可言。这是近年来打着文化产业的旗号，不做文化内容产品的典型类型。

第二种是无产业，无文化。就是既没有产业内容，也没有文化内容，基本上是皮包公司，空手套白狼的类型。

第三种是有文化，无产业。主要指小规模、做小生意的小作坊，比如一些广播影视制作公司，有的做点广播节目，还有的做点影视节目，等等。这些小公司基本上都是小本经营，既没有能力获得比较大的投资，也没有能力形成比较强势的产业。虽然从内容产品上说有一点文化追求，但是无法形成产业规模。

第四种是有产业，有文化。主要指既具有相当的产业规模也产生相当的文化影响的广播影视机构，比如华谊兄弟传媒集团、光线传媒、海润影视等，他们既有文化追求，也形成了一定的产业规模。

总体看来，在中国广播影视产业的发展历程中，前三种类型占的比重更大，真正有文化、有产业的最后一种类型，不论是从数量还是从质量来看，远远不能占据主导地位，中国广播影视文化产业发展的困境大抵也是出于这个原因。

二、对中国广播影视产业发展的评价

我用四句话来评价中国广播影视产业发展的整体状况。

一是势在必然。

不论是文化产业，还是广播影视产业的发展趋势都不是无源之水，而是全球经济产业转型的必然结果。从历史上看，每一次资本主义的经济危机，常常都伴随着新兴产业类型尤其是文化产业的崛起。例如：20世纪二三十年代，美国的经济危机导致了好莱坞的崛起；20世纪70年代，全球经济危机导致了日本影视剧和动画的崛起；20世纪90年代后期全球经济危机导致了以韩国影视剧为代表的“韩流”的崛起。近几年，新一轮经济危机冲击全球，文化产业再次成为人们首选的经济类型，这其中包含着历史的必然性。经济危机导致的一个最大问题就是能源的短缺，而文化产业是低能源占有的产业，因此每一次的经济危机都会直接促使低能耗、低能源占有和高智慧、高科技含量的文化产业的崛起。中国发展文化产业的决定，依据的是世界经济发展规律，是势在必然的。

二是决策正确。

从党的十六大到十七届六中全会，中央作出了关于文化大发展大繁荣的决定，颁布了促进文化产业和广播影视产业发展等一系列文件，制定了一系列有关广播电影、电视剧、动画等产业发展重大决策。全国二十多个省市自治区将文化产业作为支柱产业，特别是北京市政府在有关支持文化创意产业发展的决策中，贴补100亿元人民币发展首都文化产业。尽管各地的决策不排除一些盲目判断和跟风行为，但我认为这些决策总体是正确的。

三是基础薄弱。

过去中国广播影视产业更多的是作为公益性文化事业来经营，比如我们的广播电视是免费收听、收看的，缺乏市场运作的历练。尽管电影以市场化模式运作，但是由于产业链不成熟，无法在竞争环境中对文化产业发展起到支撑性作用。一部美国大片的票房，可能比我国全年国产电影的票房还要高；全国出版集团的收入也比不上美国一家出版集团的收入；广播电视全行业年收入抵不过某家国际传媒巨头一年的经营收益。历史的原因导致中国广播影视产业的发展基础和产业链各个环节都相对薄弱。

四是良莠不齐。

在上一轮文化产业大发展浪潮中，广播影视产业在投资、生产和运营领域出现了鱼龙混杂、良莠不齐的问题。一方面，有一些机构按照产业发展的规律来办事，按照发展文化的目标来推动；另一方面，有一些机构、组织和个人打着发展文化产业之名，行忽悠欺骗之实，给广播影视产业的声誉带来比较严重的负面影响。

三、中国广播影视产业未来发展的五个重要问题

基于以上对于中国广播影视产业目前格局的描述和评价，我认为未来中国广播影视产业发展任重道远。其中，有五个重要问题需要我们思考。这五个问题分别是政策导向问题、着力点问题、发展方向问题、发展结构问题和支撑性因素问题。

第一，政策导向问题。

如果说之前我国政府在发展广播影视文化产业方面制定的政策更多倾向于产业自身的建构，那么今后一段时间，我判断我们国家的政策将更多倾向于提供公共文化服务，或者说公共文化服务的比重在整个社会的文化发展当中会得到较大的提升。

文化产业和公共文化服务如同整个文化发展的两翼，应均衡发展，不可偏废。过去一段时间，我们在文化政策上过多强调了发展文化产业，直接导致了商业性热潮。按照政策导向设置的规律，为了维护一个社会文化建设的基本平衡，如果文化产业过热，必定要用另外一个政策去平衡。所以我判断，中国广播影视业在未来几年发展产业的同时，提供公

共文化服务的力度可能会加强。一方面广播、电视、电影要继续面向市场，做大做强。另一方面在发展文化产业的进程中，一定要让更多的老百姓感受到文化的存在，享受到公共文化服务带来的利益。如果普通公众没有感受到自己获得的文化服务，只感受到票价在上升，收视费在上升，不但不符合社会发展平衡的规律，更不符合中国特色社会主义的原则性的要求。

目前广播影视产业在提供公共文化服务方面，已经取得了一定成效。在浙江、福建、广东等地区，当遭遇台风或者雪灾的时候，赈灾中的应急广播配备发挥了巨大作用；在浙江，从提出“村村通”到号召“户户响”，不但保证电视通到每个村落，还保证户户都有广播的声音；在边远农村、甘肃等西部地区，电影下乡将企业、社会团体、城市居民和农民联系在了一起，共同参与，共同分摊，令电影公共文化得以普及；西新工程将广播电视覆盖到新疆、西藏等少数民族地区，不但给地域辽阔、地形复杂、民族众多的西部少数民族地区居民带来了实惠，也在与“疆独”“藏独”，以及西方国家反华言论和分裂中国势力的意识形态博弈中发挥了重要作用。不可否认，与欧美发达国家在公共文化服务的均等化、普惠性、便利性等领域的长期关注和实施相比，中国广播影视产业在公共文化服务方面还有很大推进空间。在今后发展阶段，除了继续拓展产业本身以外，提供公共文化服务将成为广播影视领域全新和重大的政策导向。中国广播影视产业要抓住这个机遇，有所作为，一方面发展产业，另一方面也要思考如何为老百姓提供更好的公共文化服务。将产业所得利益回馈社会，与百姓分享，反过来也能更好地推进产业的发展。

第二，着力点问题。

我认为强化创新是广播影视产业未来发展的着力点。创新包括内容的创新、形式的创新、技术的创新和艺术的创新。没有创新，广播影视产业不可能有未来。我曾经对中国电视的创新做过一个概括，认为中国电视的创新有四个“媚”：媚洋、媚俗、媚雅、媚利。同时也提出了中国电视的创新为什么很难推进，是因为存在四种风险：政治风险、社会风险、艺术风险和市场风险。在广播影视产业的发展中，现实利益的纠葛和市场风险的存在是常态，中外概莫能外。但是从全球的成功经验来看，如果因为害怕风险就秉持“犬儒主义”思想，放弃创新，做出保守的选择，必将碌碌无为。以电影《泰坦尼克号》为例，卡梅隆的团队在对内容、类型、剧情、角色，甚至演员选择上做了几年的大型调研的基础上，才做出了精准的市场定位，这是创新的必由之路。他的《阿凡达》同样十年磨一剑，通过对3D技术的创新性运用造就了全新的观影效果，取得了巨大的商业成功，也拉动了整个电影世界的3D热潮。所有的成功都来自潜心创新，中国广播影视产业如果想有作为就必须在创新方面下更大投入，方能跟进、超越甚至引领全球影视产业的前沿和潮流。

第三，发展方向问题。

任何产业都以经济效益为第一追求，无可厚非，但同时我们要看到广播影视产业的特殊性。广播影视产业不但具有商业属性，更重要的是具有意识形态属性和文化属性，需要担当重要的社会责任和文化责任。在塑造国家和民族形象，以及在传播整体文化软实力领域，它可以产生巨大影响，因此我们必须要明确广播影视产业的发展方向。

在相当长的一个阶段，我们有很多专家主张全盘西化，以与国际接轨和遵循国际惯例为名，把全球化当作产业发展的首要选择，没有看到所谓的全球化其实意味着美国化。一味提倡全球化的发展方向不仅是错误的，而且是危险的。

我们不是狭隘的民族主义者和文化保守主义者，我们也不应简单封闭文化环境做产业，但是必须认识到广播影视产业作为文化产业的一个重要构成部分，其价值首先在于文化自身，没有雄厚的民族文化核心价值的支撑，产业不可能走远，也不可能长久。因此，对民族文化资源的保护、传承和开发应当成为我国广播影视产业发展极为重要的方向性问题。

在美国好莱坞，由于美国自身文化历史的短暂和文化积累的有限，其电影的主题常常是非历史的、面向未来的科幻片或者是面向当代生活的情感片、伦理片。当主题涉及历史、文化的内容，就需要从文化底蕴更为深厚的欧洲去寻找，例如希腊、埃及，或者从东方去挖掘。近几年，随着中国经济的快速崛起，好莱坞在自己的电影里不断强化中国元素，以期更好地占领中国市场。从《花木兰》到《功夫熊猫》，发掘的都是中国的文化资源。

美国人在电影生产中，重视中国文化资源，用中国的文化资源赚中国人的钱，而我们自己却对本民族的文化缺乏保护和传承的意识，这确实是我们国家文化产业发展中存在的让人忧心的问题。在影视文化产业的发展方向上，我们存在崇洋媚外的心理，一味地把美国式的选择作为我们模仿的对象，不但在电影领域，在广播电视领域这种心理比比皆是。比如目前各类电视选秀节目大多是对欧美原版的复制和翻版，忽略了对本民族文化资源的传承、保护和挖掘。我认为未来在中国广播影视产业的发展方向上，必须坚定地走本土化路线，依托中国国情，充分挖掘本民族文化资源，同时吸纳全球的文化资源，打造“中国创造”的广播影视产品。

第四，发展结构问题。

中国广播影视产业到底应该有怎样的发展结构，这是一个非常有意义的问题。这个问题跟我国媒体的体制机制关系密切。

由于历史因素，中国特色的广播电视事业体制与产业结构更多是按照行政区划的方式进行设置，形成了从中央到省、地市、县所谓四级办广播电视的体制。这种按照行政区划而不是按照市场有效资源配置的产业结构给广播电视的发展带来了阻碍。在很多不发达或者欠发达地区，一个省级广播电视机构的效益可能还不及东部发达地区一个县级同类机构的收益，尽管前者的行政级别更高。但如果完全按照市场化方式来架构广播电视产业，西部的很多广播电视机构就会被东部兼并，又可能带来意识形态宣传的失控局面。

我认为目前纯粹按照行政区划来设置的产业结构仍然有保留的必要，尽管它对我国广播电视产业的发展肯定存在消极的影响，但是彻底的市场化可能导致后果更严重的乱局。比如一个效益高的县级台是不是就可以兼并一个经营不善的省级台呢？

从现阶段理想的产业发展结构来说，我的观点是鼓励前沿，适当控制后端，让中间的部分相对自由。比如在国际化程度高、意识形态宣传上压力相对不大的上海，完全可以在广播电视产业的经营方面率先放开，用成功经验拉动中部地区在产业化探索上往前推进一步。而对于中西部地区，则可以用东部地区产业的收益去做补贴，维护西部广播电视业的基本生存，保证它承担更大的有关国家安全的宣传工作，比如在新疆和西藏地区建构战略屏障，保证政治安全。总之，在广播电视产业的发展结构的设置上，必须根据中国的国情需要综合考虑，既要考虑市场因素，也要考虑政治因素。

电影的产业结构与广播电视有所不同。在我国目前的电影产业中，商业大片往往模仿好莱坞，尽管规模大、效益高、票房高，但内容也受制于西方投资方和发行方的约束，所以在文化表达方面，常常显得中国文化含量不充分，甚至出现扭曲的价值取向，对中国文化造成了一定的破坏性。文艺片尽管有文化诉求，但投入小，效益不高，缺乏市场影响力。所以，从电影产业结构来说，中国缺的是介于商业大片和文艺小片之间的中等投资规模产品。这类电影投资相对不大，但是产值相对较高。既能激发产业的活力，又能融入适当的文化含量，比如《云水谣》、《致青春》和《泰囧》都是比较成功的尝试。中等投资规模的电影发展起来会对整个电影发展结构带来正向的效应。

第五，支撑性因素问题。

支撑性因素的问题其实就是人才的问题。在改革开放初期，资金的匮乏是广播影视产业发展的软肋。在上一个发展阶段，广播影视产业缺乏的是政策环境，我国出台了推动产业发展的若干政策。到今天，当资金和政策已不是最迫切的问题时，人才问题日益凸显。在20世纪80年代，广播影视曾经人才济济，生产出了一大批广播影视的精品。而今天相比美国、日本和欧洲，我们最欠缺的是广播影视各个方面的领军人才。因此人才是广播影视产业发展的支撑性因素，这个问题的解决具有战略意义。

中国广播影视产业起步不早但发展迅猛。尽管在全球广播影视产业的竞争中仍属后来者，欠缺经验，也有很多历史的难题需要解决。但作为一个历史悠久、文化资源丰富的国家，一个有着非常庞大的、作为全球第二大经济实体的GDP支撑的国家，一个拥有全球广播影视体量和规模最大、机构最多的国家，我们有理由相信，随着资金与政策支持的逐渐到位、着力点的明确、发展方向的调整、发展结构的完善以及人才培养的不断跟进，中国广播影视产业的未来有可以期待的广阔前景。

（本文原载于《中国广播》2014年第6期，《新华文摘》2014年第17期全文转载）

中国电视节目创新问题之观察与思考

——中国电视节目创新问题研究之一

电视节目创新问题是21世纪以来中国电视面临的若干重大基本命题之一。

近些年来，中国电视节目创新始终被创新能力不强、创新品质不高、创新效益不佳等突出问题所困扰。为什么中国电视节目从内容到形式，从定位到风格，从形象到构成，都严重地雷同化、同质化？节目创新中存在着哪些观念误区与突出表现？为什么节目创新的需求如此迫切，却又在风险面前望而却步，踌躇不前？这些极大地束缚中国电视创造力、制约中国电视健康发展的突出问题，迫切需要理论的回应与阐释。

电视节目创新是一个系统工程，涉及电视内容生产与传播的方方面面。然而，纵观近年来业界与学界对于电视节目创新的探索与研究，总体上看，外部的体制、机制、经营、管理创新研究较多，而内在的节目本体创新规律研究相对较少；个案探讨较多，而系统全面的研究相对较少；感性的经验描述较多，而具有理论概括意义的理性研究相对较少。简而言之，对“电视节目创新”予以整体性、系统性、全面性的研究，显得较为薄弱与欠缺。

本文力图从“问题”入手，通过电视节目创新的“中国问题”研究，在中国特色的电视管理体制、运行机制与生存环境下，聚焦中国电视节目创新的本质、模式、动力、主体、体制、机制等层面存在的一系列问题，开展比较完整与深入的系统研究。其目的是希望从中提炼“中国经验”，建立起有“中国特色”的电视节目创新理论，进而推动形成电视节目创新的“中国模式”，培育中国电视的原创能力，增强传播力，提高竞争力，扩大影响力，积极参与全球传媒竞争，提升国家文化软实力。

一、中国电视节目创新的三种观念误区

当前，业界与学界在“什么是电视节目创新”的理解上，至少存在着三种观念误区。

（1）在“传承与创新”的关系上，将电视节目创新理解为从未有过，忽略了传承。一说创新，似乎就是割断传统，“当下许多人把‘改版’与‘创新’理解为彻底改变，或从未有过的‘全新’改变”[①]。应当承认，在当前媒介竞争异常激烈的环境中，追求突破、渴望超越的愿望与企求是可贵的；希望摆脱已有俗套，呈现出令人耳目一新的甚至是从未有过的求新求变，这种愿望也是可以理解的。但是，将节目创新视为从未有过的“独创”观念，如同鲁迅先生所说的，用自己的手拔着头发离开地球，既不现实，也不可能。从创新规律来讲，任何创新活动和行为都离不开从量变到质变，在传承中连续积淀的基本规律。从创新实践看，纵观中外电视节目创新的成功案例，无一不是基于充分传承基础上的创新，注重从传统中充分吸取符合当下的精华。正所谓温故知新，只有充分地传承，批判地吸收，创造性地转化，才有可能真正实现有力度、有积淀、有厚度的创新。

① 胡智锋.会诊中国电视［M］.北京：文化艺术出版社，2005：133.

（2）在“生产传播主体和接受主体”的关系上，将电视节目创新理解为是生产传播主体的单方行为，忽略了接受主体——受众的存在与影响。不可否认，创意来自灵感，是个性化的、灵光一现的奇妙体验，常常带有不可捉摸的偶发性。因此，对于电视节目创新而言，在激发创意灵感时更多关注电视人作为创新主体的个体意愿和兴趣，积极推动创新团队内部头脑风暴的碰撞是必要的，也是重要的。但是，这并不意味着可以忽视受众作为接受主体的社会、文化、审美等多重需求，因为受众的需求与认同是检验节目创新是否有效的关键。历来赢得赞誉的节目创新实践证明，只有满足了受众需求，得到了受众认可的节目创新才是有效创新。如果不能满足受众的实际需求，不能获得受众认可，即便是节目创新有着较高的专业水准，那也难免陷入孤芳自赏的境地，这样的节目创新有何意义和价值呢？所以，受众的需求与认可是电视节目创新的起点与归宿。

（3）在“当下创新与可持续性创新”的关系上，将电视节目创新理解为是当下的眼前效应，忽略了可持续性的长久效应。创新，意味着应时而为；不可否认，关注当下，保持一种敏锐度，将节目创新聚焦于当下受众的某种时尚性认同和需求，可以在短期内产生轰动效应，带来一时的经济利益。但是，如果只是一味地关注当下，节目创新有可能就只是昙花一现。按照品牌成长的一般规律，只有着眼于品牌的稀缺性、独特性、不可替代性，才有可能打造成真正的品牌。所以，创新需要内在品质的积累与积淀，创新主体应当拥有与时俱进、持续不断的自我更新能力与动力，这样才能促使创新不断升级，保持源源不断的活力。我们看到，在电视节目发展史册上，有多少曾经轰动一时、受人追捧的创新行为，大浪淘沙，早已昙花一现，不再被人提及。真正的节目创新，不仅能够产生当下的眼前效应，而且应当产生长久的效应；那些载入史册的成功创新案例，都是靠着品质的积淀，在实现效率的同时，格外注重品格的追求，实现了当下的眼前效应与可持续的长久效应的有机统一，从而保持了长久的生命力，可谓历久弥新。以上三种观念误区，无疑成为中国电视节目创新实践的主要障碍。只有从认识上辩证地处理“传承与创新”“生产传播主体和接受主体”“当下创新与可持续性创新”等三对关系，才有可能使中国电视节目创新步入全面、可持续的道路。

二、中国电视节目创新问题的四种突出表现

对应着认识层面的三种观念误区，我们可以看到在中国电视节目创新的具体实践中，还存在着“媚洋”“媚俗”“媚利”“媚雅”四种突出表现。

1.“媚洋”

近十年来中国电视创造收视佳绩的“创新”节目，大多是模仿、复制、引进国外电视节目模式的产物。以真人秀节目为例，2004年国内首开先河的歌唱选秀节目，是以美国福克斯（FOX）电视网2002年1月开播的《美国偶像》（*American Idol*）[①]为母版的。随后，英国2004年在独立电视台（ITV）播出的大型歌唱选秀节目《X元素》（*The X Factor*）、美国哥伦比亚广播公司2004年开播的《学徒》（*The Apprentice*）、美国FOX电视网2007年开播的《莫忘歌词》（*Don't Forget the Lyrics*）、英国ITV名牌娱乐节目《谁敢来唱》（*Who Dares Sings*）、美国广播公司（ABC）电视网的真人秀节目《与明星共舞》（*Dancing with the Stars*）、美国FOX电视网的《与明星滑冰》（*Skating with the Celebrities*），还有英国广播公司（BBC）的强势栏目《名声大震》（*JUST THE TWO OF US*）等十多档国际流行节目在中国电视荧屏上轮番亮相，不论是模仿改造，还是版式直接引进，毋庸讳言，中国电视已成为全球电视节目

① 《美国偶像》是翻版英国独立电视台（ITV）2001年创办的《流行偶像》（*Pop Idol*），节目版式销往全球。

版式销售的最大市场。应该承认，从国际流行的节目版式中汲取最新的传播理念与节目形态，是必要的；正是在面向全球的学习借鉴中，中国电视节目创新获得了理念的启发与模式的参照，快速缩短了与世界电视发展水平的差距。但是，不尊重中国客观实际，不注重本土化特色，一味媚洋式的节目创新，则是危险的。如果中国电视只满足于扮演全球电视创意中国销售的“商贩”角色，那么，中国电视只能永远停留在“中国制造”的水准，无法实现“中国创造”国际传媒品牌的打造。其结果，不仅在经济领域失去原创力和竞争力，更会在文化领域丧失优秀民族文化的创造力、传播力和影响力。

2.“媚俗”

电视低俗化是21世纪以来伴随着电视产业化进程而汹涌泛滥的，我们看到：在娱乐节目中，以为越“通俗”越受欢迎，想当然地在节目格调与品质上走低端路线，结果是将肉麻当有趣，以低俗、奇异取胜，将娱乐低俗化。在民生类节目中，以为越“贴近”、越“直观”效果越好，结果是追逐猎奇、呈现琐屑，对于人性之丑恶毫不避讳，对社会负面现象大肆传播。在情感谈话类节目中，以为越“离奇”越受关注，结果是热衷炒作个人情感隐私、社会边缘话题，甚至不惜让演员扮演，编造故事。在婚恋交友节目中，以为话题越“火爆”越受关注，结果是放大个别嘉宾的过激言论，冲击了社会伦理道德。在电视剧中，更是出现了“戏说”历史，“篡改”经典的潮流。胡锦涛同志在中共中央政治局第22次集体学习时特别强调，“要引导广大文化工作者和文化单位自觉践行社会主义核心价值体系，坚持社会主义先进文化前进方向，坚决抵制庸俗、低俗、媚俗之风”[①]。如果电视节目创新一味地媚俗，将严重影响主流文化与核心价值观的传播，迷失先进文化的引领方向，进而使文化生态受到

① 中共中央政治局就深化文化体制改革进行集体学习［EB/OL］.（2010-07-23）.http://www.gov.cn/ldhd/2010-07/23/content_1662661.htm.

污染与损伤。

3.“媚利”

由于中国电视事业与产业双轨并行的现有体制，节目创新需要电视传媒机构的自我投入，所以，节目创新的路径往往是围绕着能否赢得收视率，进而吸引广告的投入，继而获得经济利益这样的逻辑展开的。这就使得电视传媒机构常常步入唯利是图、急功近利的怪圈，被潜在的收视率预测和一时的经济利益拉动所控制。中国电视之所以出现一窝蜂地跟风、克隆与同质化，正是因为一个时期内节目创新的成功案例会带来收视的热潮，产生较高的收视率、广告投入与经济利益。于是，只要一种新的节目样态出炉不久，就会快速出现相似的甚至没有明显差异的复制品。2004—2006年,《超级女声》《我型我秀》《快乐男声》《加油！好男儿》《绝对唱响》，多档歌艺秀同时比拼，令观众眼花缭乱，应接不暇。2008年,《我爱记歌词》《挑战麦克风》《谁敢来唱歌》《今夜唱不停》《先声夺人》《大家来唱歌》等多个歌唱节目密集亮相。2009年，魔术节目在多家电视台先后开播,《金牌魔术师》《星光魔范生》《全民大魔竞》《魔星高照》《更生更有戏》《我的魔术猜想》，然而仅仅半年，这些魔术节目便纷纷退场。2010年，十余档婚恋交友节目抢滩各家卫视，谈婚论嫁，同样时隔不久便昙花一现，仅剩寥寥数家。如果电视节目创新一味地“媚利”，即使可以获得一时之利，也难免节目快速同质化、雷同化，导致受众迅速产生审美疲劳，最终予以唾弃，甚至厌烦。

4.“媚雅”

“雅”，不仅代表着电视节目对较高品位与格调的文化追求，也体现着电视人对精湛技艺的一种专业追求。从提高专业制作能力、提升电视节目创新品质角度看，“求雅”体现出了创新主体的职业自觉与专业素养，值得肯定。但是，“求雅”的专业诉求一旦偏移到“媚雅”的专业偏执，专业化就有可能成为电视传播社会化的对立面，陷入狭隘的专业主义。“媚雅”的极端表现就是技术崇拜与形式崇拜①。技术崇拜认为只有技术支撑的视觉盛宴才能提升节目创新的效果，热衷于用3D等各种影像特技制造视听奇观，在对视听感官震撼效果的追求中，工具理性僭越了艺术本体，甚至抽离了艺术内涵。而形式崇拜则是典型的形式大于内容，将节目创新思维与实践简单化理解为形式的突破，热衷于探索各种形式包装实验，以形式的玩味取代了对思想和内容的深入开掘，以频繁花哨的形式标榜节目创新的个性与特色。应该说，技术与形式都是节目创新必不可少的要素，但是，电视节目创新涉及“内容与形式”“艺术与技术”“主体与客体”“动机与效果”等多个方面，简单地放大某一方面，就陷入了以偏概全的误区。本质上，技术崇拜与形式崇拜，都表现了创新主体的一种自我膨胀、自我炫耀与自我夸饰。

上述四种突出表现，都显示出中国电视某种浮躁的、急功近利的心态和状态。客观上看，这是中国经济社会急剧转型、快速发展、追逐增长速度的普遍诉求在中国电视业的一种折射；主观上看，则是中国电视业在这种市场化、产业化的大潮中尚未拥有成熟的理性与自觉。只有从实践上保持清醒的头脑，恰当地掌控与平衡“全球化与本土化”“雅与俗”“义与利”“专业化与社会化”四对关系，才有可能使中国电视节目创新步入正确、健康的发展道路。

三、中国电视节目创新的客观需求

为什么电视节目需要创新？这源于电视节目生存与发展的各种客观需求，对于中国电视节目创新而言，至少体现为以下四种客观需求。

1.媒介生存发展的需求

受到国内外传媒变化的影响，在计划经济向市场经济转型的过程中，

① 胡智锋.会诊中国电视［M］.北京：文化艺术出版社，2005：130.

中国电视的传媒影响力已经不能靠传统的行政方式形成垄断地位，卫星频道突破了地域的局限，地面频道细分了受众市场，新媒体的快速崛起更是形成了复杂的媒介格局，造成了异常激烈的竞争。“媒体之间的比拼实际上已经晋级为创新意识、创新能力、创新机制、创新体系的比拼，媒体之间的较量已经跃升到智力的较量、管理的较量、品牌的较量、战略的较量。”[①]不论是穷则思变，希望通过节目创新改善当前不理想的收视表现，消除生存危机，提高生存空间；还是居安思危，为了追求更加稳定持久的发展，希望通过节目创新进一步增强节目的竞争力，形成品牌效应，拥有更加有利的发展空间；不创新，毋宁死，创新关乎生存与发展，已经成为行业共识，谁在创新中领先，谁就能占据主动。所以，如果不推进电视节目创新，就无法适应日益激烈的竞争环境中媒介生存发展的需求。

2.转型期的社会需求

当前，我国正处于社会转型的关键时期，社会生活发生了剧烈的变革，社会结构趋向分层化与碎片化，不同阶层之间利益诉求日益多元。随着贫富差距加大，社会的民生问题、公平与正义问题、幸福感问题备受关注，社会心理、社会情绪出现了非常复杂的纠葛与矛盾。如何减缓可能的社会冲突与矛盾，如何化解不良的社会情绪与心理？这一方面取决于政府社会治理与法制建设的能力与水平，另一方面，电视媒介在其中可以扮演独特而重要的角色，宣泄疏导社会情绪、调节平衡社会心理，化解社会矛盾，通俗地说，就是解惑、解气、解闷。近年来民生新闻、选秀节目、情感谈话节目以及各种服务类节目之所以火爆，正是因为它们通过各自的方式，贴近实际、贴近生活、贴近群众，表达不同阶层人们的心声，表现他们的心理情感与心理需求，也回应他们生存与发展中

① 刘爱勤.创新，电视台发展的强大助推器［J］.中国广播电视学刊，2006(6)：34-36.

面临的民生问题。所以，转型期社会思想意识、生活方式所发生的显著变化，对电视节目提出了创新传播理念、传播内容、传播方式的迫切需求。可见，如果不推进电视节目创新，就无法满足日益迫切的社会需求。

3.文化多样性的需求

伴随着经济全球化与社会转型的进程，中国在精神文化领域出现了多种价值观的冲突、博弈与融合。其中，既有人类共同价值观与中国民族文化价值观之间“全球化与本土化”的碰撞与交流，也有主流文化、精英文化、大众文化之间“和而不同”的交叉与融通，还有先进文化与落后文化、雅文化与俗文化之间在“雅与俗”价值取向上的冲突或博弈。这样的一种文化语境，一方面孕育了丰富多元的文化生态与文化景观，另一方面催生了多样性的文化主体与文化需求。作为当代传媒艺术与文化的重要载体，无论是从普惠均等的公共文化服务层面，还是从市场经营的文化产业层面，单一的电视文化产品已然不能满足需求。从多年来中国电视节目创新的成功经验来看，那些在内容形式、品种类型引领潮流的节目无一不是满足了文化多样性的需求，如在电视剧中，既有重大革命历史题材的主旋律类型，也有古装武侠剧、家庭伦理剧、青春偶像剧等多样化类型。纪录片中既有讴歌时代的政论片、还原历史的人文纪录片，也有关注百姓现实生存的生活纪实片。新闻节目中既有严肃的时政新闻，也有鲜活的民生新闻。电视综艺节目中，既有庄重典雅的庆典晚会，也有欢乐活泼、互动参与的选秀节目。显然，如果不推进电视节目创新，就无法满足日益增长的文化多样性需求。

4.传媒科技变革的需求

作为电视的技术载体，传媒科技既具有不断优化、不断拓展的发展规律和特性，也具有介质与形态不可分离的同一性。因此，传媒科技的每一次重大变革，都会形成“技术手段—节目观念—节目形态—节目制播体系”的系统创新，既推动了电视节目生产与传播载体的演进与优化，也对电视节目创新的观念产生影响，培育新的节目形态，促进电视内容生产格局与机制的革新。当前，三网融合与传媒科技数字化、网络化变革加快了传媒融合的进程，IPTV、手机电视、互联网视听节目等新媒体快速崛起，不仅拓展了传媒产业与文化消费市场，冲击着电视媒体第一传媒的垄断地位；而且也在体制、机制、内容、载体等多个方面激活了电视节目创新。电视媒体只有积极创新，主动地与新媒体结合，才能应对传媒科技的挑战，突破技术的屏障，抓住新一轮传媒技术变革的机遇，在多媒体立体传播的新格局中，发挥自身内容生产的高端优势和权威效应，获得可持续发展的空间。因此，如果不推进电视节目创新，就无法满足快速发展的传媒科技变革需求。

上述四种客观需求，是中国电视所处的制度环境、时代背景、发展阶段及未来趋势作用于电视节目创新的总体诉求，既是节目创新的动力与机遇，也是不可低估的压力与挑战。如何抓住机遇，迎接挑战，比拼的是创新主体的智慧与能力。只有深入地理解、准确地把握、创造性地满足媒介自身发展、社会、文化、传媒科技变革的多重需要，才能使中国电视节目创新找准自己的方位与方向。

四、中国电视节目创新的风险

对于电视节目创新的重要性，几乎所有的电视传媒机构与生产传播主体都有普遍的共识与认同，但实际上，对于节目创新的投入，无论是人力、物力还是财力，都相当有限。为什么对于电视节目创新，在认识和实践上存在着如此大的反差？为什么在节目创新的呼吁上、态度上表现积极而热烈，而在事实的投入上却表现得相当的谨慎与保守？为什么理性的表述充分，而现实的选择却是规避呢？在这一点上，之所以会出现“雷声大、雨点小”的问题，一个重要的原因是中国电视节目创新确实存在着共性与普遍性的风险。

所谓风险，在经济学家看来，“是一个函数，即不确定性（或者失败的概率）与一个人或组织的资金投入的乘积”[①]。而影响中国电视节目创新的共性的、普遍性的、令电视媒体为之却步的风险何在？笔者认为，至少体现在以下四个方面。

1. 市场风险

电视节目创新的市场风险，并非简单的资金投入产出比问题，忽视或者误判市场需求无疑将带来严重的后果，所以，节目创新市场风险的大小，关键在于“准确性”的掌控。其一，是对于市场需求的掌控是否准确。电视收视市场是一个多种需求多元混杂的格局，哪些市场需求是当下最短缺的、最迫切的，并且具有普遍性和未来发展的前瞻性？这不能简单臆断，更不能假想推断，需要通过周密严谨的受众市场调查分析，科学确定节目创新的方向、路径与着力点。其二，是对于目标对象的掌控是否准确。粗放的、普适的受众定位虽然可能获得广泛的关注，但是更可能遭遇定位不准的风险。节目为谁创新，如何吸引目标对象？这需要依据年龄、性别、阶层等信息精准定位，有效提升节目内容与形式设计的对象化。其三，是对于竞争对手的掌控是否准确。准确把握竞争对手的创新理念、模式与路径，是确保节目创新差异化与特色化的重要前提。否则，即使通过克隆、盗版式的节目创新赶超竞争对手，也难逃因为缺乏特色与差异而被替代的风险，还可能面临侵权的法律风险。

2. 宣传风险

宣传管理是中国电视体制环境的制度特色，也是节目创新不可逾越的底线与边界，所以，宣传风险主要来自节目创新与宣传管理之间的“契合性”状态。其一，是节目创新与宣传要求之间是否契合。明确的宣

① 斯卡辛斯基，吉布森.从核心创新［M］.陈劲，译.北京：中信出版社，2009：182.

传要求，决定了一定时期内传媒内容生产与传播的重点与禁忌，有着轻与重、缓与急的差别，如果节目创新与之相悖，就有可能面临较高的风险。其二，是节目创新与主流价值诉求是否契合。节目创新如果偏离了国家意志、执政党的意识形态与主流价值观的诉求，甚至相抵牾，必然面临出局的危险。其三，是节目创新与宣传尺度之间是否契合。节目创新即使满足了前两者的要求，但是在宣传时机与技巧等尺度上，分寸与火候把握不当，无论是过于保守，还是突破过度，也都可能面临失败风险，很难取得较好的传播效果。

3.社会风险

社会风险主要来自节目创新与社会伦理、社会心理、社会利益之间的“平衡性”。其一，是在激进与保守的社会伦理之间是否维持平衡。婚恋交友节目之所以受到多方抨击，并非节目形态与内容的越轨，而是新型的婚恋观虽然有着鲜活的现象依据，毕竟没有获得社会共识，节目的处理方式激化了新旧伦理规范之间的冲突。其二，是在复杂的社会心理之间是否维持平衡。弥漫着的社会情绪与情感状态是“双刃剑”，在传统与现代之间，在迎合满足与引领突破之间，平衡到位是关键。其三，是在贫富差距较大的社会利益之间是否维持平衡。社会转型期问题突出，不同阶层的利益诉求存在着较大的差异，能否将利益矛盾与冲突调和到一个相对平等的状态，体现公平、公正、正义，至关重要。

4.技术与艺术风险

技术与艺术风险来自节目创新与现有生产与传播体系之间的“适应性”。其一，是技术与艺术的突破与现有电视生产方式是否适应。新的技术手段与艺术表现方式固然具有很好的创新效果，但是，如果与现有节目体系的生产方式之间存在着较大的障碍与壁垒，不能整建制、成规模、连续性地应用，那么，节目创新的规模效应和可持续性就会面临问题。其二，是技术与艺术的突破与受众接受心理之间是否适应。距离产生美，如果技术手段和艺术表现与受众心理预期的差距过大，过于超前，受众难以体会与感知，那么节目创新的风险自然较高。如果差距过小，甚至零距离，过于滞后，势必失去了收视体验落差带来的新鲜度，成本虽小，但是失败的风险更高。总的来看，掌控技术与艺术风险的关键是适度，所谓适度，不是亦步亦趋，而是略微超前，在现有产能基础上引领潮流，在已有心理期待基础上实现提升。

任何创新都会面临风险，风险的存在是一种必然；然而人类创新实践的规律又充分证明，创新风险是可以管理与防范、合理规避的。中国电视节目创新只要以准确性、契合性、平衡性、适应性为尺度去面对市场、宣传、社会、技术与艺术可能存在的风险，就能化险为夷，使中国电视节目创新赢得生存与发展的有效空间。

中国经济社会快速发展和综合国力不断提升的新的时代语境，为中国电视节目创新带来了引领先进文化和主流价值，建构和谐社会，推动文化大发展大繁荣，提升国际传播影响力和文化软实力的新的历史机遇和挑战。电视节目创新只有在认识上走出观念误区，在实践上祛除急功近利的诉求，深刻地理解诸多客观需求，有效地防范存在的各种风险，才可能保障中国电视的科学发展、特色发展、全面发展，才可能不负众望，完成时代与历史赋予的光荣使命。

［本文与杨乘虎合作，原载干《现代传播（中国传媒大学学报）》2011 年第 6 期，《新华文摘》2011 年第 19 期全文转载］

中国电视类型节目的新探索

——以《朗读者》为例

2017年开春，《朗读者》甫一推出，立即引发了荧屏内外热切的关注，迅速成为叫好又叫座的现象级电视节目。人们从不同视角对《朗读者》给予了近乎异口同声的赞美，这是中国电视荧屏多年未曾出现过的景观。作为一档令人赞叹的优秀电视专栏，《朗读者》的探索与创新体现在哪些方面？为什么它能够获得如此高度一致的赞誉？《朗读者》的成功经验与启示何在？这些都是值得我们深入探究的命题。

一、道路选择：中国电视节目自主创新的新标杆

自世纪之交以来的近二十年间，伴随着中国电视市场化产业化探索的不断深入，在内容生产尤其是娱乐类节目的生产领域，中国电视开启了引进国外电视节目模式的热潮。近年来，占据中国电视荧屏收视率最高、市场化程度最高的节目，大多都是国外节目模式引进的结果。这种潮流将中国电视自主原创节目的空间挤压至边缘角落，以至于有人得出如下结论：要想获得市场的成功，要想获得理想的收视效果，实现在市场和产业上的价值，就必须引进国外节目模式。换言之，引进国外节目

模式等于获得高收视率进而就等于获得高市场回报。在这几近铁律的等式面前，中国电视行业内进行自主原创的意愿日益弱化，而国外节目模式或洋节目模式引进的热潮却一直高涨，国外节目模式占据了中国的电视荧屏，中国电视行业创造的并不可观的利润，直接滋养了国外一大批节目研发机构，甚至让一些濒临倒闭的国外电视节目公司获得了新生，中国电视市场成了世界电视巨头的“摇钱树”。

另外，一段时间以来，中国民族电视行业自主创新的能力却在明显下降。当电视媒体更多扮演单一播出机构角色的时候，电视内容生产或节目制作能力的下降也就不足为奇了。同时，令人忧虑的还不仅仅是电视行业内部的问题，更严重的是，伴随着大量地引进国外电视节目模式，相当多的节目带着已有的西方价值观，悄然地进入中国电视荧屏。在相当多的引进节目中，充斥着拜金主义、个人主义等西方价值观中一些偏于消极乃至负面的内容，其对爱国主义、集体主义等社会主义核心价值观产生了严重的抵消乃至对抗作用。此外，当前的电视行业也被部分地纳入文化产业的范畴里，更加讲究的是效率和效益，一切以降低成本和创造收益为最终考核标准。标准化、模式化、市场化成为电视综艺节目最主要的生产与销售方式。在这样一种“被规定了”的环境中，许多媒体人失去了对创造性思考和劳动的兴趣，故而，原创性的文化成果也就自然而然地消失在人们的视野之中了。缺乏精神的动力，最终导致在技术层面出现了普遍化的原创力丧失：剧本是模仿的，歌曲的主题意境和旋律都是模仿的，就连作品和栏目的名字都要抄来抄去。[①]因此，不论是从节目运营还是从行业能力提升乃至价值取向等方面来看，大规模引进国外节目模式已然产生了相当严重的负面效应。如何解决这个问题，来自电视业内外的有识之士们对此早就发出了警言与提示。电视节目制作

① 邓文卿，张莹.对中国电视综艺节目原创力问题的思考［J］.中国电视，2015（12）：77-80.

模式引进产生的负面效应，不仅在电视领域内部发酵，也在更广阔的社会、文化乃至意识形态层面令人警惕。其中最大的问题是引进过程中本土价值观的确立问题，这需要在价值观层面问寻本民族安身立命的精神家园。[①]面对伴随节目模式引进带来的西方文化价值观强势渗透的问题，“我们更应当以清醒的民族意识，坚守本土的文化自信，展现中华文化特有的魅力与风采，努力争取文化交流的话语权，不断用气大道正的文化产品，去赢得世界的尊重和认可。”[②]

或许是出于一种思维的惯性，或许是出于一种对现实利益的考量，或许是出于对自主创新可能带来风险的种种压力的规避，尽管人们也感觉到本土化探索与创新应当成为可取之路，但在现实实践中，真正靠本土化自主原创能够取得社会效应与经济效益双丰收的案例还是相当稀缺的。就在人们的这种担忧困惑之中，著名的电视节目主持人董卿凭借多年的从业经验与多年的人文学养和积累，经过深思熟虑的策划与运作，终于在2017年度推出了令人耳目一新的《朗读者》。

《朗读者》的出现与成功，打破了过去若干年对于引进国外模式的惯性思维与路径依赖，而以坚定不移同时又艰苦卓绝的本土原创，打造出了中国电视的独特品牌，走出了中国电视节目本土化自主创新的成功道路。《朗读者》因此成为中国电视节目不依赖国外节目模式的引进，而凭借自主创新大获成功的典范案例《朗读者》以此向我们展示了中国电视节目走本土化自主原创令人期待的道路与方向。

二、类型融合：中国电视节目创作生产的新路径

从整体上来说，《朗读者》是一档以文学作品朗读为主导的电视文化

① 胡智锋，刘俊.进程与困境：模式引进时代中国电视的内容生产与产业发展［J］.深圳大学学报（人文社会科学版），2016（5）：29-34.

② 黄会林.树文化自信 发中国声音［N］.吉林日报，2016-07-05.

类节目。但是《朗读者》的可贵之处在于，它并没有将自己陷于单一的文学朗读，并没有将自己陷于“大雅”的文化之中，而是巧妙地将新闻性的访谈、纪实性的记录和娱乐性的综艺与文化类节目融为一体，形成多种电视节目类型的有机融合，从而探索出中国电视类型节目创作生产的新路径。

（一）新闻性“访谈”的融入

新闻性“访谈”是当前非常重要的一种节目类型。这类节目以新闻事件或故事为线索，将镜头和画面聚焦在故事中的主体人物身上，通过访谈对话的方式来讲述新闻背后的故事，吸引观众，从而引导观众深入理解和把握故事的价值与内涵。《朗读者》虽然是一档文化类节目，却又借鉴了新闻性“访谈”节目的形式来进行叙事。在节目展开过程中，《朗读者》从嘉宾入场，到进入访谈室，再到打开大门主持人与嘉宾共同走进观众席，以至最终离场，都专门设计了“访谈”环节。主持人与嘉宾对话访谈的环节，将节目的文化特质，对节目中的背景选择、朗读背后的“秘密故事”，进行了全方位的挖掘与呈现，从而极大地丰富了节目的背景信息，让节目内容在对话中保持了较高的“敏感度”，既抓住了观众的注意力，又赋予了节目更为深厚的底蕴。例如，以“那一天”为主题的那期节目中，在“南极科学考察站建设者”的这段节目里，作为中国南极长城站、中山站的开拓者，郭琨老先生是很多历史事件的参与人与见证者，可以说是“历史的新闻人”。在与郭琨老先生的对话中，主持人董卿采用访谈的类型与方式，对郭琨当年在南极科考站建设中重要的时间节点、线索等众多关键的细节进行了深入的挖掘，对于观众来说，这些故事都是“新闻”。在董卿与郭琨的访谈中，还原了南极科考站当年建设进程中的重要的事件、场景与内容，这些生动而丰富的细节赋予了这档文化类节目丰富而深刻的新闻性的信息与内涵。而在《告别》这期节目中，中国赴非洲马里维和部队战士向我们讲述在维和中遭遇恐怖袭击的故事，战士们描述的袭击现场：袭击者撞击营房、紧握钢枪牺牲的战士、满身鲜血被炸飞了的战友让观众在“新闻”中感受到了“战争”的残酷，在节目中感受到了“和平”到来的不易。这种新闻性访谈的采用与展开，以大量生动细节的展现，拓展了文化类节目的新闻性功能，丰富了文化类节目的信息，深化了文化类节目的内涵。

（二）纪实性“记录”的融入

纪实性“记录”原本是纪录片最常用的一种手段与方式，通常强调对正在发生的真实的人物事件与场景的记录与呈现，也包括对已有的历史影像的采集与呈现。这种纪实性“记录”在《朗读者》中主要有两种体现：一种是现场主持人与嘉宾在即兴发生的对话场景中的即时捕捉；另一种是对与嘉宾相关的故事背景、历史影像的采集与整理这两种情形都极大地强化了该节目的真实性与可信度，这种非虚构、非表演的记录方式极大地提升了节目的真诚品质。比如，还是在“南极科学考察站建设者”这段节目中，朗读者并不是像其他嘉宾那样在节目现场进行朗读，而是邀请了正在南极进行科学考察的队员在南极进行了一次特殊的朗读，在朗读的过程中，不时出现中国南极科学考察站建设过程中的纪实性影像，有1985年1月20日中国南极长城站考察站主体工程开始施工的视频资料，也有1985年2月20日中国南极长城站正式落成的视频资料……还有一期中，我国著名作家王蒙在讲述改革开放后离开新疆下放地时，画面上播放离别时的老照片；朗读者陆川在讲述拍摄电影《可可西里》的内容时，纪实性影像所展示出来的人的渺小与自然的宏大……这些纪实性记录的融入，不仅大大提升了文化类节目的可视性，也大大提升了文化类节目的真实性与可信度。

（三）娱乐性“综艺”的融入

综艺即综合性文艺，既是一种内容，也是一种节目类型。作为节目类型，综艺节目更强调不同文艺样式的组合与整合。综艺节目在日常生活和电视节目中都是颇受观众欢迎的娱乐样式。《朗读者》一方面以其大气、庄重、正能量的价值取向，体现着电视节目的社会担当；另一方面，作为有着多年综艺节目主持经验的主持人与制作人，董卿在推出《朗读者》这样一档“高大上”的文化类节目的同时，自然会更多考虑动用“综艺”节目类型的样式与方式去予以演绎。以此，《朗读者》不仅可以满足精英文化层面的高端文化类节目的诉求，也可以适应和满足大众文化层面的娱乐性节目的诉求。娱乐性“综艺”的方式、理念与元素包括动人的情感与动情的故事等，这些都可以吊起观众的胃口，让观众获得情感的释放与满足。综艺节目类型在《朗读者》中至少有两种体现：一种是综艺式表演环节的设计，另一种是综艺性内容（主要是动人故事）的安排与表现（一波三折的叙事）。《朗读者》将朗读这样一种较为日常化的样态，进行了综艺化的处理，利用朗读者步入现场、走近朗读文本、打开书本等这样一些环节的设计，增强了朗读过程的表演性。每位朗读者的不同表演，如何走入现场，如何走近文本，如何打开文本，这些都成了观众关注的表演性的环节设计，大大增加了节目的可视性与悬念感。再就是《朗读者》特别善于调动、挖掘朗读者背后的动人情感与动情故事，通过这些动人情感、动情故事的演绎，来强化文化类节目的可视性效果。尤其是其将动人情感与动情故事进行一波三折的叙事，让观众在这样的叙事中获得了荡气回肠的情感体验与满足。如作家王蒙被迫移居新疆后，讲到自己住的房子里有两只燕子在筑巢安家时，将自己的那种乐观与幽默通过燕子一家的欢叫传递出来，而又将这种积极的态度与当时的困难境态进行了对比，形成了一个动人而又有趣的故事。又如在以

“家”为主题的这一期节目中，用了典型的综艺性的方式展开节目，作家梁晓声讲述了自己成长的过程中发生在家里的以情动人、发人深省的故事。其后，梁晓声与主持人董卿一同从访谈室迈进朗读场景，面向现场观众进行朗读……而当朗读者斯琴高娃在以“眼泪”为主题讲述自己的角色故事时，带着观众将她完美的荧屏形象嫁接到她的母亲那里：“戏中我流了这么多母亲的眼泪，其实都来源于戏外我母亲的眼泪，所以我演绎的很多人物身上都有我妈妈的影子。”动人的故事与动情的叙事巧妙地融合，极大地增强了节目的可视性与感染力。

三、三个结合：《朗读者》艺术表达的辩证呈现

《朗读者》在创作层面上，娴熟地运用了艺术辩证法，实现了“大与小”“情与理”“讲述与仪式”的有机结合。

（一）“大”与“小”的有机结合

《朗读者》善于将宏大的背景与精致的细节进行有机的对接。我们可以看到，当朗读者述说某种具体生活场景的时候，没有忘记将个人的生活“小”细节与当时的国家与民族所处的特定时代的大环境与大背景进行有机对接，使得“小”细节不再是个人的和细微的，也使得大背景与大环境不再是抽象的与空洞的。当朗读者安文彬讲述香港回归交接仪式上那半个小时内要完成的25项程序时，每一道程序看似是一个个“小”细节，但是每一个小细节的背后都蕴含了150多年间一个国家和一个民族从屈辱走向强盛的深厚历史命运。正是这种历史命运成就了一种“大”背景，呈现了一种“大”时代的厚重感。当朗读者潘际銮院士讲述自己的求学经历时，几乎是不假思索地说出“我们念书的目的就是抗日、救国、回家”，短短的三个词“抗日、救国、回家”将回“小”家的个人愿

望与救“大”国的历史情怀紧紧地联系到一起。因此，可以说《朗读者》的这种讲述让我们感受到的不仅是那些生动的生活“小”细节，也不仅是宏大的时代背景与环境，而是“大”与“小”有机结合所展现出的充满张力的家国情怀，这种家国情怀将宏大的背景环境与细微的生活细节结合得如此完美和生动。

（二）“情”与“理”的有机结合

情与理的有机结合是艺术生产创作中的一种重要的辩证关系。通常，入情入理、情理融合是艺术生产和创作所推崇的一种理念，这种理念强调的是情与理的相互约束与相互补偿。常言道“发乎情，止乎于礼”，在艺术叙事中，情与理两种元素都重要，但是都应各自保持一定的分寸。用情过度，而理性缺少，将呈现情感过度问题，甚至给人予滥情煽情之感；同样，理性过度，将会使艺术生产创作出现过于干枯、缺少润泽的状态；而情感不足，理性过度，将严重影响艺术表达的感染力与生动性。因此，恰当的情与理的交融与汇合，是艺术创作中极其重要的理念与尺度。在《朗读者》中，无论是朗读的文学、书信等作品文本，还是朗读者自身的状态，以及主持人与观众之间的互动交流，每个层面都充满了情感的元素，同时也充分展现了理性的元素。朗读文本的选择既有令人动容的情感元素，也有富于哲理思考的理性元素，朗读者的演绎既有现场情感的感动与宣泄，也有当众表现的克制与控制。当然，《朗读者》之所以能达到情与理的有机结合，主持人的情与理的放与收、抒发与控制的成熟度至为关键。我们欣慰地看到，作为一名优秀的电视综艺节目主持人，董卿在节目内容的选择、与朗读者交流、与观众交流的分寸把握上，尤其是在自身情感与理念表达的尺度与分寸把握上，真正做到了收放自如、舒展与控制恰到好处。而其中最关键的是情感元素与理性元素之间的调配、拿捏与控制。应当说，进入《朗读者》的文本与朗读嘉宾包括观众，大都有如长江黄河决堤一般汹涌澎湃的激情，以及这种激情表达的欲求。不排除这样的情感诉求是令人感动的，但是作为主流媒体电视荧屏播出的节目，仅仅靠情感本身的宣泄是不够的，一定不能离开理性的控制。只有情与理的有机结合，才能进入既充分表达情感又不失分寸的恰当境地。当朗读者叶嘉莹先生述说写《哭母诗》背景的时候，董卿说“那真是字字泣血，那里边都是痛彻心扉的人生的味道”，没有更多情感的渲染，而只是进行一种充满理性的描述，但是当叶老边读诗，边解读诗的内容的时候，情感似乎一下子从诗中迸发出来，“我觉得人生最悲哀痛苦的一段就是我听到那个钉子钉到那个棺木上的声音……”主持人给了这种情感一个理性的铺垫，但是叶老却用同样理性的语言将感性的情感以一种“通感”的现象释放了出来。每一个有成长故事的人都可能会在别人类似的情感经历中产生共鸣。当朗读者张艾嘉用平缓的语调来讲述自己从年轻慢慢变老的过程时，节目画面中出现张艾嘉演唱《爱的代价》的背景视频并伴随着音乐声，连主持人董卿都说“好多人听了都哭了”。情感在讲述的过程中慢慢地酝酿，当歌声响起的那一瞬间达到了高潮，可是不管是董卿还是张艾嘉都没有让这种情感继续发酵，而是马上转回归理性“很多事情都过去了，那我们都还需要继续往前走……”可以说，《朗读者》做到了“人物口不言理，理尽化入人情之中，情因理显，理借情出，情理交融，不时引人喜笑、催人落泪、发人深思，做到了理不直指，即物以明理，情不显出，借事以寓情。”①

（三）“讲述”与“仪式”的有机结合

《朗读者》是靠主持人与朗读者之间的对话、访谈、互动，也包括朗读本身，叙说朗读背后的故事等“讲述”来展开的。“讲述”无疑是《朗

① 王烈.汉剧舞台上的人情美：兼谈戏剧创作中情与理的结合［J］.陕西戏剧，1982(2)：45-47.

读者》中最主干的内容。同时朗读者在讲述进程中，也穿插设计了若干超越“讲述”本身的“仪式性”环节，比如说开场时的舞台灯光设计，由暗而亮、自下而上多种颜色共同交替时迎来主持人董卿的出场，包括朗读者入场、主持人与朗读者共同进入密闭的访谈室，以及主持人与朗读者走出访谈室与观众见面、朗读者走向朗读场景、朗读者谢幕等环节，伴随着现场的音乐、掌声，以及特定的舞台光影效果的设置，《朗读者》设计出一种超越“访谈”本身的特殊仪式。

仪式是人类文化中非常重要的一种符号，仪式本身并不一定具有明确的含义，但是透过仪式却能传递出一种文化、一种高于现场其他展示的东西，从而能够收获一种形而上的精神价值。同时，媒体特别是电视中的仪式常常借助电视特殊的音响、音乐、光影和特定舞台等的设计，营造出一种非常态的、特殊的场景、行为与情境。通过这些特殊场景氛围的营造，唤起在场观众的一种共同的认知与共鸣，如致敬、怀念、庄严、敬仰、认同等各种场景的情境氛围。

《朗读者》假若只有朗读文本与访谈这样一些平常内容，而没有入场、进入访谈室、走出访谈室与观众见面以及朗读者谢幕等仪式环节的设计，那么，不论是从内容还是从叙事节奏来看，这个节目难免会陷入一种温暾的状态。仪式环节的设计既打破了常态的访谈与朗读中容易产生的单一甚至沉闷的叙事节奏与状态，又在张弛变换的叙事节奏调配中激发了观众的参与感。当然，如果仅有仪式而没有丰厚的讲述内容，就容易出现飘忽而不扎实的状态。我们欣喜地看到，《朗读者》既没有一味地迷醉在仪式性环节的表现上，也没有沉迷于单一节奏讲述内容的展开中，而是将仪式与讲述进行了有机的调配，将仪式性的环节穿插在朗读与讲述和访谈的内容展开之中，在整体上呈现出错落有致、张弛有序的恰当叙事节奏。

正是由于上述三种“大”与“小”、“情”与“理”、“讲述”与“仪式”的结合，使《朗读者》获得了独特的艺术气质。

四、使命与责任:《朗读者》成功背后的经验与启示

《朗读者》的成功给我们带来了怎样的经验与启示呢?

（1）从角色担当来看，中国的电视节目应该自觉担当起主流文化与主流价值观传播的历史使命与责任。中国电视人肩负着义不容辞的历史使命与责任，这种使命与责任，不仅是要很好地承担主流宣传的使命，也不仅是要收获电视产业的良好效益，更要创造出无愧于时代、国家和民族的电视文化。通过优秀的电视作品与产品的推出，也就是以电视的方式进行引领时代的优秀文化传承，创造出能够引领当下、面向未来的精神价值。尤其是对于核心价值观、主流价值观的弘扬传递与传承是中国电视人不可推卸的使命与责任。在这个问题上，并不是所有的从业者都有清醒的认识，有的或许为某种新奇、时尚的潮流所迷醉，有的为某种利益所诱惑，有的或许只沉湎于对技术层面的专注与追逐，沉湎于对洋模式的崇拜、对资本的崇拜、对技术的崇拜，而忘记了作为国家和时代的文化价值创造者与传递者的电视人理应担当的使命与责任。

当下的电视综艺节目，大多通过消遣娱乐的方式实现其大众文化的价值，或者以某种庆典宣传的方式来实现其主流文化价值，而《朗读者》独辟蹊径，将富于人文厚度与内涵的文学作品、书信等作为朗读的内容，以独特的精英文化视角切入，同时将爱国主义、民族主义的家国情怀融入其中，对中华优秀传统文化与社会主义核心价值观予以了很好的传达，充分地体现了主流文化的诉求。而同时又将普通百姓的情感和爱等大众文化的内涵与视角融入其中，实现了主流文化、精英文化和大众文化等多种价值的有机结合与融合，创造了当代中国难能可贵的多种文化价值

有机结合的新经典。

（2）从发展规律来看，中国的电视节目既应顺乎潮流，又不可盲目追逐潮流。我们承认，作为电视技术与艺术本身的探索，无论是从全球视野还是从中国自身的历史发展来看，都会在某个阶段出现潮流性的景观。关注潮流、研究潮流或者紧跟潮流，本身无可厚非，但作为一个有高度职业理性和文化自觉的电视人，如果仅满足于追逐潮流是远远不够的，有时甚至是危险的。很多潮流性的景观，在起步之时或许有其合理性，但过度追逐，往往容易走向反面。在中国电视这些年的发展进程中，尤其是最近十几年电视综艺的发展中，娱乐节目不断造就着阶段性的景观。尽管其也满足了百姓的基本娱乐需求，但是过度娱乐化也容易导致低俗化乃至恶俗化的取向与问题。对此，很多业内人士只从单一的效益出发，盲目追逐这些潮流甚至做出了如下的判断：娱乐等于国外电视节目引进，等于高收视率，等于巨大的利益所得，似乎不按这种潮流，我们那些彰显主流价值的节目或许就没有办法生存。《朗读者》的成功恰恰给了我们一个坚定的信念：不追逐这样的等式，不追逐这样的潮流，同样可以取得了不起的成就。

（3）从创新理念来看，中国的电视节目所谓“江山代有才人出，各领风骚三五年”，常变常新。创新不呈现为一种线性状态——从开始径直走向结束，而是呈现为一种循环状态——在创新的道路上不断有新的内容与形式加入，推陈出新。但是很多电视人却习惯用一种机械进化论的思维去面对创新，经常会有电视人慨叹每隔三五年就是一代，一些年长的电视人甚至宣称自己已经不会做电视了，理由是他们熟悉的某种电视节目模式已经做到头了，而他们也已经“走投无路”了。多年来，这样的悲叹常常在专业人士中流行。因此，我们经常看到、听到某种节目模式会被宣布进入“终结”状态。近年来电视行业面临着前所未有的复杂的生存环境，特别是新兴媒体迅速发展的态势下，很多关于“电视将死”的呼声甚嚣尘上。在这样令人困惑的氛围中，《朗读者》不信邪、不懈怠，坚定不移地进行新的探索，将已经有的多种元素进行新的配置，从而创造出令人惊叹的全新模式，有力地回击了那些宣称电视节目终结、电视将死的声音，让中国的电视节目在困境中看到了柳暗花明的前景。

《朗读者》作为2017年重要的现象级电视节目，以其独特的气质与特质，为中国电视类型节目的探索创新提供了新的成功经验，体现了其走中国电视本土化道路方向的文化自觉，为中国电视节目的发展开辟了令人兴奋的新天地、新空间。

（本文与邓文卿合作，原载于《民族艺术研究》2017年第4期，《新华文摘》2018年第1期全文转载）

技术驱动下的审美、媒介、接受

——对8K超高清电视的观察与思考

如今，媒介技术更新换代步伐日益加快。当4K超高清电视还处于起步阶段之时，8K超高清电视却随之踏步而来。世界各国也加快了对8K超高清电视的技术研发和应用落地。2019年3月1日，中国工业和信息化部、国家广播电视总局、中央广播电视总台联合发布《超高清视频产业发展行动计划（2019—2022年）》，加快推动我国超高清视频产业快速健康发展。预计到2022年，我国8K超高清电视终端销量占电视总销量的比例将会超过5%，超高清电视节目制作能力超过3万小时/年，超高清视频用户数将达到2亿人。[①]8K超高清电视将逐步进入高速发展时期，值得业界和学界高度关注和深度思考。

一、电视本体属性的再思考

1. 8K超高清电视引领行业最高技术标准

超高清电视是国际电信联盟于2012年8月发布的现阶段数字电视视

① 超高清视频产业发展行动计划（2019—2022年）[EB/OL].(2019-02-28). http://www.gov.cn/gongbao/content/2019/content_5419224.htm.

频系统的最高技术标准，包括4K和8K两种系统标准。8K超高清电视拥有7680×4320的分辨率、HDR高动态范围、BT.2020标准的色域范围、12bit的量化深度、120fps的频率以及22.2声道的环绕立体声技术，在视听呈现能力上较普通高清电视有了巨大飞跃，画面的清晰度、真实感和表现力均有了极大提升，成为现行电视行业技术的最高标准。

在8K超高清电视的技术研发和标准制定上，日本走在了世界的前列。早在20世纪90年代，日本便开始研究8K超高清电视，随后针对一些重大活动和体育赛事在部分国家和地区进行试验性转播，并最终于2018年12月1日正式播出8K超高清电视节目，成为全球8K超高清电视的领跑者。在节目类型的应用上，世界各国都将8K超高清电视首先主要尝试服务于大型体育赛事和活动。日本也将在2020年为其他国家全面提供东京奥运会的8K超高清电视转播信号。我国也在大力推进8K超高清电视的试验，为2022年北京冬奥会的8K超高清电视转播奠定技术基础。2019年8月，北体传媒利用8K超高清技术完成了对2019“丝路杯”国际女子冰球联赛的试验性直播，给观众亲临现场的真实感和立体感，收到了很好的观看效果。

2. 电视内涵和外延之间的提出

电视到底是什么？1925年10月2日，英国人约翰·贝尔德在房间里用30行屏幕扫描线粗浅地让自己看到了放在另一个房间里的玩偶的影像，这就是电视的雏形。供人远距离观看，这也是电视的英文单词television的字面要义。“看”成为电视的最为核心的本质属性。电视从诞生之初的仅30行扫描线以及2英寸高、1英寸宽的模糊小屏，发展到现如今的7680×4320的8K超高清分辨率并且近百英寸的超级大屏；其画面颜色从仅能显示灰度画面的黑白电视，发展到现如今能呈现687亿种颜色的超级彩色电视。[①]电视画面的清晰度、真实感和表现力有了质的

① 唐伟莉，张娟. 浅析超高清电视的发展［J］. 现代电视技术，2014(4)：129.

飞跃。人类在让电视看得更清楚、看得更真实上不断迈进和突破。甚至有专家相信，8K是电视显示的终极清晰度，即8K是电视显示技术发展的终极目标。[①]人类已经做到能够让屏幕显示技术如此之高，站在新时代电视技术发展之巅回望过去，我们不禁要问：电视究竟为何物？它的本质是什么？人类不断追求电视画面清晰度的内在动力和审美需求又是什么？从技术赋能的角度可以进行初步判断和假设，8K超高清技术应该为电视内涵属性向内构建做了一大推动。

而同时带着这样的判断和假设，反观媒介环境的新特征时，不难发现，随着科学技术的发展、媒介环境的改变以及人们社会生活的变化，电视的样貌也悄然发生着变化。"网络电视""手机电视""楼宇电视"等新概念、新渠道不断涌入人们的日常生活。观看电视的方式也更加多样化，人们不仅坐在客厅沙发上看电视，而且还通过诸多的移动终端和应用平台看电视。电视的外延似乎有逐渐扩大的趋势。面对互联网、新媒体以及移动终端和应用平台等新技术、新手段以及新的传播关系和社交关系的出现，人们也不禁要问：电视这一带给我们大量信息和娱乐的传统大众媒体将要去往何方？人们将要带着电视朝着怎样的方向走向未来？为此，我们以技术杠杆为逻辑起点，通过观察和思考8K超高清电视在节目审美特征、媒介传播格局以及观众接受方式上的新变化来对这一设问做具体分析，进而从宏观的视角对整个电视产业格局的转型升级进行深入探讨。

二、电视传媒特性的再渗透

8K超高清技术从根本上说改变了电视的物理特性。屏幕光学特性和

① 周力上. 8K是超高清电视的终极目标［J］. 广播电视信息，2018(7)：35-36.

音响声学系统的升级撬动了电视审美特征的重塑和媒介格局的构建，随之电视观众的接受方式也发生了新的变化。

1. 视频技术的驱动

超高清电视技术体系主要包括分辨率、动态范围、色域范围、量化深度、帧频以及声道配置等量化指标。8K超高清电视在这些领域的全面提升，让其具有了强烈的真实感和体验感。

（1）强真实感。8K超高清电视的强真实感来源于视频技术的强大支撑。首先，8K超高清电视拥有7680×4320的分辨率，像素数量达到了3300万，是普通高清电视1920×1080分辨率下仅200万的像素数量的16倍多，画面的清晰度有了极大的提高。其次，动态范围是对电视画面光比呈现能力进行描述的技术指标，高动态范围意味着电视对同一画面最亮物体和最暗物体有更高的宽容度。8K超高清电视采用的是高动态范围，能够比普通高清电视的标准动态范围呈现更丰富的亮暗细节和更细腻的过渡层次。再次，8K超高清电视采用的BT.2020标准的色域范围覆盖了75.8%的色域，比普通高清电视所采用的BT.709标准的色域范围仅覆盖35.9%的色域高出了一倍多。[①]8K超高清电视可以显示极为丰富而饱满的颜色。同时，8K超高清电视的量化深度达到了12bit（4096级），是普通高清电视8bit（256级）量化深度的16倍。这为8K超高清电视画面的亮度和色彩信息提供了丰厚的数据保障。另外，8K超高清电视的最高帧频达到了120fps，而普通高清电视则一般不超过60fps。这让8K超高清电视的画面更连续，信息更丰富，观看更流畅。综上所述，较普通高清电视而言，8K超高清电视拥有更多的像素数量、更细腻的亮暗细节、更丰富的色彩表现、更连续的画面显示，极大地增强了电视画面的清晰感和真实感，为观众呈现出一个极度清晰而真实的万物世界。

① 刘宁. 8K超高清电视发展现状和发展趋势［J］. 现代电视技术，2018（6）：117.

（2）强体验感。除了强烈的真实感之外，8K 超高清电视还给观众带来丰富的观看体验。首先，由于8K 超高清电视拥有极高的清晰度，因此即使近距离观看也不会有颗粒感。经测算，8K 超高清电视的最佳观看距离仅为屏幕高度的0.75倍，这得以让观众的水平视角达到100°，接近于人眼在自然状态下观看世界的120° 的视角范围。而由于产品升级、消费市场和收视需求等，8K 超高清电视机的尺寸现已达到70—100英寸。而未来随着技术的不断进步以及成本的不断降低，消费级的8K 超高清电视屏幕将会更大。巨大的屏幕、近距离的观看以及开阔的观看视角让屏幕画面信息得以最大限度地占据人眼的视域范围，画面对人的视觉影响力更大，注意力和关注度更容易集中，沉浸感更强。画面内容输出更强势，画面信息传达更有效。其次，8K 超高清电视的声音配置达到了22.2声道的环绕立体声，在观看空间的上、中、下三个水平面上分别放置22个声道音响，并配以两个低音炮音响，全面配合电视画面的呈现，给观众带来强烈沉浸的视听体验。多声源的音响体系营造出接近大自然的环绕声环境，让观众的观看体验更为舒适和震撼。再次，8K 超高清电视由于其极为接近人眼清晰度的分辨率，极大地解决了以往VR/AR技术应用过程中因分辨率不足而引起观众眩晕感的问题。这为VR/AR技术的应用打下了良好的技术基础，也让电视的观看方式有了更多的可能，极大地提升了观众观看电视的体验感。

2. 审美特征的重塑

在强大视频技术的驱动下，8K 超高清电视的审美特征也在进行着重塑。极度清晰的“真”，拓展了独特多元的“美”。这些新的审美特征进一步孵化和滋养着不同类型的电视节目的形式和观感。

（1）膜拜仪式：静观默照和大众狂欢。8K 超高清电视由于拥有尺寸巨大的屏幕介质、清晰饱满的画面质感以及立体多源的声音环绕，这种强烈的科技感和技术性带来的是极高的画面控制力、声音渗透力和美学影响力，因此让人对8K超高清电视产生某种膜拜感和仪式感。这种膜拜感和仪式感与人在观赏艺术作品过程中所产生的崇高感具有某种同构关系。与移动终端小屏画面不同的是，同样一个细节的特写镜头，8K超高清电视的大屏画面则具有更加丰富而深刻的叙事意义；同样一个场景的远景镜头，8K超高清电视大屏画面则具有更加强烈而压倒性的美学能量。技术赋能后的8K超高清电视带给观众的膜拜感和仪式感，造就了观众观看电视时的静观默照和大众狂欢两种审美体验。这两种审美体验尤其体现在电视对于重大活动、重大赛事、重大事件的转播上。一方面，电视观众对于重大事件、国家仪式、国际行为的敬仰、敬重，产生浓烈的静观默照的内化的审美体验；另一方面，观众对于重大赛事、节庆盛典、联欢晚会的庆祝、庆贺，又具有强烈的大众狂欢的外化的审美体验。技术赋能下的8K超高清电视让观众的审美体验朝着两种不同的情状发展和构建。而静观默照和大众狂欢的审美体验都来源于观众内心对8K超高清电视油然而生的膜拜感和仪式感。

（2）深度沉浸：超清“真象”和炫幻“仿象”。8K超高清电视强大而震撼的视听表现能力，让其不断朝着非虚构类节目的“真”和虚构类节目的“仿”两个方向延伸。这种深度沉浸的审美特质具体体现在纪录片、综艺节目和电视剧三种类型的节目当中。8K超高清电视给观众提供深度观看、深度体验的条件，强大的视听表达能力给观众带来艺术审美和哲理反思的深层次共鸣。与移动端小屏以及其他非超高清介质不同，8K超高清电视大屏更擅长用视听逻辑而非语言逻辑来组织和结构节目。

纪录片更真实。8K超高清电视拥有极度清晰优质的画面，尤其适合真实呈现和记录世界的大型纪录片。大到浩瀚无边的宇宙，小到难以分辨的粒子，8K超高清电视都能予以清晰真实的呈现。特别对于天文地理、自然探索、文物考古、微观世界等题材的大型纪录片，配以多样的航拍、水下拍摄、特殊视角以及高速摄影和延时摄影等拍摄技术与手段，

8K超高清电视能够给观众提供极度清晰的“真象”，最大限度地呈现一个未知的广袤宇宙和真实的微观世界。

综艺节目更炫丽。8K超高清电视的色域范围更宽广，色彩呈现更丰富，尤其适合展现舞美灯光绚丽夺目、服饰穿搭亮丽多彩的音乐歌舞节目、大型选秀节目、明星综艺节目、文艺晚会节目等。配合电视转播多机位的设置和导播的切换，以及不同景别和角度的镜头组接，综艺节目带给观众如痴如醉的审美体验。可以预估的是，8K超高清电视普及之后的未来一段时间里，由于其在画面色彩表现和画面连续性展现等方面的强大优势，会产生大量音乐歌舞、选秀竞技等大型综艺节目的收视需求，电视的造星能力更强。

电视剧更美幻。8K超高清电视拥有相当清晰而细腻的画质，对美的呈现要求更高，细微的杂质和瑕疵都会在画面上一览无余。这就要求创作者在人物的面部肤质、服装化妆、道具布景、灯光造型等方面尽可能地构建美的镜头，用更为严苛的工匠精神雕琢每一帧画面。同时，8K超高清电视具有更沉浸的视听体验优势和更震撼的叙事表现能力，更适合展现沉浸式的、强叙事的、线索复杂的电视剧集，为观众编织一个梦幻的“仿象”世界。观众对于好故事的追求永无止境，美轮美奂的电视剧将更加释放8K超高清电视的美学能量。

（3）客厅美学：公开议事和家庭纽带。随着人们生活水平和消费能力的提升，8K超高清电视也将成为客厅的标配和时尚的追求。人们也将更加有能力提升家庭影院的娱乐性和体验性，配备功能和效果更为强大且华丽的灯光及音响设备，满足审美娱乐需求，打造家庭客厅美学。客厅将成为家庭审美娱乐中心。除了8K超高清电视可配备高达22.2声道的音响系统之外，国外已有电视节目制作公司与灯光照明公司进行合作尝试，研发了电视节目内容与家庭灯光系统实时联动的全新观看机制，为观众带来身临节目现场的观看体验。8K超高清电视与新的技术不断结合，延伸出新的观看体验，让客厅的审美娱乐功能大为提升。客厅的审美娱乐中心作用把家庭成员重新拉回到客厅，家庭作为公开议事厅的功能被重新召回。以电视为中心，客厅成为家庭成员的纽带。家庭成员围坐在电视机前，成为日常生活方式。这样的审美前提蕴含着电视需要充分考虑观众家庭属性的人员组成和观看环境，重视适合家庭成员共同观看的大众化节目。而小众的垂直类专业节目以及私密性较强的先锋话题类节目需要谨慎考虑。

（4）日常审美：节奏优缓和客厅美饰。8K超高清电视的日常审美特征包含了日常和审美两个向量。

首先，审美是8K超高清电视的落脚点。8K超高清电视屏幕相对较大且画质饱满，特别适合展现美的事物。8K超高清电视的膜拜感和仪式感，则更加提升了这种美的崇高。而丑陋低俗的事物在8K超高清电视大屏上会显得特别令人不适，容易引起观众的反感和心理排斥，由于电视观看环境的公开性而怯于观看。而移动端的小屏则不同，由于它主要供用户个人观看，私密性较强，观众的窥视欲、猎奇心、吐槽欲会得到更多释放，人性当中的相对负面的人格和情绪在这里会得到体现和倾倒。电视的大屏和移动的小屏分别满足观众不同的审美心理需要，这种审美分野将会随着8K超高清电视的普及而愈发明显。

其次，由于电视的观看环境是家庭日常生活中的客厅，并不是所有的节目都需要体现出深度沉浸的审美特质。家庭日常生活环境存在一定的视听干扰，无论是敞亮嘈杂的空间环境还是琐碎繁杂的生活事务，都会无形中影响电视观众的连续观看行为。为此，作为背景墙式的电视也有存在的空间和意义，甚至有时候这就是观众观看电视的常态。电视作为一种装饰品装点美化了客厅，成为客厅环境的一部分，电视节目声画流成为人们生活的日常附属品。风光优美、人物靓丽、节奏缓慢、弱叙事的风光片、纪录片、慢综艺成为这类电视节目的主要类型，充斥着日常播放的电视画面。同时，这类节目的空灵意蕴和意象气质还尤其符合东方人内敛儒雅的审美品性。

3.媒介格局的构建

8K超高清技术将在一定程度上构建着传播媒介生态的格局，为电视赋予再中心化的能量，强化两级传播的动势，提升共时传播的状态。

（1）赋能：再中心化。不可否认，目前的媒介生态中，网络新媒体在一定程度上消解了以往电视作为传统大众媒体的中心作用，去中心化的媒介格局态势成为不争的事实。观众在电视机前观看电视的行为也逐渐弱化，取而代之的是在网络新媒体上看“网剧”、“网综”、网络电视以及短视频等。然而，8K超高清技术的出现实则是对电视媒体的一种赋能。8K超高清技术让电视的美学能量大为提升，视听表达能力、叙事构建能力、话题议事能力、造星捧月能力、价值输出能力大为增强。重大活动、重大赛事、重大事件在这里现场直播，精品纪录片、综艺节目、电视剧集在这里强势输出，大制作造就强话题、强品牌。电视作为传媒生态体系中心端的作用再度得到加强，或然将构成以电视为中心向周边扩散的传媒格局，有了再中心化的能量趋势。电视媒体与新媒体意见领袖群形成双向构建的媒介生态格局的同时，8K超高清技术将加强电视媒体中心端的话语分量。电视作为公共话语的能力将得到提升。

（2）强势：两级传播。我们可以将电视媒体播出电视节目视为一级传播，将网络新媒体传播已播出的电视节目的相关内容视为二级传播，那么电视节目经电视媒体的播出再由网络新媒体进行二次传播的过程就是两级传播模式。近来在相当长的一个时期内，这种两级传播模式中电视端的话题源头势能并不强烈，电视媒体议程设置的能力在很大程度上受到了消解。这造成了网络新媒体生产大量议程设置，而电视媒体在一定程度上呈现出滞后或选择性沉默的现象。在8K超高清技术的赋能下，电视媒体的议程设置能力将得到提升，信息从电视媒体端到网络新媒体端的流动势能将得到加强，节目内容从电视媒体的一级传播到网络新媒体的二级传播的两级传播态势将会得到强化。因此，电视节目的内容需要充分考虑两级传播的模式特征，特别是网络新媒体的二次传播来进行创作生产。

（3）升态：共时传播。现场直播是电视媒体的最大魅力之一。特别是8K超高清技术的应用，让电视画质有了质的飞跃，极大地提升了画面的清晰度和真实感，即使是大远景也能呈现大量细节信息。这种极度清晰、全民参与、共同观看、同时体验的传播魅力，加上膜拜感和仪式感所带来的静观默照和大众狂欢的审美体验，8K超高清技术极大地提升了电视共时传播的态势。另外，5G背包的出现让直播的成本大大降低，一个背包就能替代以往复杂的线路系统进行直播。其良好的便携性、高效性、互动性让未来的电视直播成为常态，大量的新闻事件的第一现场、大型活动的前方进展、体育赛事的特殊视角都可以通过直播不断地传输给观众。这让观众得以通过8K超高清电视这个极度真实的同步窗口与世界联结。

4.接受方式的延伸

8K超高清电视的研发伴随着当下5G、VR/AR、大数据以及人工智能技术的快速发展，人类追求更好的观看体验的需求永无止境。在科技的驱动下，视频技术、通信技术、交互技术以及数据的挖掘和算法，为电视的接受增添了新的体验，而这种体验又向着社交功能延伸。

（1）观看体验化。传统电视是被屏幕画框定义的一个二维平面，电视节目的内容是按照画框视听规律和审美逻辑进行运行的世界。画框世界是创作者通过画框视听规律把现实世界所形成的心中之“象”进行转换和编创而产生的。如果画框的限定被打破，那么观众以往只能在被定义的画框内观看被改造过的世界的收视经验将会得到彻底的改变。如前所述，8K超高清技术让VR/AR的技术应用得到了极大改观。例如日本放送协会研发了一款可以360° 观看的电视VR系统。观众戴上这款VR设备之后，便可以看到电视画框之外的景象，可选择观看的事物得到了极大提升。这对于观众的观看体验来说是一种巨大的颠覆。观众可以在场景内360° 自主选择需要观看的内容，这改变了观众以往被动观看的接受方式。除了为观众提供新的观看体验之外，电视也在朝着游戏化和互动化的体验不断延伸。美国Syfy有限电视频道推出的电视剧《虚拟谋杀》则尝试让观众通过佩戴VR设备进入剧情场景协助警方破案，极大地增强了电视节目的互动性和娱乐性。无论是对于新闻现场、纪录片、综艺节目或是电视剧，新的技术可以极大地丰富和提升人们观看节目的体验感。

（2）体验社交化。除了观看的体验得到提升之外，电视还在尝试将自身的功能朝着社交化的方向延伸。例如国外相关公司正在研发一款新型AR眼镜，观众戴上这款眼镜之后，可以与家人、朋友一同观看电视节目，甚至可以邀约平台上的其他用户来一同观看。如此把大众传播同人际传播相结合实则是电视社交功能的一种新尝试，满足了现代都市观众渴望陪伴和交流的心理需求。此外，VR教学、VR旅游等应用技术的开发，让观众足不出户就能从事活动并与他人结成新的社会关系。这种社交在某种程度上构建着新的社会关系，改变着以往电视媒体作为传统媒介仅联结松散型的社会大众的状况，取而代之的是同时可以构建紧密型的社会关系。

三、电视产业格局的再洗牌

8K超高清电视通过科技的进步驱动节目的审美特征、媒介的传播格局以及观众的接受方式等发生变化所带来的是整个电视产业格局的转型。技术的研发是媒介产业升级转型过程中“蝴蝶扇动的翅膀”，其预示着社会媒介技术更新迭代、宣传管理体制机制转型、节目内容创意生产研发、新型媒体形态创新发展也必将进行再一次的革命和重洗。

1. 媒介技术更迭之思

目前，8K超高清电视还处于试验阶段。作为完整的节目制作和播出系统，不仅要解决信号采集和电视播出这两端的技术问题，还要考虑传统传播业务线上各条轨道、线路和体系升级换代等一系列问题。在这个过程中，相应部门还需考虑媒介技术更迭过程中的大量沉没成本。当前可预见的受众/用户及市场前景是否能拉平发展普通高清技术过程中所投入的人力、物力、财力以及现在技术升级的巨大投入，这是产业需要思考的紧迫问题。同时，因技术行业革新而进行的成本回收也需要时间。按照以往的经验和规律，市场一般会使新技术先沉淀一段时间，让回收的投入和产出达到一定的平衡度再将其推进到下一阶段。

以美国为例，其媒介技术在更新迭代过程中，新技术往往长期处于试验阶段但并不轻易付诸商业化和市场化。直到现在，美国甚至还有受众/用户在使用最原始的录像带。究其原因，其实是传媒技术行业在庞大的产业体系下依靠市场规律形成的自我保护机制。一旦整个传媒技术行业完全淘汰录像带，所有相关岗位的从业者都将失业。因此，美国的传媒技术市场不敢急于冒进。

以这个思路反观中国传播介质的快速转型现象，可以厘清国内媒介传播产业的迭代理路。以VCD到DVD在中国的快速迭代为例，其成因如下。首先，中国人口基数庞大。这决定了我国在媒介传播产业发展过程中已投入成本的快速回收能力较强。我国有十几亿人口，假设全国有一半消费者使用VCD，其成本很快就可以回收。其次，中国的经济发展具有后发优势。一方面是面对技术迭代和产业更迭过程中的心理准备和经验储备，另一方面则是技术变革积累到一定程度之后才在我国普及所释放的势能更大。在我国，每一次媒介技术更迭和传播介质更替还未膨胀到最大时就已经发展到下一个阶段，即尚未形成一个巨大产业链之时就迅速面临迭代，沉没成本不大。因此，传播介质、传播形态的更新换代在我国相对容易。8K超高清电视也是媒介技术发展过程中的一个新阶段。当然，这个“新”应该是未来一段时期内观众趋于热捧的一个对象，这项技术能够稳定多长时间还难以做出准确判断。8K超高清技术之后，电视屏幕又将朝着怎样的趋势发展，则要看整个视频世界在移动互联的环境中将会导向怎样的场景。新技术永远是在动态发展中经过连续不断的技术竞争而产生的。

2. 体制机制转型之间

不仅8K超高清电视的媒介技术和播出系统需要更新迭代，而且整个庞大的宣传管理体制和媒体运行机制都需要转型升级。首先，8K超高清电视需要巨大的人力、物力、财力和时间成本的投入。如前所述，8K超高清电视节目的审美标准有了极大提升，对节目品质的要求极高，无论是画质呈现还是节目构思，都对创作者提出了新的挑战。由于8K超高清电视极度清晰饱满的画面和具有较强视觉影响力的大屏，粗制滥造的低劣节目很难适应大屏审美的需求，节目精品化的召唤再度升级。这需要电视媒体机构举全台精兵强将之力并倾注大量的时间和精力，才能保障节目的顺利制作和播出。在这样的条件下，电视媒体机构原有的人力资源该如何分配和调整；为数众多的电视频道所带来的大量的节目空白该如何填补；卫星频道和地面频道该如何配合，是否需要考虑关停一些频道来集中精力打造品牌频道；省级媒体和市县媒体该如何定位；广播和电视合并之后资源又该如何分配；没有条件或条件不足的媒体机构又该如何应对这一高投入的技术迭代；国家该如何调配资源以促进全国的技术产业升级；行业又该制定怎样的管理政策来处理技术、节目、广告、宣传之间的复杂问题。这些横亘在内容生产方面的体制机制的转型改革问题必须考虑在前。

另外，在新的媒介环境下，电视节目传播体系方面的转型升级也势在必行。在8K超高清技术的赋权下，电视作为整个传播媒介中心端的作用不断得到凸显的同时，其信息动势也不断向新媒体端网状延伸。超高清美学赋能下的线性节目逻辑得到强化的同时，互联网大潮推动下的交互账号逻辑也势不可当。电视媒体机构如何同时把握好这两项规律，如何处理好二者之间的规律协同性，如何调整内部组织结构来充分发挥新形势下电视在媒介生态当中的中心作用，把电视的优势不断向节目逻辑和账号逻辑两端同时延伸和构建。电视传播体系的改革势在必行。

3.节目内容研发之察

如前所述，8K超高清电视节目与以往的节目相比具有不同的审美逻辑。首先，8K超高清电视对视听的呈现提出了新的挑战，在景别、构图、景深、剪辑节奏、色彩光线、视听结合等方面具有新的语法规则。比如，以往的电视节目为了吸引观众的注意力，往往给予大量的特写镜头。而如今的超高清大屏是否还适合高频度地使用特写镜头，尚需思考。又如，面对如此巨大屏幕进行画面构图之时，被摄主体是否应更多考虑放在画面中央，人眼在100°的观看视角下是否会忽略画面边缘的物体，尚需摸索。另如，面对如此超高清的大屏，大景深镜头所呈现的过于丰富的画面信息是否能被观众完全获得，尚需探讨。再如，面对如此巨大尺寸的屏幕，节奏过快的剪辑是否会过于强烈地刺激观众的眼睛，如何把握剪辑节奏达到良好的视觉效果，尚需研究。新的视听规律的出现需要高级影视人才进行深入的专门研究。

同时，8K超高清电视所具有的仪式感、沉浸感、客厅感、审美感，相应给予了创作者对于不同类型的电视节目的审美构思规律。针对8K超高清电视的膜拜感和仪式感，创作者可以加强对于重大活动、重大赛事、重大事件的直播意识，丰富直播手段和形式，让直播成为电视常态，让“看”成为第一要义。针对8K超高清电视极度清晰真实的画面优势，创作者可以充分强化电视记录美学的审美特质，充分发挥电视求真探寻的传播优势，拍摄呈现世间万物、探索宇宙奥妙、洞察社会人文的精品纪录片，给人以哲理启迪。针对8K超高清电视绚丽饱满的画面魅力，创作者可以结合现代科技手段，在综艺节目的机位设置、舞美灯光、环节模式上下功夫，研发美轮美奂、绚丽多彩的新综艺节目，增强文化自信。针对8K超高清电视沉浸震撼的美学能量，创作者可以创作强叙事、高能量、沉浸式的品牌电视剧，讲好中国故事。针对8K超高清电视家庭公开的观看环境，创作者可以制作老少咸宜、可供家庭成员共同观看讨论的大众化节目，做好家庭纽带。针对8K超高清电视日常审美的媒介属性，创作者可以拍摄节奏舒缓、画面优美、风景旖旎、大美和谐的慢综艺和风光片，陶冶观众情操。

另外，节目研发也要同时考虑媒介的传播因素。在电视的再中心化和媒介生态两级传播模式下，电视的话语生产和传播也有了新的规律。节目研发也呼唤着既懂得节目内容生产，同时又具有新媒体用户思维和账号思维的综合传媒人才，最终把电视的效能进行充分释放。

4.新型媒体发展之望

8K超高清电视意味着信息通道将拥有庞大的数据传输，而5G的技术支持无疑给信息传输铺设起了高速公路。峰值理论传输速度可达每8秒1GB的第五代移动通信网络已随着2019年6月6日工信部正式向中国电信、中国移动、中国联通、中国广电发放5G商用牌照而正式进入商用元年。5G高速度、低功耗、低延时、网络泛在、万物互联的特点，使得信息获取更流畅、更便捷、更低廉。5G将会为8K超高清电视的内容传输提供强大的技术支持，对媒介传播方式的变革也将产生深远的影响。同时，8K超高清技术极大地提升VR/AR的视觉体验的同时，VR/AR反过来也为电视的多元应用创造了更多可能。大数据与人工智能技术也为这一场媒介变革注入了新的活力。以8K为技术核心，结合5G+VR/AR+AI

的技术嫁接，电视与新型传播场域的空间转向需求无缝对接。在不断移动化和智能化的生态环境下，媒介必须向入场化的生活方式转化，所提供的内容必须充分考虑受众/用户的诉求才能吸引更多的受众/用户数量。此外，信息内容接收设备须与传输方式紧密联系。在移动互联的5G场景下，媒介的信息内容和传输渠道如果只出现在固定的场所，可能无法满足更多的受众/用户需求。这就要求媒介的信息内容传输渠道需要在动态中进行粘连，成为能够在受众/用户手上、眼前随时随地出现的智慧屏，才能更好地打造如临其境的传播场景。新技术的出现，让电视的“看”的功能不断丰富，逐渐延伸到娱乐、互动、社交。媒介总在不断进化，不同的媒介永远在相互冲突和磨合中得到发展。8K电视技术应该在市场化和产业化的进程中，充分探索移动化、智能化的道路，最终构建移动互联、新型智能的媒介生态系统，从而释放出更大的媒介能量。

结语

从电视本体来看，电视“看”的本体属性大大增强，强烈的真实感和丰富的体验感内构着电视“看”的核心内涵。从审美特征来看，电视“真”和“美”的本体属性得到强化升级，节目的品牌影响力得到极大提升。从媒介传播来看，电视超清影像的强大动能持续不断地把信息流从电视中心端向周边节点发散推动。从接受方式来看，电视逐步衍生出体验化、智能化和社交化的外延，升级出内容和渠道相融合的媒介品性。8K超高清技术驱动着电视的内涵和外延不断朝着更深刻的情状进行内和外的双向构建，走向未来。

（本文与雷盛廷合作，原载于《编辑之友》2020年第4期）